Andreas Salcher

DER VERLETZTE MENSCH

Andreas Salcher

DER VERLETZTE MENSCH

ecoWIN

Andreas Salcher
Der verletzte Mensch
Salzburg: Ecowin Verlag GmbH, 2009
ISBN: 978-3-902404-69-5

Unsere Web-Adressen:
www.ecowin.at
www.andreassalcher.com

4 5 6 7 8 / 11 10 09

Alle Rechte vorbehalten
Lektorat: Arnold Klaffenböck
Cover: www.kratkys.net
Copyright © 2009 by Ecowin Verlag GmbH, Salzburg
Gesamtherstellung: Druckerei Theiss GmbH, A-9431 St. Stefan, www.theiss.at
Gesetzt in der Schrift „Sabon"
In Österreich gedruckt

*Gewidmet zwei starken Frauen,
die trotz schwerer Prüfungen im Leben
ihre Liebesfähigkeit und ihre Lebensfreude
nie verloren haben –
meiner Mutter Eva und meiner Großmutter Maria*

Leserhinweis

Um die Lesbarkeit des Buches zu verbessern, wurde darauf verzichtet, neben der männlichen auch die weibliche Form anzuführen, die gedanklich selbstverständlich immer mit einzubeziehen ist. Für alle im Buch abgekürzt verwendeten Namen, die auf Wunsch der Betroffenen anonymisiert wurden, liegen dem Verfasser autorisierte Gesprächsprotokolle vor. Die besten Geschichten schreibt das Leben. So nicht ausdrücklich anders darauf hingewiesen, sind alle Fallbeispiele in diesem Buch wahr.

Inhaltsverzeichnis

Vorwort von Mihaly Csikszentmihalyi 9

Gefahrenzonen 11
    Einleitung und Orientierung 13
    Die Landkarte unserer verborgenen Verletzungen –
    wie viel ein einziges Wort zerstören kann 17
    Am Anfang war die Angst – wie sehr die ersten
    Verletzungen unser Leben prägen 37
    Tatort Schule – wo mit Gleichgültigkeit und Kälte
    Kinderseelen zerbrochen werden 53
    Die Kränkung – warum wir Vertrauensbruch,
    Verrat und Demütigung so schwer verzeihen können .. 69
    Von Löwenmüttern und Leitwölfen – wie Frauen und
    Männer unterschiedlich mit Verletzungen umgehen ... 89
    Der Kampf ums Kind – wie Kinder beim Streit
    ums Sorgerecht zerrissen werden 109
    Die Ausgrenzung – wie wir die Alten erst vom
    Mittagstisch und dann aus unserem Leben verbannen .. 125
    Täuschungen und Illusionen – was Seminare,
    Do-it-yourself-Heilslehren und Reisen wirklich bringen 141

Sieger und Verlierer 155
    Vom Schmerz des Waisenkindes zum Triumph des
    Helden – was wir von „Star Wars" und Harry Potter
    für unser eigenes Leben lernen können 157

Der Schlüssel – warum in unserer tiefsten Verletzung
unser größtes Talent verborgen ist 173

Die Fakten der Wissenschaft – Langzeitstudien zeigen,
welche Schutzfaktoren Menschen dabei helfen,
auch die schmerzhaftesten Prüfungen des Lebens
zu bewältigen 195

Die „Schule des Herzens" 213

Einführung 215

Die Weisheit des Mönchs – warum für den Benediktiner
David Steindl-Rast der Weg zum Herzen über die
Dankbarkeit, die Zeit für das Wichtige und das
Mitgefühl führt 221

Die Lehren des Glücksforschers Mihaly
Csikszentmihalyi – was wir gemeinsam mit unseren
Kindern über Freude, *flow* und Sinn lernen können ... 233

Der Mut des Visionärs – wie Bill Strickland mit
Orchideen, Jazz und einer Handvoll Lehm aus Drogendealern Menschen mit Hochschulabschluss macht 245

Die Macht der Vergebung – wie wir uns mit uns selbst
und der Welt versöhnen können 257

Persönliches und Dank des Autors 273

Vorwort

Die Menschheit ist am besten Wege, sich in ihrer eigenen Komplexität und Machtgier zu verlieren und läuft damit Gefahr, nicht mehr wie andere Organismen zu funktionieren. Sehr viel hängt von unserem Handeln ab. Dies führt unter anderem dazu, dass ganze Pflanzen- und Tierarten durch Entscheidungen, die aus Ignoranz und Gier getroffen werden, verschwinden. Wenn wir uns weiterhin so rücksichtslos verhalten, wird uns buchstäblich der Boden unter den Füßen weggezogen – und damit auch die Menschheit ausgelöscht werden.

Um in Zukunft wegweisende Entscheidungen treffen zu können, müssen wir mehr über uns selbst erfahren, um jene Fehler zu erkennen, die uns und die Welt, in der wir leben, zerstören. Wir sollten uns auf unsere Stärken besinnen, die es uns ermöglichen, eine bessere Welt zu schaffen – eine Welt und ein Leben, das dem enormen Potenzial der Menschheit entspricht. Sibylle von Delphi hat schon vor vielen Jahrhunderten den Menschen gesagt: „Erkenne dich selbst, denn die Selbsterkenntnis ist der Schlüssel zu einem guten Leben." Die Menschen im dritten Millennium sind den alten Griechen in einigen Dingen sehr ähnlich, in vielen Dingen aber grundlegend verschieden. Um uns in der heutigen Zeit selbst erkennen zu können, müssen wir unseren Lebensstil im Lichte der Weisheiten der vorhergegangenen Jahrhunderte neu überdenken.

Das neue Buch von Andreas Salcher hilft uns bei der Auseinandersetzung mit der inneren Persönlichkeit und ist eine Reise zur persönlichen Selbsterkenntnis. Mit seinem aktuellen Wissen über den menschlichen Zustand, untermauert von Langzeitstudien, erforscht Salcher mit viel Einfühlsamkeit die Wunden, die sich die Menschheit selbst zugefügt hat und findet auch Lösungen, diese zu heilen. Der Weg zum „Erkenne dich selbst" ist noch weit, doch mit dem Buch „Der verletzte Mensch" hat Andreas Salcher einen großartigen Anfang gemacht.

Mihaly Csikszentmihalyi

Gefahrenzonen

Vom verletzten Menschen zur „Schule des Herzens"
Einleitung und Orientierung

Bei den vielen Gesprächen, die ich mit Freunden über die Idee zu diesem Buch geführt habe, spürte ich viel Neugierde und Ermutigung, mich diesem Thema zu widmen. Immer kam aber auch der deutliche Hinweis meiner Gesprächspartner, dass sie zwar einen Katalog menschlicher Verletzungen für sehr wichtig halten und interessant finden würden, aber mindestens so sehr würden sich alle Leserinnen und Leser klare Hinweise erwarten, wie sie mit ihren Verletzungen konkret umgehen sollten. Daher das Wichtigste gleich am Anfang: Der verletzte Mensch beginnt mit subtilen Verletzungen – die „Schule des Herzens" beginnt mit Wachsamkeit.

Der erste Teil dieses Buches soll einige „Gefahrenzonen" aufzeigen, in denen Menschen verletzt werden können. Diese beginnen mit der Geburt, setzen sich dann in der Kindheit, in der Schule und am Arbeitsplatz fort. Liebe, Kränkungen, Trennungen und der Kampf um die gemeinsamen Kinder können zu schweren Verletzungen führen. Was wir mit dem Abschieben und der Demütigung der Alten in unserer Gesellschaft verursachen, merken wir oft erst, wenn wir davon durch unsere Eltern betroffen sind. In manchen Geschichten werden Sie sich wiederfinden, manche werden Ihnen völlig fremd sein. Das Ausmaß möglicher Verletzungen und die Stadien der Schmerzen sind unvorstellbar. Nie hätte ich mir gedacht, wie viele tiefe seelische Verletzungen es selbst in meinem unmittelbaren Freundeskreis gibt. Und wie sehr diese den Lebensweg meiner Freunde beeinflusst haben.

Am Anfang von Verletzungen stehen die kleinen Unachtsamkeiten.

Das Vorurteil: Du wirst es nicht schaffen. Du bist einfach zu dumm. Du bist ein Versager. Mit jeder Wiederholung dieses Vorurteils verfestigt es sich und wird zu einer Verurteilung eines Unschuldigen.

Der Vergleich: In den ersten Lebensmonaten lieben fast alle Eltern ihre Kinder vorbehaltlos. Dann kommt die Zeit des Vergleichens. Welches Kind läuft zuerst? Welches Kind spricht zuerst? Welches Kind ist schöner? Welches Kind ist geschickter?

Die Bewertung: Mit dem Schuleintritt wird das Vergleichen scheinobjektiviert und systematisiert. Wer hat nur „Sehr gut"? Wer hat kein „Nicht genügend"? Wer ist der Beste in Mathematik? Wer fällt durch? Wer hat die schickeren Klamotten?

Natürlich führt nicht jede einzelne Unachtsamkeit, jede Benachteiligung, jedes Vorurteil, jede Ungerechtigkeit zu einer Verletzung. Wir sterben auch nicht gleich, wenn wir uns einmal in den Finger schneiden und ein bisschen bluten. Es ist der Mechanismus, der dahintersteckt, der uns zu Tätern und zu Opfern macht. Als Opfer leiden wir, wenn jemand immer wieder unseren wunden Punkt trifft. Als Täter fügen wir jemandem wie mit einer Tätowiernadel hunderte winzige Verletzungen zu, die in der Summe zum Beispiel das Tattoo eines Versagers ergeben. Tattoos auf der Haut lassen sich nicht einfach abwaschen. Tattoos auf der Seele prägen häufig Lebenswege von Menschen.

Es ist die Ansammlung der vielen kleinen Verletzungen immer an der gleichen Stelle, die zu schweren Wunden führen. An der Summe aller Lieblosigkeiten und abschätzigen Bemerkungen erstirbt dann eine Beziehung. Aus der Anhäufung von Vorurteilen bauen sich Konflikte zwischen ganzen Nationen auf. Dann reicht ein harmloser Anlass für die blutige Scheidung oder den Krieg der Völker. Es fängt immer klein an.

Freilich können wir nicht das Unrecht aus der Welt verbannen und uns für alles verantwortlich fühlen. Aber wir können jeden Tag die Entscheidung treffen, nicht zu verletzen. Oft helfen einfache Fragen: Ist das gut für mich selbst? Ist das gut für den anderen? Würde ich dieses Verhalten für mich selbst akzeptieren?

Im zweiten Teil „Sieger und Verlierer" steht der richtige Umgang mit den eigenen Verletzungen im Zentrum. Wir werden der Frage nachgehen, warum manche Menschen an scheinbar kleinen Verletzungen zerbrechen und andere viel tieferes, ja teilweise unvorstellbares Leid überwinden können. Ein entscheidendes Kriterium der Bewältigung ist, welchen Sinn wir unseren Verletzungen geben. Davon hängt ab, ob wir aus unseren tiefsten Verletzungen unser größtes Talent entwickeln können.

Im dritten Teil geht es um die Kunst, sich selbst und andere nicht zu verletzen. Der Benediktinermönch David Steindl-Rast wird uns lehren, wie wir auch in der Hast des Alltags unsere Sinne und vor allem unser Herz öffnen können. Ein offenes Herz wird immer auch ein verletzbares Herz sein. Und nur ein verletzbares Herz kann ein liebendes Herz sein. Die Lehren des Glücksforschers Mihaly Csikszentmihalyi zeigen uns, wie wir die Glücksfähigkeit in uns selbst und bei unseren Kindern steigern können. Bill Strickland beweist uns mit seinen Schulen in den gefährlichsten Ghettos, wie man die Welt mit konkreten Projekten auch unter schwierigsten Umständen verändern kann. Die „Schule des Herzens" soll jeden von uns dazu verführen, ein etwas besserer Mensch zu werden.

Die Landkarte unserer verborgenen Verletzungen

Wie viel ein einziges Wort zerstören kann

Kinderseelen zerbrechen leicht. Der Auslöser für dieses Buch war der Anruf eines Hörers nach einer Radiosendung, an der ich als Studiogast teilnahm. Der Mann am Telefon erzählte mir zunächst über die Schulprobleme seines Sohnes, um dann auf einmal in eine Geschichte aus seiner eigenen Volksschulzeit zu kippen. Alle Kinder seiner Klasse bastelten Geschenke für ihre Mütter. Mit viel Liebe klebte er blaue Sonnenblumen auf seine Zeichnung. Als die Volksschullehrerin sein Geschenk sah, nahm sie es ihm weg und zerriss es mit den Worten: „Blaue Sonnenblumen gibt es doch nicht, du Dummkopf." Der Mann am Telefon brach an dieser Stelle seiner Erzählung in Tränen aus. „Es schmerzt mich heute noch nach über 40 Jahren, wenn ich daran denke." Immer tiefer verlor er sich in die Details seiner Schilderung. Zum Abschluss konnte er sich wieder beruhigen und sagte mir, dass er beruflich sehr erfolgreich sei. Der Mann bedankte sich tief berührt für das Gespräch mit mir und hängte auf.

Wenn wir uns als Kinder das Bein verletzen, dann gibt uns die Mutter ein Pflaster. Bei einer schwereren Wunde müssen wir ins Spital und ein Arzt versorgt die Wunde. In beiden Fällen wird diese zuerst gereinigt, was manchmal schmerzhaft sein kann. Indianer kennen keinen Schmerz. Schnell verheilen diese offenen Wunden. Für Verletzungen unserer Seele haben wir nach wie vor keine wirkungsvollen Behandlungen. Oft merken wir überhaupt nicht, wie verletzt wir sind.

Der wertvollste Rohstoff im Kosmos

Das kleine hilflose Kind ist der wertvollste und zugleich der zerbrechlichste Rohstoff im gesamten Kosmos. Kinder wachsen nicht auf, sie werden erzogen. In der Phase der Verformung durch die Erziehung und die Schule kann viel kaputtgehen. Oft sind es die scheinbar kleinen Dinge, die sich nie wieder aus unserer Erinnerung löschen lassen. Sie bestimmen dann das dunkle Drittel unseres Lebens, wenn wir nachts im Bett liegen, wenn wir schlafen und vor allem, wenn wir träumen. Viele Menschen fürchten sich vor der Nacht.

Die meisten Kinder haben Eltern, die sie lieben und das Beste für sie wollen. Die überwiegende Mehrheit wird in ihrer Kindheit nicht geschlagen, nicht in den Kohlenkeller gesperrt oder gar sexuell missbraucht – Gott sei Dank. Die frühen Verletzungen entstehen durch einen Mangel an Behutsamkeit und Achtsamkeit.

Ein Mädchen steht auf der Bühne, ganz still und stumm

Katharina F. besuchte einen sogenannten französischen Kindergarten, weil dort morgens von 9 bis 10 Uhr eine Stunde Französisch unterrichtet wurde. Ihr Vater brachte sie aber immer erst um 11 Uhr in den Kindergarten, daher konnte sie an keiner einzigen Stunde Französischunterricht teilnehmen. Regelmäßig gab es Aufführungen für die Eltern, bei denen die Kinder französische Lieder sangen. „Alle Kinder bis auf mich konnten das, weil sie es wochenlang einstudiert hatten. Mich stellte man auch immer auf die Bühne, weil ich klein und süß zum Anschauen war, sogar in die erste Reihe. Ich war in ein wunderschönes blaues Kleidchen aus Cord gekleidet und wollte unbedingt, wie alle anderen Kinder, meinen Eltern gefallen. Ich konnte natürlich kein Wort und musste diese völlige öffentliche Erniedrigung ertragen – das Gefühl, unbedingt zu wollen, aber nicht zu können. Ich habe versucht, einfach eine endlose Stunde lang nicht aufzufallen, nicht zu weinen und die Bloßstellung zu ertragen", erinnert sich Katharina F. noch heute mehr als 30 Jahre danach.

Ein Kinder-Albtraum auf der Alm

Andreas D. wurde von seinen Eltern, die beide berufstätig waren, im Sommer das erste Mal in seinem Leben für einen Monat auf ein Kinderlager geschickt. Für das sensible achtjährige Einzelkind entpuppte sich das Sommerlager schnell als Albtraum. Den Wechsel vom kleinen, aber vertrauten Einzelzimmer ins Massenquartier mit Stockbetten, Bubenritualen und Machtkämpfen konnte er nur ganz schwer bewältigen. Dazu kam das in diesem Alter übliche Heimweh. Trotzdem wäre dieser Monat wohl schnell wieder aus seiner Erinnerung getilgt worden, wenn da nicht die Geschichte mit dem Messer gewesen wäre. Bei einem der vielen langen Wanderungen auf der Alm steckte ihm ein anderer Junge, kurz bevor sie wieder ins Heim zurückgekommen waren, ein kleines Messer, das dieser offensichtlich heimlich mitgenommen hatte, in Andreas' kurze Lederhose. Bevor er sich noch dagegen wehren konnte, wurde das Messer von einer Betreuerin entdeckt. Diese nahm den Jungen sogleich ins Einzelverhör. Immer wieder erzählte er seine Geschichte und verteidigte seine Unschuld. Immer wieder wurde er aufgefordert, endlich mit dem Lügen aufzuhören und zu gestehen. Mit Versprechungen und Drohungen spielten dann gleich zwei Betreuerinnen das „Good Cop"- und „Bad Cop"-Spiel. Irgendwann gab er auf und gestand eine Tat, die er nie begangen hatte. Er gab zu, dass er das kleine Buttermesser heimlich aus der Küche mitgenommen hatte, um die anderen Buben zu beeindrucken.

An die Strafe kann sich Andreas D. nicht mehr erinnern, sehr wohl aber an dieses Gefühl des schreienden Unrechts. Wann immer er später daran dachte, überkamen ihn vor allem Scham und

Ärger, dass er damals zu schwach war, dem Druck standzuhalten. Und es wurde ihm noch immer ganz schlecht, wenn er an die grauenhaften dicken Suppen dachte, mit denen man ihn einen Sommer lang auf der Alm mästete. Seit damals war die gefährlichste Drohung, mit der die Eltern ihm in seiner Kindheit Schrecken einjagen konnten, die bloße Ankündigung, dass sie ihn in ein Internat stecken würden. Was seine Eltern nie taten. Die Schrecken, die Internate verbreiten können, lernte er daher nur aus Erzählungen von Freunden und den Schilderungen von berühmten Schriftstellern kennen.

Gleichgültigkeit und Tabu

Jahrhundertelang haben wir seelisches Leiden ausgeblendet – heute mehr denn je. Fast alle körperlichen Krankheiten sind dagegen sozial akzeptiert, manche gelten sogar als „in", wie zum Beispiel die Meniskusoperation. Sie signalisiert, dass man in der Freizeit hoch aktiv ist, man kann sich mit Freunden darüber austauschen, wer den besseren Kniespezialisten kennt. Wenn man dagegen beginnen würde, am Arbeitsplatz von seinen Depressionen oder Angstgefühlen zu erzählen, dann wollte niemand davon etwas wissen, ja es gefährdete sogar den Arbeitsplatz. Dass man einen Psychotherapeuten aufsucht, vertraut man im besten Fall den engsten Freunden an. Dabei ist psychische Verletzung ein Thema, das vor niemandem haltmacht, nicht einmal vor dem einst stärksten Mann der Welt.

Die größte Verletzung des Muhammad Ali

An seinem 50. Geburtstag gab Muhammad Ali eine große Party, zu der auch Hollywoodstar Dustin Hoffman eingeladen war. Der ehemals größte Boxer aller Zeiten war schon sehr von Parkinson gezeichnet. Nach dem Fest, um fünf Uhr früh, rief Ali bei Dustin Hoffman an: „Mit vor Angst zitternder Stimme fragte er mich: ‚Habe ich einen Idioten aus mir gemacht? Sag mir die Wahrheit.'" – „Welch ein Zeugnis unser aller Verletzlichkeit!", stellte Dustin Hoffman im Rückblick auf dieses Ereignis fest.[1]

Muhammad Ali hat im Laufe seines Lebens mehr Schläge ausgeteilt, als er kassieren musste. Die härtesten Schläge hat er nicht von seinen Gegnern, sondern vom Leben einstecken müssen. Schlagen und geschlagen werden ist das Berufsrisiko eines Boxers, könnte man sagen.

Doch auch im Alltag wird noch viel mehr geschlagen, als wir eigentlich wissen wollen. Und das nicht nur von krankhaften Alkoholikern oder artikulationsunfähigen Schlägertypen, die nur die Sprache des Straßenkampfs gelernt haben. Viele ganz normale Väter schlagen noch immer. Dahinter steht der Wunsch, ihren Kindern die Halsstarrigkeit, den Eigensinn und den Trotz auszutreiben. Schläge sind eine Form der Misshandlung, die so erniedrigend ist, weil sich das Kind nicht dagegen wehren darf und den Eltern sogar noch dankbar dafür sein soll. Die Skala der raffinierten Maßnahmen „zum Wohl des Kindes" umfasst Lügen, Verschleierung, Manipulation, Ängstigung, Liebesentzug, Isolierung, Verachtung, Spott, Beschämung und Gewaltanwendung bis zur Folter. Sie alle hinterlassen tiefe, nie ausheilende Wunden in Kinderseelen.[2]

Die Wahl der Waffen

„Wir sind von einem Urlaub zurückgekommen und ich bin aus dem Auto herausgesprungen und die Stiegen hoch gelaufen. Aus lauter Freude, dass wir wieder da sind, habe ich an der eigenen Türe geläutet, obwohl ich natürlich wusste, dass niemand da ist. Mein Stiefvater kam die Treppe rauf und regte sich fürchterlich auf, was mir einfalle, die Glocke zu läuten, weil diese so laut sei, dass man sie im ganzen Haus hören könne. Dann beauftragte er mich, mir selbst einen Stock zu suchen, mit dem er mich dann züchtigen werde. Ich habe mir genau überlegt, wie denn so ein Stock aussehen soll: dick oder dünn, lang oder breit? Wissend, dass der Schmerz gleich folgen wird. Das war natürlich noch viel schmerzhafter als das Geprügeltwerden. Denn das Geschlagenwerden hat natürlich gebrannt, und ich habe geweint, aber noch viel größer war die Kränkung im Herzen. Das hat fürchterlich wehgetan", erzählt die heute 30-jährige Gerhild W. „Es war für mich in meiner Kindheit besonders schrecklich, mich auf etwas zu freuen, und dann, ohne mir einer Schuld bewusst zu sein, dafür bestraft zu werden. Daher bin ich bis heute sehr vorsichtig, mich über etwas zu freuen, weil ich immer Angst habe, jetzt kommt sicher gleich der Schlag drauf."

Gerhild W. hat später ihre Mutter gefragt, warum sie nie eingegriffen habe. Die Mutter verteidigte sich damit, dass sie selbst sehr autoritär erzogen wurde und bei ihr der Glaubenssatz „Damit aus einem Kind etwas wird, muss man es hart anfassen" tief verwurzelt war.

Wie der Mutter, so der Tochter

Ihre Mutter vertraute Gerhild W. später eine eigene Geschichte an: Als sie als kleines Kind lernte, aufs Töpfchen zu gehen, passierte es ihr manchmal trotzdem, dass es vorher ins Höschen ging. Sie musste dann das nasse Höschen ausziehen und es wurde ihr von ihrem Vater über das Gesicht gelegt. Dann musste sie sich mit dem nassen Höschen über dem Kopf in die Ecke stellen. Gerhilds Mutter kann sich heute noch an jedes Detail erinnern und träumt auch mit 65 Jahren noch davon. „Ich glaube, sie hat mir die Geschichte als Entschuldigung dafür erzählt, warum sie bei mir auch dann selbst so autoritär in der Erziehung war. Meine Mutter hat ihre gesamte Emotionalität schon in der Kindheit und bis heute immer mit Tieren ausgelebt – weil Tiere nicht verletzen können. Sie hat kaum Freunde, das ist ihr alles nicht wichtig, ihr Glück sind ihre Tiere. Haustiere waren ihr aber als Kind verboten, sobald sie frei war, hat sie sich Hunde genommen. Heute lebt sie mit vielen Hunden und Katzen", erzählt Gerhild W. über ihre Mutter.

Etliche Studien zeigen, dass vor allem emotionale Kälte der Eltern, körperliche Misshandlung und ständige familiäre Spannungen zu den drei häufigsten Hauptbelastungsfaktoren von Kindern zählen, die sie oft ein Leben lang verfolgen. Emotionale Verletzung ist weit schwerer zu definieren als sexueller Missbrauch. Nur durch das Aufzeigen des Zusammenhangs zwischen den eigenen erlebten frühkindlichen Verletzungen und der Weitergabe offener und versteckter Gewalt an die nächste Generation kann dieser Teufelskreis gebrochen werden. Dazu müssen Eltern verstehen lernen, wie wichtig es für ihre Kinder ist, ihre Wut, ihren Ärger und ihre negativen Gefühle zeigen zu dürfen, ohne Angst haben zu müssen, deshalb ihre Liebe zu verlieren.[3] Dieser Wunsch, geliebt zu werden, ist die stärkste Antriebskraft unseres Lebens.

Das Handbuch des romantischen Terrorismus

„Liebst du mich eigentlich noch?" ist die Frage, mit der das Undenkbare das erste Mal laut ausgesprochen wird. Immer von dem, der spürt, dass er bald verlassen werden wird. Liebe auf den ersten Blick gibt es, aber Liebe stirbt meist nicht in einem Augenblick. Sie zerbröckelt langsam wie altes Mauerwerk. Der Verlassene klammert sich an eine letzte Hoffnung, der schon im Aufbruch Befindliche wird von Schuldgefühlen geplagt, deren Intensität davon abhängt, ob aus der geistigen Untreue auch schon eine körperliche geworden ist. Wenn jede mögliche Entscheidung schwierig ist, wird überhaupt keine Entscheidung getroffen. Man trifft sich weiter, man schläft weiter miteinander oder zumindest nebeneinander und plant die nächste gemeinsame Urlaubsreise. Der, der gehen will, hofft, dass ihm die Entscheidung von jemand anderem abgenommen wird, wenn er nichts unternimmt.

Sobald einer der Partner das Interesse am anderen verloren hat, kann der andere offenbar wenig tun, um den langsamen Verfallsprozess der Beziehung aufzuhalten. Es beginnt die Phase des romantischen Terrorismus. Der Liebende verfällt dem verzweifelten Versuch, den Partner um jeden Preis wiederzugewinnen. Er spielt sich durch die gesamte Skala von Weinkrämpfen bis Wutanfällen, von besonderer Liebenswürdigkeit bis zur Bestechung mit Geschenken, von eisiger Kälte bis vorgetäuschter Untreue, um den anderen zu zwingen, seine Liebe zu erwidern. Dinge werden nicht gesagt, weil sie Erfolg versprechend scheinen, sondern weil es wichtig ist, überhaupt noch zu reden.

Gewöhnliche Terroristen haben gegenüber romantischen Terroristen einen klaren Vorteil. Selbst die kühnste ihrer Forderungen kann nie so unerfüllbar sein wie die Forderung, geliebt zu werden. Gewöhnliche Terroristen können gelegentlich Konzessionen von Regierungen erzwingen, indem sie Flugzeuge entführen oder Gebäude besetzen. Romantische Terroristen sind dagegen letztendlich immer zur Enttäuschung verdammt. Die unbequeme Wirklichkeit lässt sich zwar hinauszögern, aber nicht aufhalten – der Tod der Liebe. „Trennung auf Probe" heißt die Aufschiebung des Hinrichtungsdatums, die der Verlassende dem sich verzweifelt an diesen Strohhalm klammernden Hoffenden aus Mitleid anbietet. Der letzte Kuss auf die Wange und die Aufforderung „Lass uns Freunde bleiben" zeugen dann vom schmerzvollen Ende der Beziehung, das man nicht länger vor sich selbst und den Freunden verbergen kann. Dann beginnt die Rückkehr vom so lange gewohnten Denken im „Wir" zum neu zu definierenden „Ich".[4]

Wenn unsere Seele „Hilfe" schreit – wie wir tiefe Verletzungen spüren

Es beginnt mit einem heftigen inneren Protest. Die Art, wie wir die Welt bisher gesehen haben, stimmt plötzlich nicht mehr. Wir fühlen uns völlig ausgeliefert und hilflos. Es dringt etwas Fremdes von außen in uns ein, das nicht zu uns gehört. In diesem Augenblick wird der scheinbar sichere Schutzmantel, auf den wir vertraut haben, weggerissen. Unsere Illusion der Unverwundbarkeit wird zerstört. Eine tiefe Verletzung ist eine Erfahrung, die unser Selbst- und Weltverständnis gänzlich aus den Angeln hebt. Besonders Menschen, die meinen, in ihrem bisherigen Leben alle Probleme immer in den Griff bekommen zu haben, tun sich ungemein schwer, zu akzeptieren, dass ihnen etwas widerfahren könnte, das sie so tief in ihrer Persönlichkeit erschüttert. Gefühle wie Zorn und Angst wechseln sich in hoher Intensität ab.

Irgendwann erkennt man, dass man keine Kontrolle mehr über sich und die Situation hat, dass alle bewährten Krisenbewältigungsstrategien der Vergangenheit auf einmal nicht mehr wirken. An wen soll sich der Informatiker Hans P., 33, wenden, wenn er plötzlich nicht mehr schlafen kann, kaum mehr zur Arbeit gehen mag, wenn er jede alltägliche Kleinigkeit als „übermächtige Bedrohung" empfindet? Was soll aus der 16-jährigen Maria werden, die trotz äußerlich intakter Familie unablässig nach Aufmerksamkeit und Zuwendung sucht, die Ersatz und Betäubung nur in Drogen und Selbstverletzung findet? Was kann die Akademikerin Anke A. tun, die intelligent, gebildet, sozial integriert und beruflich erfolgreich ist und doch angesichts des plötzlichen Endes einer großen Liebesgeschichte, von Verzweiflung überwältigt, beginnt, an Selbstmord zu denken? Sie hat das Gefühl, ihr werde bei lebendigem Leib eine hart erarbeitete „zweite Haut" abgezogen – darunter nichts als Horror?[5]

Sie verfallen in eine tiefe Depression. Die Angst vor dem Alleinsein und die Sehnsucht, mit anderen darüber zu sprechen, geraten in Widerspruch mit dem Gefühl, es nicht ertragen zu können, unter Menschen zu sein. Manche werden von Albträumen geplagt, viele können einfach nicht schlafen und erwachen jeden Morgen völlig gerädert. Wie betäubt taumeln wir durch den Alltag, der Kopf ist leer, unsere vertraute Umgebung ist uns fremd. Im Supermarkt oder im Kino überfallen uns plötzlich Panikattacken. Symptome, die wir bisher nur bei körperlichen Krankheiten erlebt haben, wie Schweißausbrüche oder Herzrasen, lassen unsere Alarmglocken läuten. Wir zweifeln an uns selbst und an der Welt.[6]

Nach einem einschneidenden Erlebnis macht ein Mensch immer drei Phasen durch:

Protest – Depression – Neuorientierung

Das wollen wir in der Situation natürlich nicht wahrhaben. Wir wünschen uns nur, dass das Leiden aufhört – sofort. Doch wie unser Körper nach einem schweren Unfall Zeit zur Regeneration braucht, müssen wir auch unserer Seele Zeit zur Verarbeitung und zur Heilung geben. Dass wir mit einem gebrochenen Bein nicht wieder sofort auf die Schipiste können, sagt uns unsere Vernunft. Dass auch ein gebrochenes Herz heftig schmerzen kann und wir uns nicht sogleich ins Leben stürzen können, wollen wir nur schwer akzeptieren. Erst wenn wir den Protest überwunden haben, können wir uns eingestehen, dass wir wie jeder Mensch verletzbar sind und uns das Ereignis auch verändert hat. Dann erlauben wir uns selbst eine Zeit des Leidens. Wenn wir Protest und Leid durchgemacht haben, können wir wieder neu durchstarten oder wie André Gide so schön schreibt:

„Der Mensch kann nicht zu neuen Ufern aufbrechen, wenn er nicht den Mut aufbringt, die alten zu verlassen."

Leider schaffen nicht alle Menschen diesen Neuanfang nach einer Krise oder ihr ganzes Leben wird sogar zu einem einzigen Leiden, aus dem sie kein Entkommen mehr sehen. Natürlich sind wir selbst schon tief gekränkt worden. Aber würden wir deshalb ausrasten oder gar selbst Hand an uns legen? Es gibt keine objektive Maßeinheit dafür, wann eine Verletzung einen Menschen völlig in seine negativen Urinstinkte zurückwirft. Für Außenstehende sind es oft unverständliche Kleinigkeiten, die einen Menschen verzweifeln oder durchdrehen lassen.

Wie groß ist der Eisberg an seelischen Verletzungen tatsächlich, der sich unter der Spitze der wenigen veröffentlichten Fälle verbirgt?

Die Mördergruben unserer Seelen

Woran sterben jährlich mehr Menschen in der EU als die Summe aller Straßenverkehrsunfälle, Gewaltverbrechen und HIV/AIDS zusammen genommen? Die Antwort ist einfach und tragisch: durch die eigene Hand.

Jährlich begehen 58.000 EU-Bürger Selbstmord. Sie werfen sich vor Züge, sie erschießen sich, sie hängen sich auf, sie vergiften sich, sie schneiden sich die Pulsadern auf, sie springen von Brücken. Hat sich der erste Schreck über diese Zahl einmal gelegt, antworteten mir viele meiner Gesprächspartner: „Jetzt, wo ich genau nachdenke, fällt mir auf, dass ich in meinem Bekanntenkreis mehr Menschen kenne, die sich umgebracht haben, als jene, die durch einen Unfall starben."

Es kommt noch schlimmer. Die Zahl der Suizidversuche übersteigt die der begangenen Selbstmorde um das Zehnfache. Weit über eine halbe Million Menschen versuchen sich in der EU jedes Jahr das Leben zu nehmen. Bei jungen Menschen stehen den sehr vielen Selbstmordversuchen nur wenige tatsächlich realisierte gegenüber. Selbstmordversuche von Jugendlichen sind meist Hilfeschreie. Junge Menschen haben das Gefühl: Wenn sie nach dem Schulwechsel wieder keine Freunde finden, wenn sie wieder gemobbt werden, wenn die Diät nichts bewirkt, sehen sie für sich keinen Ausweg mehr.

Einen erschreckenden Umstand haben sehr viele Selbstmörder gemeinsam: Es gibt niemanden, dem sich diese Menschen anvertrauen können. Viele, vor allem Ältere, sind so isoliert, dass sie tatsächlich völlig allein leben. Die jungen Selbstmordkandidaten sind zwar scheinbar ständig von anderen umgeben. Sie gelten nur als schweigsam, unauffällig und als ein bisschen sonderbar. In ihrem Inneren fühlen sie sich jedoch vollständig ausgestoßen, nicht gut genug, letztlich nicht wichtig genug, damit ihre Hilfeschreie von jemandem auch gehört werden. Nicht dazugehören zu dürfen ist das Schlimmste, was einem jungen Menschen passieren kann. Es mag zwar für viele unvorstellbar klingen, aber es gibt einfach sehr viele Menschen, die nicht einen einzigen Freund haben.

Natürlich ist es nach wie vor eine sehr kleine Minderheit, die glaubt, die letzte Konsequenz ziehen, den Selbstmord begehen zu müssen. Die Zahl der Selbstmorde geht sogar leicht zurück. Dafür breitet sich das seelische Leiden wie eine unsichtbare Seuche immer mehr aus. Jeder vierte EU-Bürger ist in seinem Leben mindestens einmal von einer ernsthaften psychischen Erkrankung betroffen; jährlich leiden innerhalb der EU 18,4 Millionen Menschen zwischen 18 und 65 Jahren an starken Depressionen. Psychische Probleme sind das am schnellsten zunehmende Krankheitsbild. Es kann also jeden treffen – auch wenn wir das nicht wahrhaben wollen.

Was wir gegen Verletzungen tun können – erste Antworten

Ein Leben ohne Verletzungen kann es nicht geben. Fällt Ihnen ein Film oder ein Roman ein, dessen Hauptfigur im Laufe der Handlung nicht verletzt wird? Ja in den meisten Geschichten ist eine Verletzung sogar die entscheidende Kraft, die den Helden antreibt. Selten wird das so deutlich wie bei Harry Potter, dem sein größter Feind Voldemort seine innere Verletzung sogar auch äußerlich auf seine Stirn gezeichnet hat. „Diese Narbe wird ihm immer bleiben", lässt die Autorin Joanne Rowling Prof. Dumbledore gleich ganz am Anfang sagen, damit wir die tiefere Bedeutung der blitzförmigen Narbe ja nicht übersehen können. Natürlich lieben wir vor allem Geschichten, in denen der Held über sich hinauswächst und durch die Herausforderungen neue Fähigkeiten in sich entdeckt. Auf der Kinoleinwand ist das daher fast immer der Fall. Im Leben leider nicht.

Die Heldengeschichten, die jahrtausendelang an den Lagerfeuern von den Alten erzählt wurden, dienten nicht nur der Abendunterhaltung vor der Erfindung des Fernsehens, sondern hatten vor allem den tieferen Sinn, die Jungen zu lehren, wie man mit Verletzungen und Krisen des Lebens umgeht. Sie handeln daher von Schicksalsschlägen, Naturkatastrophen, Neid, Liebe, Verrat, Kampf, Sieg, Niederlage, Flucht, Wiederkehr, Rache und Vergebung. Die großen Weltreligionen und spirituellen Lehren sammelten ebenfalls ihr Wissen in oft geheimen Bibliotheken und gaben es an ihre Priester und Meister weiter.

Seit dem 19. Jahrhundert beschäftigt sich auch die Wissenschaft intensiv mit der menschlichen Seele. Stand lange vor allem die Analyse der Defizite und Ängste im Vordergrund, gewinnt in den letzten Jahren zunehmend das Entdecken der Schutzfaktoren, die dem Menschen helfen, glücklicher und selbstbestimmter zu leben, an Bedeutung. Positive Psychologie nennt sich diese neue zukunftsweisende Richtung, die vom Amerikaner Martin Seligman, Professor für Psychologie an der University of Pennsylvania, mitbegründet wurde.

Ich möchte Sie in diesem Buch einladen, sich an diesem reichen Schatz an Wissen zu bedienen. Das ist ein kleines Buch über ein großes Thema, daher habe ich mich bemüht, aus der Fülle des Materials besonders sorgsam auszuwählen.

Am überzeugendsten waren für mich jene Konzepte,

- die sich schon in den Weltreligionen und den großen Weisheitslehren der Menschheit finden ließen,
- die dann durch wissenschaftliche Langzeitstudien ihre Bestätigung fanden und
- die auch mit den Aussagen der vielen Experten, die ich interviewt habe, übereinstimmten.

Ein Beispiel: Der Wert „Dankbarkeit" nimmt in der Lehre des Benediktinermönchs David Steindl-Rast einen zentralen Platz ein. Für viele hört sich das nach abgehobenem christlichen Denken an, ohne anwendbaren Nutzen für unser Leben. Spannend wird es aber dann, wenn man weiß, dass auch für Martin Seligman der Wert der „Dankbarkeit" in seinen empirischen Studien eine Schlüsselfunktion für ein glückliches Leben spielt. Die Studien zur Positiven Psychologie zeigten, dass viele der sogenannten traditionellen Tugenden wie Dankbarkeit entscheidend für Glück und Erfolg sind. Aus Gründen, die ich noch darlegen werde, entsprechen sie also mehr als nur einem Wunschdenken.

Um wirklich substanzielle Antworten finden zu können, habe ich einige der führenden Wissenschaftler und spirituellen Lehrer der Welt um Hilfe ersucht. Zwei dieser außergewöhnlichen Menschen möchte ich Ihnen gleich am Beginn kurz vorstellen: den Benediktinermönch David Steindl-Rast, einen der weisesten Menschen, denen ich je begegnen durfte, und Mihaly Csikszentmihalyi, Entdecker des *flow*-Erlebnisses, das ich im Kapitel „Die Lehren des Glücksforschers Mihaly Csikszentmihalyi" ausführlich darstellen werde.

Beginnen wir mit Csikszentmihalyi, der sein ganzes Leben der Frage gewidmet hat, was uns Menschen hilft, Leid und Schicksalsschläge zu bewältigen und ein glückliches Leben zu führen. Dazu hat er viele Lebensgeschichten von Menschen studiert, die aus einer Verletzung ihr größtes Talent gemacht haben. Csikszentmihalyi hat mir folgendes Beispiel erzählt:[7]

Ein kaputtes Fahrrad, ein gebrochenes Versprechen und seine Folgen

Ein kleiner Junge, der kein Wort Englisch sprach, kam als Immigrant in die USA. Sein Vater sparte zwei Jahre lang, um ihm sein erstes Fahrrad zu kaufen. Als er das erste Mal damit ausfuhr, kam es zu einem Unfall mit einem Auto. Das Fahrrad wurde dabei schwer beschädigt und der Junge ziemlich verletzt. Die Frau, die den Wagen gesteuert hatte, war Ärztin in einen Krankenhaus und sagte zu ihm, dass er mit niemandem über den Unfall reden sollte und sie sich dafür in ihrem Krankenhaus um ihn kümmern werde und ihm auch ein neues Fahrrad kaufen werde. Sie rief auch die Eltern des Jungen, die kein Wort Englisch sprachen und die dieser Vorgangsweise zustimmten. Nach zehn Tagen im Krankenhaus war der Junge wieder einigermaßen genesen. Als er das Krankenhaus verlassen wollte, forderte man ihn auf, die Kosten für den Aufenthalt zu zahlen. Er verwies auf das Versprechen der Ärztin, dass seine Behandlung nichts kosten werde. Die Ärztin erinnerte sich aber plötzlich nicht mehr daran. Er bekam auch kein neues Fahrrad, sondern seine Eltern mussten noch ein Jahr sparen, um das alte reparieren zu lassen.

Was hatte dieses schreiende Unrecht bei dem kleinen Jungen ausgelöst? Er zog für sich den Schluss: „Wenn du ein Land und seine Gesetze nicht kennst, seine Sprache nicht sprichst, dann wirst du noch viele Probleme bekommen." Er übernahm also die Verantwortung für das, was passiert war, und entschied, einmal Anwalt zu werden. Diese Geschichte ist völlig typisch für alle Lebensläufe derjenigen, die sich später erfolgreich behaupten konnten. Die Erfolgreichen erkannten jedes Missgeschick als ein Problem, das man lösen konnte nach dem Motto: „Okay, shit happens, was kann ich jetzt daraus lernen?" Die Gescheiterten hingegen führten die negativen Ereignisse in ihrem Leben auf die schlechte Natur der Mitmenschen zurück oder interpretierten sie als Verschwörung des Schicksals gegen sie. Sie fühlten sich als ohnmächtige Opfer und nicht als selbstbestimmt handelnde Individuen. Denn wie leicht hätte der kleine Junge mit dem kaputten Fahrrad sagen können: „So sind reiche Menschen eben, und ich bin nun einmal arm" oder „Frauen sind so" oder „Fahrräder sind gefährlich, daher fahre ich nie wieder Fahrrad" oder „Ärzte sind so" oder ... Er zog aber den Schluss, dass sein Problem mit der mangelnden Kenntnis von Immigranten über ihre Rechte zu tun hatte. Viel später in seinem Leben wurde er der Verantwortliche für die Rechte von Minderheiten und Immigranten im Kabinett von US-Präsident Harry S. Truman.

Mihaly Csikszentmihalyi und viele andere Forscher haben herausgefunden, dass es eine Gruppe von Menschen gibt, die Armut, Schicksalsschläge und negative Kindheitserfahrungen nie wirklich bewältigen konnten und im Leben erfolglos blieben. Sie erzählten später als Erwachsene im Rückblick Dinge wie: „Ja, mein Vater war immer betrunken, daher waren wir arm und ich konnte nicht studieren." Das heißt, sie machten andere oder die Umstände für ihr Scheitern verantwortlich. Der kleine Junge in der Geschichte dagegen konnte die Kränkung, die ihm angetan wurde, von seiner Person trennen, zog die richtigen Schlüsse daraus und wollte anderen in Zukunft dabei helfen, dass ihnen nicht das Gleiche passieren möge. Das ist, wie wir noch öfter sehen werden, ein Muster, das sich durch die Biografien von vielen Menschen zieht, die aus einer Verletzung eine menschliche Qualität entwickeln konnten.

Wie soll man mit den Verletzungen der Vergangenheit umgehen?

Diese Frage stelle ich David Steindl-Rast, den ich im Kapitel „Die Weisheit des Mönchs" noch genauer vorstellen werde.

„Eigentlich sollte man überhaupt nicht mit den Verletzungen der Vergangenheit umgehen. Je weniger man sich damit identifiziert, desto besser. Wenn man im gegenwärtigen Augenblick lebt, dann identifiziert man sich nicht mit der Vergangenheit, das ist das Entscheidende. Menschen, die sehr unter ihrer Vergangenheit leiden, sind oft Menschen, die unter keinen Umständen dieses Leiden aufgeben wollen, sie sind besessen davon, es ist ihre Identität. Was wären sie denn, wenn sie plötzlich nicht mehr ein Opfer ihrer Eltern wären? Wenn man den langen Weg gehen will, zum Beispiel mit den Methoden der Psychoanalyse darin bohren will, habe ich nichts dagegen. Es gibt aber einen kürzeren Weg, und das ist, im gegenwärtigen Augenblick zu leben. Dann kommen wir leichter von unseren kleinen Egos los und zu unserem wahren Selbst", antwortet mir Bruder David.

Ich frage nach: Das mag vielleicht der Weg eines Mönchs oder des Dalai Lamas sein, die ihr ganzes Leben lang meditieren, um zu lernen, immer im gegenwärtigen Augenblick zu leben. Aber was sollen wir gewöhnliche Menschen tun? Denn gerade wenn wir schwer verletzt wurden, ist der Schmerz im Augenblick besonders groß, wir können ihm nicht entfliehen, ja wir glauben, dem Schmerz nicht entkommen zu können.

„Wenn ich zum Beispiel chronische rheumatische Schmerzen habe und mir dann sage: ‚Das wird jetzt immer schlimmer, das kann ja nicht besser werden', dann bin ich schon verloren. Mir hilft es, wenn ich erkenne, dass es im Augenblick zwar sicher unangenehm, aber erträglich ist, sonst wäre ich ja nicht mehr da. Und dann wird es sofort besser."

Drei Werte, die Bruder David Kinder in einer „Schule des Herzens" lehren würde, um sie auf die Herausforderungen des Lebens vorzubereiten

Furchtlosigkeit: Angst ist die innere Verengung, die unser kleines Ego erlebt, weil wir uns vom Ganzen getrennt fühlen. Die scheinbare Abgeschlossenheit unseres Körpers verführt uns zu dem Irrglauben, dass wir kleine isolierte Einzeller sind, und daher müssen wir uns fürchten. Angst verschließt unser Herz und verengt unser Denken. Furchtlosigkeit öffnet unser Herz und erweitert unser Denken.

Dankbarkeit: Man kann nicht in der Vergangenheit oder für die Zukunft dankbar sein. Nur im Augenblick sind wir immer unser wahres Selbst. Dankbarkeit ist der Schlüssel zur Lebensfreude. Wir halten diesen Schlüssel in unseren eigenen Händen. Jeden Tag wird uns eine Vielzahl von Gelegenheiten geschenkt, uns zu freuen. Es fragt sich nur, ob wir diese vielen Gelegenheiten überhaupt wahrnehmen? Meistens wohl nicht. Der Grund ist ganz einfach. An schlechten Tagen stehen unsere Schwierigkeiten so im Vordergrund, dass wir alles andere übersehen. Und an den guten Tagen nehmen wir alles ganz undankbar als selbstverständlich hin. Deshalb ist ein Mensch, der nicht von Herzen dankbar sein kann, ein beklagenswertes Geschöpf. Wir können Kinder von klein auf lehren, dankbar für die vielen Dinge zu sein, die sie jeden Tag mit ihrer Neugier entdecken. Das Schöne ist, dass die Freude, die wir durch Dankbarkeit ausdrücken, wieder zur Quelle – also zu uns selbst – zurückfließt.

Mitgefühl: Wenn Kinder gerade eine Verletzung erlitten haben, dann geht es weniger darum, die richtigen Worte zu finden, sondern um das Zuhören und das Mitfühlen. Meist helfen die einfachen Dinge, wie sie zu umarmen oder mit ihnen spazieren zu gehen. Mitgefühl zu zeigen heißt vor allem, sich ganz auf den anderen einzulassen. Dazu gehört auch die Zartheit. Das ist die Verbindung von Kraft und Verwundbarkeit. Das verlangt die innere Stärke, dass wir den Mut haben, uns verwundbar zu machen. Je früher Menschen lernen, ihre eigene Person von der erlittenen Kränkung trennen zu können, umso offener werden sie durch das Leben gehen. Denn nur ein verwundbares Herz kann ein mitfühlendes Herz sein.

„Liebe kann man lernen. Und niemand lernt besser als Kinder. Wenn Kinder ohne Liebe aufwachsen, darf man sich nicht wundern, wenn sie selber lieblos werden."
Astrid Lindgren, schwedische Kinderbuchautorin
(„Pippi Langstrumpf")

---

1 Dustin Hoffman im Interview mit Nadja Sarwat, in: News 26, 2008, S. 99
2 Alice Miller: Am Anfang war Erziehung, Frankfurt am Main, Suhrkamp 1980, S. 33
3 Alice Miller analysiert diese Zusammenhänge ausführlich in: Das verbannte Wissen, Frankfurt am Main, Suhrkamp 1995
4 Alain de Botton: Versuch über die Liebe, Frankfurt am Main, Fischer 2001
5 Elisabeth Wehrmann: Angst ist ein wütender Geier, in: Die Zeit, 24.11.2005
6 ORF Salzburger Nachtstudio: Der verletzte Mensch
7 Die Geschichte wurde 1978 im Journal of Humanistic Psychology veröffentlicht, die Namen der Interviewten in dieser Studie blieben anonym.

Am Anfang war die Angst
Wie sehr die ersten Verletzungen unser Leben prägen

„Wenn ich alle die Gefühle und ihren qualvollen Widerstreit auf ein Grundgefühl zurückführen und mit einem einzigen Namen bezeichnen sollte, so wüßte ich kein anderes Wort als: Angst. Angst war es, Angst und Unsicherheit, was ich in allen jenen Stunden des gestörten Kinderglücks empfand: Angst vor Strafe, Angst vor dem eigenen Gewissen, Angst vor Regungen meiner Seele, die ich als verboten und verbrecherisch empfand."[1]
Hermann Hesse über seine Kindheit

Das Menschenkind ist nach der Geburt ein allein nicht lebensfähiges Bündel von Bedürfnissen. Es ist völlig abhängig von einer Mutter, die es nährt, den Durst stillt und ihm vor allem Wärme und Liebe gibt. Die elektrische Wärme menschlicher Brutkästen stellt nur einen zum Überleben notwendigen Ersatz dafür dar, jede Berührung mit kalten Instrumenten kann Folter sein. Das Schreien bildet die einzige Möglichkeit für ein Baby, seinen Bedürfnissen Ausdruck zu verleihen. Werden diese Schreie nicht als die dahinterliegenden Ängste vor dem Verhungern, davor, allein gelassen zu werden, oder dem Liebesentzug der geliebten Mutter ernst genommen, dann bleibt dem Baby als einzige Überlebensstrategie die Verdrängung dieses Schmerzes, die zu einer Verstümmelung der eigenen Seele wird. Es stirbt etwas ab: die Fähigkeit, zu fühlen und zu empfinden.

Die Psychoanalytikern Alice Miller hat mit ihrem Buch „Das Drama des begabten Kindes" das Tabu des seelischen und körperlichen Missbrauchs von Kindern durch ihre Eltern enthüllt. Sie ist überzeugt: Wer schon als Kind die Fähigkeit, zu fühlen, nicht richtig entwickeln konnte, wird später nicht in der Lage sein, den eigenen Kindern jene Liebe und Geborgenheit zu geben, die diese brauchen. „Eltern, die niemals Liebe erfahren haben, die auf Kälte, Stumpfheit, Gleichgültigkeit und Blindheit gestoßen sind, als sie zur Welt kamen, und deren ganze Kindheit und Jugend in dieser Atmosphäre verlief, können Liebe nicht schenken – wie sollten sie auch, wenn sie noch gar nicht wissen, was Liebe ist und sein kann? Trotzdem werden ihre Kinder überleben. Und wie die Eltern werden auch sie sich nicht daran erinnern, welchen Qualen sie einst ausgesetzt waren, weil sowohl all diese Qualen als auch die dazugehörenden Bedürfnisse verdrängt, das heißt aus dem Bewusstsein vollständig verbannt worden sind."[2]

Könnten Eltern fühlen, wie sie ihr Kind verletzten, müssten sie auch entdecken, wie sie selbst einst verletzt wurden. Aus dieser tragischen eigenen Vergangenheit entsteht ein innerer Zwang, sich später selbst an seinen Kindern zu verschulden. Ein generationsübergreifender Zyklus der seelischen Verhärtung entsteht. Das mag auch der Grund sein, warum wir in den großen Familienchroniken der Literatur immer wieder die gleichen Geschichten lesen. Selten allerdings so zartfühlend formuliert wie vom großen französischen Schriftsteller Marcel Proust in seinem Monumentalwerk „Auf der Suche nach der verlorenen Zeit".

Auf der Suche nach der Zärtlichkeit

„Mein einziger Trost, wenn ich schlafen ging, war, dass Mama heraufkommen und mir einen Kuss geben würde, wenn ich bereits lag. Aber dies Gutenachtsagen dauerte nur so kurze Zeit, sie ging so bald schon wieder, dass der Augenblick, da ich sie heraufkommen und dann in dem Gang mit der Doppeltür das leichte Rascheln ihres Gartenkleides aus blauem Musselin mit kleinen strohgeflochtenen Quasten hörte, für mich ein schmerzlicher Augenblick war. Er kündigte schon den nächsten an, der auf ihn folgen sollte, wo sie mich verlassen haben und wieder unten sein würde. Das ging so weit, dass ich mir beinahe wünschte, dies von mir so heiß ersehnte Gutenachtsagen möge erst so spät wie irgend möglich stattfinden, und die Gnadenfrist, in der Mama noch nicht gekommen wäre, zöge sich recht lange hin. Manchmal, wenn sie, nachdem sie mich geküsst hatte, die Tür öffnete, um zu gehen, wollte ich sie zurückrufen und ihr sagen: Gib mir noch einen Kuss, aber ich wusste, dass sie dann auf der Stelle ihr strenges Gesicht zeigen würde, denn das Zugeständnis, das sie meiner Trauer und Aufregung machte, indem sie heraufkam und mir mit diesem Friedenskuss gute Nacht sagte, verdross jedes Mal meinen Vater, der das Zeremoniell übertrieben fand."[3]

75 Jahre nachdem dieser Text von Marcel Proust das erste Mal erschienen ist, erzählte mir die heute 35-jährige Volksschullehrerin Hannah K. aus ihrer Kindheit. Die Sprache ist eine andere – die tiefe Sehnsucht nach Liebe und Geborgenheit ist dagegen zeitlos.

„Mein Vater ist tödlich verunglückt, als ich eineinhalb Jahre alt war. Mein Stiefvater war leider nicht in der Lage, diese Rolle für mich zu spielen. Ich werde nie vergessen, dass ich einmal ins Schlafzimmer ging und zu meiner Mutter ins Bett wollte. Meine Mutter schlief schon und mein Stiefvater las. Er schickte mich einfach wieder weg, weil er sich gestört fühlte. Das war eine wahnsinnige Kränkung für mich, weil meine Mutter hätte mich sicher genommen, und anstatt mich zu sich unter die Decke zu nehmen, schickte er mich einfach zurück in mein Zimmer. Ich schlich aber am Boden – so, dass er mich nicht sehen konnte – zum Bett meiner Mutter und schlüpfte zu ihr. Ich mache meinem Stiefvater keinen Vorwurf, er hat sicher das gemacht, was ihm emotional möglich war. Er hat es einfach nicht besser verstanden."

Die wiedergefundene Zärtlichkeit

Kinder zu erziehen ist herausfordernder als jede andere Tätigkeit. Kinder sind die einzige unkündbare Beziehung im Leben eines Menschen. Man kann viel falsch machen, und trotzdem ist es keine schwer erlernbare Wissenschaft. Es bedarf nur einiger weniger Gaben:

Es geht um Zeit, Zuneigung, Zärtlichkeit.

Die Mutter beugt sich über das Kind in der Wiege und reicht ihm die Rassel. Das Baby erkennt das Geschenk und erwidert das Lächeln der Mutter. Die Mutter ihrerseits, hochbeglückt von der kindlichen Geste der Dankbarkeit, hebt das Baby hoch und küsst es. Das ist sie, die Spirale der Freude. Ist nicht der Kuss ein größeres Geschenk als das Spielzeug? Ist nicht die Freude, die darin zum Ausdruck kommt, größer als die Freude, die unsere Spirale ursprünglich in Bewegung setzte? Die Aufwärtsbewegung der Spirale deutet jedoch nicht nur an, dass die Freude stärker geworden ist. Sie hat auch die ursprüngliche Trennung zwischen der Geberin und dem Empfänger aufgelöst. Wer kann im abschließenden Kuss der Dankbarkeit noch zwischen Geber und Empfänger unterscheiden? Eine Eskalation zum Guten hat stattgefunden.[4]

Die Urquellen der Grausamkeit

Leider gibt es auch die Eskalation ins Böse. Statistiken zeigen, dass ein hoher Prozentsatz der Insassen von Gefängnissen selbst in ihrer Kindheit misshandelt wurde. Das erklärt auch die scheinbare Gefühllosigkeit, mit der Täter zu grausamsten Handlungen gegenüber ihren Opfern fähig sind. Was kann ein Kind machen, wenn es mit seiner panischen Angst, der ohnmächtigen Wut und dem Schmerz völlig allein gelassen wird? Es darf nicht einmal weinen, geschweige denn schreien, die einzige Möglichkeit, diese

Gefühle loszuwerden, ist, sie zu verdrängen. Diese Verdrängung hilft zwar im Augenblick, aber der Preis muss später bezahlt werden. Denn die Wut lebt weiter und wird dann auf Kosten von anderen Wehrlosen entladen. Die einstigen Opfer führen dann die schmerzhaften Situationen, denen sie selbst als Kinder ausgesetzt waren, wieder auf. Diesmal allerdings mit vertauschten Rollen. Jetzt sind sie die Täter, die ihre dunkle Vergangenheit aufarbeiten, indem sie die Gefühle der Ohnmacht und des Leidens bei ihren Opfern nochmals erleben.[5]

Die Analyse der Kindheit von Verbrechern soll nicht Mitleid für sie wecken, sondern zeigen, dass es Gesetzmäßigkeiten gibt, die aus unschuldigen Kindern später erbarmungslose Peiniger machen. So sagt der langjährige FBI-Spezialist John Douglas, dass seine Recherchen ergaben, dass praktisch alle amerikanischen Serienmörder aus kaputten sozialen und familiären Verhältnissen stammen, die durch Misshandlungen, sexuellen Missbrauch, Drogen oder Alkoholismus charakterisiert waren.[6] Der dunkle Keller ist nicht nur das Symbol des Bösen, sondern auch oft der Tatort der wenigen großen und der vielen kleinen Verbrechen gegen die Menschlichkeit.

Österreich – Land der Keller, Deutschland – Land der Kannibalen

War es in der Nachkriegszeit das Wiener Kanalisationssystem, das durch den Film „Der dritte Mann" von Orson Wells zeitweise zur zweitwichtigsten Wiener Touristenattraktion für Amerikaner wurde, sind es heute die Keller, die Österreich ungewollte Aufmerksamkeit in der Welt verschafft haben. Der Briefbombenattentäter Franz Fuchs verbrachte den Großteil der letzten Jahre seines Lebens in einem Anbau an das elterliche Haus, der dann nach der Ergreifung des Bewohners als der „Fuchsbau" bekannt wurde. Dort fertigte Fuchs seine technisch perfekten Todesfallen, mit denen er im Namen einer fiktiven „Bajuwarischen Befreiungsarmee" den „Kampf gegen die Überfremdung aufnahm". Die Fälle Natascha Kampusch und Elisabeth Fritzl sowie deren Peiniger Wolfgang Priklopil und Josef Fritzl haben Österreichs Ruf als Land mit einem überproportionalen Bevölkerungsanteil von persönlichkeitsgestörten Sonderlingen weiter gefestigt. Dass Josef Fritzl den Keller, in dem er seine eigene Tochter jahrelang gefangen gehalten, vergewaltigt und Kinder mit ihr gezeugt hatte, noch aus dem Gefängnis heraus als Touristenattraktion vermarkten wollte, zeigt, dass der Irrsinn keine Grenzen kennt. Kein Wunder, dass Sigmund Freud gerade in Österreich groß wurde, meinen Zyniker.

Doch Deutschland kann durchaus mithalten bei den kranken Seelen, wie der Fall des „Kannibalen von Rotenburg" gezeigt hat. Die Tat wurde von Armin Meiwes in einem viereinhalbstündigen Video dokumentiert. Einige Ermittler mussten wegen des Grauens der Tat psychotherapeutisch betreut werden. Auf die Frage des Gutachters vor Gericht, was denn der Kick für ihn während der Verspeisung seines Opfers war, antwortete Meiwes: „Man kann es vergleichen, als wenn jemand sein Leben lang den Wunsch hat, einen Ferrari zu fahren, und dann irgendwann die Gelegenheit dazu hat." Mindestens so erschreckend wie die Tat selbst erscheint die Tatsache, dass sich auf die Anzeige von Armin Meiwes mit dem Angebot, sich verspeisen zu lassen, 80 (!) Menschen gemeldet hatten.

Die Analyse der oben zitierten Fälle soll anderen überlassen werden, doch woran ich nicht vorbei kann, ist der Versuch, ein bisschen Licht in unsere Keller zu bringen.

Der Kohlenkeller als Erziehungsmittel

Der Grundschullehrerin Beate H. wurden vier Kinder aus einem Kinderheim in ihre Klasse zugewiesen. Beate H. kannte von keinem Kind die genaue Geschichte. Nach einer Woche wurde ein Kind, Maria, stark auffällig, begann grundlos herumzuschreien und Stifte durch die Gegend zu schleudern. Es wurde immer schlimmer.

Beate H. erzählt: „Maria hatte eine starke Beziehung zu mir, wollte aber, dass ich für sie allein da bin. Erst später habe ich die Geschichte von Maria erfahren: Das Kind wurde den Eltern weggenommen, weil sie es in den Kohlenkeller eingesperrt, angebunden und geschlagen hatten. Nachdem ich die Geschichte kannte, habe ich alles versucht, um zu verhindern, dass sie wieder weitergereicht wurde. Ich hatte den Eindruck, dass Maria einfach versucht hat, die Grenzen auszutesten, um herauszufinden, wie weit sie gehen kann, damit der nächste Mensch, von dem sie das Gefühl hatte, dass er sie gern hat, sie auch fallen lässt. Deshalb wollte ich, dass Maria bei mir in der Klasse bleiben kann. Dazu hätte ich eine zusätzliche Kollegin gebraucht, die gab es aber nicht. Die zuständige Schulbehörde lehnte das, ohne auf die besondere Situation einzugehen, ab. Kurz darauf haben die Pflegeeltern alle vier Kinder aus der Schule genommen."

Die Geschichte ist leider kein Einzelfall. Das Einsperren in den Kohlenkeller stellt zu meinem großen Entsetzen offensichtlich noch immer eine nicht völlig ausgerottete Erziehungsmethode dar, wie ich in den vielen Gesprächen zu diesem Buch feststellen musste. Heute sehr erfolgreichen und selbstbewussten Unternehmern ist noch immer der Schrecken in ihrem Gesicht anzusehen, wenn sie mir von ihrer Kindheit erzählen.

Paulo Coelho und Hermann Hesse in der Psychiatrie

Auch die Einweisung des eigenen Kindes wegen Aufsässigkeit in eine psychiatrische Anstalt hat eine „gute Tradition". An die Öffentlichkeit geraten derartige Fälle vor allem dann, wenn sich der einst so Unbelehrbare dann später zum weithin anerkannten

Schriftsteller entwickelt, wie uns das Beispiel von Paulo Coelho zeigt. Schon in Vergessenheit geraten ist dagegen, dass auch die Eltern von Hermann Hesse ihren Zögling in eine „Heilanstalt für Schwachsinnige und Epileptische" schickten. Brechen ließ sich der damals 15-jährige Hermann Hesse nicht, wie sein Brief aus dem Jahr 1892 an seinen Vater zeigt:[7]

„Meine letzte Kraft will ich aufwenden, zu zeigen, daß ich nicht die Maschine bin, die man nur aufzuziehen braucht. Man hat mich mit Gewalt in den Zug gesetzt, herausgebracht nach Stetten, da bin ich und belästige die Welt nimmer, denn Stetten liegt außerhalb der Welt. Im übrigen bin ich zwischen den vier Mauern mein Herr, ich gehorche nicht und werde nicht gehorchen ..."

Nicht dazugehören – der Makel der Jugend

Kinder versuchen sich die Zuwendung und Aufmerksamkeit, die sie im Elternhaus nicht erleben konnten, dann später im Kreis ihrer Alterskollegen zu holen, ja manchmal sogar zu erkaufen. Doch gerade denjenigen, die am meisten nach Anerkennung hungern, wird sie oft wieder verweigert. „Ich wäre doch bereit, alles zu tun, um dazuzugehören." Das ist in vielen E-Mails an die Kolumnistin eines österreichischen Jugendmagazins, Tatjana Schröder-Halek, zu lesen. Das sind dann jene, die auch in völlig irren Mutproben bereit sind, vom Dach zu springen, nur um dann erst wieder ausgelacht zu werden. Die größte Verletzung bei Jugendlichen ist aus ihrer Sicht mit Sicherheit jene tief an ihren Seelen schürfende Empfindung, „nicht dazugehören". Denn fühlen sich Jugendliche ausgegrenzt, führen sie dies hauptsächlich auf sich selbst, und dabei meist auch noch auf ausschließlich oberflächliche Ursachen wie „Ich bin nicht schön genug, nicht schlank genug, nicht cool genug" zurück, die sie schließlich zu dem fatalen Schluss führen: „Ich bin nicht gut genug."

Sie geben also sich selbst die Schuld und verstehen nicht, dass gerade viele der von ihnen bewunderten Stars selbst lange Außenseiter waren, die hart mit ihren Defiziten kämpften und oft noch immer kämpfen. Sogar gute Schulnoten sind oft mehr Hindernis als Hilfe beim Werben um Anerkennung. „Wenn mir Schüler schreiben, dass sie mit Absicht schlechte Noten schreiben, weil sie es satt haben, als Streber zu gelten, dann erschüttert mich das immer wieder. Tatsächlich stelle ich fest, dass sich heute bereits die Mehrheit der Jugendlichen als Außenseiter fühlt. In der Pubertät darum bemüht, sich von ihren Eltern zu lösen, aber ohne Halt in einem echten Freundeskreis, also irgendwo im Niemandsland zwischen Kindsein und Erwachsenen, gehen sie verloren."

Viele werden in dieser schwierigen Phase der Herausbildung der eigenen Persönlichkeit vor allem in ihren Zweifeln bestätigt und nicht in ihren Talenten bestärkt. Ein tyrannischer Lehrer, zynische Eltern und keine wirklichen Freunde sind dann ein gefährlicher Cocktail für das noch junge Selbstwertgefühl. Natürlich ist das eine Lebensphase, die alle Menschen durchmachen. Die Selbstzweifel sind auch notwendig, um seine Identität zu finden, aber einen Anker braucht jeder – und wenn jemand diesen in seinem Umfeld nicht findet, wird es gefährlich. Wenn du immer nur gesagt bekommst: „Weil du dick bist, mag dich keiner. Du passt ja in keine Jeans hinein", dann wirst du sicher vor lauter Kummer weiter fressen. Ein einfaches „Du bist okay, genau so, wie du bist" von Tatjana Schröder-Halek bewirkt bei diesen sehr einsamen Kindern manchmal sehr viel. Sie antworten ihr dann mit „Danke, dass es dich gibt. Mir geht es jetzt schon viel besser". Sie hat in den letzten vier Jahren 20.000 E-Mails von Jugendlichen erhalten, die in ihr häufig den einzigen Ansprechpartner auf ihrem Weg in die Welt der Erwachsenen sehen.

Natürlich gibt es auch die Starken, die aber ihre Stärke nicht aus sich selbst beziehen, sondern dadurch, dass sie diejenigen niedermachen, die sich niedermachen lassen. Viele Opfer tragen ein unsichtbares Schild, auf dem steht: „Verletze mich", weil sie unbewusst glauben, wenn sie bereit sind einzustecken, bekommen sie etwas dafür, zumindest Aufmerksamkeit.

Gewalt – die Mehrheit sieht zu

Es gibt immer einen, der zuschlägt. Es gibt immer einen, der einsteckt. Die Mehrheit zählt weder zu den Tätern noch zu den Opfern. Es sind die, die zusehen. Und diese fügen den Opfern die größte Demütigung zu, nämlich erleben zu müssen, wie die anderen scheinbar unbeteiligt zusehen, wenn man körperlich oder seelisch verletzt wird. Es gibt ein Publikum, das dich auslacht, in dem keiner für dich einsteht. Beim in Mode gekommenen „Happy Slapping", dem Filmen der Opfer mit dem Handy, während sie geschlagen werden, wird dann die ganze Welt des Webs zum Publikum. „Deutschland sucht den Superstar" und „Starmania" sind die legalen Gladiatorenkämpfe, in denen sich junge Menschen vor einem Millionenpublikum selbst verletzen dürfen.

Die große Zugkraft dieser Sendungen liegt sicher nicht in der gebotenen musikalischen Qualität, sondern im Zusehen, wenn andere von den zynischen Jurymitgliedern gedemütigt werden. Je peinlicher die Performance, desto besser die Quoten. Daher erfreuen sich ja auch die Castingshows der Vorauswahl besonderer Beliebtheit. Die dort erlebte Selbsterniedrigung anderer tröstet dann ein wenig über die eigenen Defizite hinweg. „Früher gab es öffentliche Hinrichtungen, heute gibt es das Fernsehen", hat Martin Scorsese gesagt. Das Web bringt gefährdete Jugendliche noch auf viel gefährlichere Gedanken. Und irgendwann verschwinden die Grenzen zwischen virtueller und tatsächlicher Realität. Die ganze Welt wird dann zum Zeugen.

„Ich hasse mich selbst und ich hasse es, zu leben ..."

„Ich bin in ein Mädchen verliebt und ich weiß, dass ich nicht gut genug für sie bin. Ich bin zur Überzeugung gekommen, dass alles in meinem Leben bedeutungslos ist. Ich habe schon viele Male an Selbstmord gedacht und es auch versucht ... Ich bin müde in Bezug auf Menschen, die mir ständig sagen, dass sie mich nicht mögen. Ich habe mir mein eigenes Leben vermasselt. Ich habe längst allen vergeben, die mich verletzt haben. Aber ich konnte mir selbst nicht vergeben für die Dinge, die ich mir selbst angetan habe. Ich kann dir nicht sagen, wie traurig ich bin, mein Leben auf diese Weise zu beenden. Bitte vergebt mir alle, dass ich mir mein Leben so früh nehme. Ich liebe euch alle und werde in euren Gedanken weiterleben. Liebe, immer und ewig."

Das sind Auszüge aus dem Abschiedsbrief des 19-jährigen Abraham Biggs. Was den Selbstmord dieses Teenagers in die internationalen Schlagzeilen brachte, ist die Tatsache, dass er die ganze Welt im Web zum Zeugen seines Leidens und Sterbens machte. Zwölf Stunden lang übertrug er seinen Selbstmord online mit einer Webkamera. Wie viele Menschen tatsächlich zugesehen haben, wie die Überdosis an Medikamenten zu wirken begann, ist unklar, dass es Tausende waren, ist unbestritten. Biggs veröffentlichte sogar seine Handynummer, die Zuseher gaben ihm aber nur zynische Tipps. Das alles ist nicht die Handlung eines Zukunftsthrillers, sondern fand im November 2008 in Florida tatsächlich statt.

„In Zukunft kann jeder Mensch für 15 Minuten Berühmtheit erlangen" – so hatte das der Pop-Art-Künstler Andy Warhol wohl nicht gemeint.

Die Bedeutung des Urvertrauens

Nach Erkenntnissen des Kinderpsychologen Erik H. Erikson erwirbt ein Kleinkind in den ersten drei Lebensjahren ein Grundgefühl, welchen Situationen und Menschen es vertrauen kann und welchen nicht. Es ist damit also kein ‚blindes' Vertrauen oder Misstrauen mehr. Vielmehr erlaubt es dem Menschen, seine Umwelt differenziert wahrzunehmen und zu beurteilen. Entscheidend für die Bildung dieses Urvertrauens sind die unmittelbaren Bezugspersonen, also die Eltern, primär die Mutter nach der Geburt.

Der Neurologe und Psychiater Boris Cyrulnik und andere französische Forscher haben die Gehirne von Kindern aus den berüchtigten rumänischen Waisenhäusern mit Computertomografen untersucht und dabei herausgefunden, dass diese richtige „Löcher" in ihrem Gehirn aufwiesen, die auf die emotionale Vernachlässigung zurückzuführen waren. Diese Kinder wurden danach in sehr gute Patenfamilien gebracht und die Untersuchungen nach einem Jahr wiederholt. Das Ergebnis: Die Löcher im Gehirn waren verschwunden. Das zeigt, dass der Versuch, jedem Menschen trotz schwierigster Startbedingungen seine Chance zu geben, keine intellektuelle Weltverbesserungsschwärmerei ist, sondern dass man psychische Verletzungen nachweisbar heilen kann.

Es gibt das geschändete, einsame Kind, das nur ein Kelch für den Schmerz der Welt ist. Am anderen Ende des Koordinatensystems des Schicksals steht das Sonnenkind, das von klein auf Liebe erfahren hat und mit einem optimistischen Gemüt geboren wurde. Mehrheitlich werden Menschen irgendwo dazwischen hineingeworfen. Sie haben eine Last zu tragen, aber sie verfügen auch über die Möglichkeit, ihr Leben selbst zu beeinflussen. Der Glaube an den freien Willen ist eine sich selbst erfüllende Prophezeiung. Die Entscheidung, selbst Verantwortung für unser Leben zu übernehmen, kann uns niemand abnehmen.

Die größte Herausforderung des Lebens

„Die Menschen werden als Prinzen und Prinzessinnen geboren, bis ihre Eltern sie in Frösche verwandeln."

*Eric Berne,
Begründer der Transaktionsanalyse*

Kinder in die Welt zu setzen ist das wahrscheinlich größte Abenteuer, auf das sich Menschen einlassen können. Nichts verändert das gewohnte Leben vom ersten Augenblick an so massiv und nachhaltig. Mütter und Väter sind ungemeinen Turbulenzen und Stress ausgesetzt. Dazu kommen Schlafmangel und die Zurückstellung eigener Wünsche. All das erschöpft Eltern von Neugeborenen, verunsichert sie und stellt ihre Beziehung auf eine Belastungsprobe. Familientherapeuten berichten, dass das zweite Kind oft sogar noch eine größere Herausforderung als das erste ist. Alle Eltern, die nicht völlig jede Ehrlichkeit gegenüber sich selbst verloren haben, werden zugeben, wie schwer es ihnen manchmal fällt, bestimmte negative Seiten ihrer Kinder zu tolerieren, ohne die Nerven zu verlieren. Ein Kind ist folgenden Gefahren ausgesetzt:

- Das Kind erlebt zu wenig emotionale Zuwendung, Liebe und Zärtlichkeit. Es kann sich der Bindung zu den Eltern nie sicher sein.
- Das Kind wird körperlich oder seelisch missbraucht und dadurch traumatisiert – oft von Eltern, denen das selbst in ihrer Kindheit widerfahren ist.
- Das Kind wächst in einer behüteten Scheinwelt auf, in der es ständig verwöhnt wird und ihm keine Grenzen gesetzt werden.

Auf der Plusseite ist die Erziehung von Kindern das wohl sinnvollste Projekt, das sich ein Mensch in seinem Leben vornehmen kann. Die kurzfristige Belastung wird langfristig durch Zufriedenheit und die Chance, vieles im Leben nochmals aus einer anderen Perspektive erleben zu dürfen, mehr als ausgeglichen. Das Leben erhält Sinn allein durch die Tatsache, dass man über den eigenen Tod hinaus eine Spur hinterlassen wird.

Besonders groß wird die Belastung, wenn das von vielen Eltern befürchtete schlimmste Szenario eintritt und sie ein behindertes Kind bekommen. Laura A. King, Psychologin an der University of Missouri, hat die Eltern von Kindern mit Down-Syndrom untersucht. Sie stellte fest, dass jene Eltern, die die höchsten Werte in ihrer Lebenszufriedenheit erreicht hatten, sich eingestanden, dass durch die Geburt eines behinderten Kindes ihr Leben nicht so gelaufen war, wie sie sich das gewünscht hatten. Sie widmeten sich aber mit großem Engagement der unerwarteten Lebensaufgabe und erkannten sogar eine ungeheure Freiheit darin, plötzlich außerhalb ihrer ursprünglich geplanten Lebensentwürfe zu leben. Sie hatten die hohe Kunst gelernt, gleichzeitig Verlust und Wachstum erleben zu können.

Was wir von 201 Kindern auf der Hawaii-Insel Kauai lernen können

Sind Menschen, die von ihren Eltern mit wenig Wärme, ständiger Abweisung oder gar Gewalt erzogen wurden, zwangsläufig dazu verurteilt, das erfahrene Leid an ihre eigenen Kinder weiterzugeben? Müssen alle, die eine schwierige Kindheit hatten, später im Leben an den Herausforderungen in Beruf und Privatleben scheitern?

Die amerikanische Forscherin Emmy Werner untersuchte mit einem Team von Kinderärzten und Psychologen 40 Jahre lang die Lebenswege von Kindern, die im Jahr 1955 auf der Hawaii-Insel Kauai geboren wurden. 201 der 698 beobachteten Kinder wurden in chronische Armut hineingeboren und sie waren einer

Vielzahl der damit verbundenen Risikofaktoren wie Alkoholismus und Gewalt in ihrem Elternhaus ausgesetzt. Zwei Drittel dieser Kinder entwickelten schwere Lern- oder Verhaltensprobleme, wurden später straffällig und hatten psychische Probleme. Weltweites Aufsehen erregte die Studie aber durch die Tatsache, dass ein Drittel der Kinder trotz der erheblichen Risiken, denen sie ausgesetzt waren, zu leistungsfähigen, zuversichtlichen und fürsorglichen Erwachsenen wurde. Emmy Werner ist emeritierte Professorin an der University of California und gilt als die „Mutter der Resilienzforschung". Resilienz ist ein Begriff aus der Baukunde und beschreibt die Biegsamkeit von Material. Resiliente Menschen lassen sich biegen, aber nicht brechen, sie gedeihen trotz widriger Umstände – wie Schilf in einem Sturm.

Die genauen Ergebnisse dieser Studien werden im Kapitel „Die Fakten der Wissenschaft" ausführlicher dargestellt. So viel sei schon jetzt verraten: Es ist nie zu spät für eine glückliche Kindheit.

Ich habe Emmy Werner ersucht, mir jene drei Werte zu nennen, die aus ihrer Sicht die wichtigsten sind, um die nächste Generation auf die Verletzungen des Lebens vorzubereiten. Hier ihre spontane Antwort:

1. Mitgefühl
2. Gerechtigkeitssinn
3. Zivilcourage

Menschen, die in einer schweren Krise einen neuen Lebenssinn finden, sind nicht immer die widerstandsfähigsten, sondern verfügen oft sogar nur über eine durchschnittliche psychische Stabilität. Entscheidend ist vielmehr ihre Fähigkeit, das verstörende Ereignis in ihre Lebensgeschichte integrieren zu können. Das ermöglicht ihnen, neue Lebenskonzepte für sich zu entwerfen, anstatt immer wieder in das Leiden zurückzufallen.

„Mitten im Winter habe ich erfahren, dass es in mir einen unbesiegbaren Sommer gibt."

Albert Camus

---

1 Hermann Hesse: Lebenszeiten, Frankfurt am Main, Suhrkamp 1994, S. 54 f.
2 Alice Miller: Das verbannte Wissen, Frankfurt am Main, Suhrkamp 1995, S. 7 f.
3 Marcel Proust: In Swanns Welt – Auf der Suche nach der verlorenen Zeit, Frankfurt am Main, Suhrkamp 1981, S. 22
4 David Steindl-Rast: Die Achtsamkeit des Herzens, Freiburg im Breisgau, Herder 2005, S. 140
5 Ebd., S. 54 f.
6 John Douglas und Mark Olshaker: Die Seele des Mörders, München, Goldmann 1998
7 Hermann Hesse: Lebenszeiten, Frankfurt am Main, Suhrkamp 1994, S. 58

Tatort Schule
Wo mit Gleichgültigkeit und Kälte Kinderseelen zerbrochen werden

„Ich habe als Einzelkind viele Stunden mit mir allein verbracht. Auf dem Schulweg sprach ich mit den Bäumen und erzählte ihnen Geschichten. Zu jeder einzelnen Lego-Figur, zu jeder Murmel, ja sogar zu meinen Stiften und Schulheften baute ich tiefe Beziehungen auf. Ich schuf mir meine eigene Welt, in der diese Dinge meine Freunde waren. Sie hatten alle sogar ihre eigenen Namen. Mein Herz hing an diesen Gegenständen, viel mehr, als wenn ich zum Beispiel Geschwister gehabt hätte, mit denen ich hätte spielen können. Ich packte daher jeden Tag meine wunderschöne Schultasche nicht nur mit den Schulsachen, sondern mit allen diesen Gegenständen bis oben hin voll. So habe ich mich nie allein gefühlt, weil alle mir wichtigen Dinge immer mit mir mit waren.

Mein Volksschullehrer in der zweiten Klasse machte eines Tages eine Gewichtskontrolle der Schultaschen. Er nahm meine Schultasche vom Haken und hob sie hoch. Offensichtlich war sie viel schwerer als die anderen Schultaschen, worüber er sich aufregte, weil das nicht gut für mich sei. Dann tat er etwas, das ich heute noch nicht glauben kann. In einer Sekunde wurde meine gesamte kommende Schulzeit zerstört. Er öffnete meine Schultasche und schüttete alle Dinge, die mir so vertraut waren, neben mir auf den Fußboden. Mein tiefstes Innenleben, Geheimnisse, die niemanden etwas angingen, Namen, Geschichten lagen auf einmal auf dem Mittelgang. Das Ganze kommentierte er dann noch mit der abfälligen Bemerkung: ‚Den ganzen Kram, der da drinnen ist, den brauchst du nicht mehr jeden Tag mitschleppen. Raus damit und lass es zu Hause.' Ich saß völlig bloßgestellt da, sammelte meine Sachen wieder ein und entschuldigte mich bei jedem meiner ‚Freunde'. Dieser Lehrer war bis dahin ein Vorbild für mich, den ich tief bewunderte für die Art, wie er sprach und uns unterrichtete. Ich hatte ihn ganz nah an mein Herz gelassen. Er starb für mich in diesem Augenblick. Ich habe nie wieder einem Lehrer vertraut und auch bis heute kein Vorbild mehr zugelassen. Seither ist der Leitsatz meines Lebens, an nichts mehr zu hängen. Ich will nichts besitzen, ich will nichts haben und ich rechne jeden Tag damit, dass alles weg ist. Nur so fühle ich mich unverwundbar."

Der Volksschullehrer hatte sicher überhaupt keine Ahnung, was er mit seiner unbedachten Handlung bei Anna K. ausgelöst hatte. Er riss eine ohnehin schwelende Wunde auf. Anna K. wurde von ihrem Stiefvater ständig vermittelt, dass sie nicht anerkannt und geliebt werde, egal was sie tat. Dass sie alles zu langsam und zu schlecht machte. Gerade der Lehrer, den sie am meisten mochte, fügte ihr dann die schwerste Verletzung zu.

Warum handeln Menschen wie der Volksschullehrer von Anna K. so, frage ich die Psychotherapeutin Caroline Kunz. Ist es Dummheit, Ignoranz oder einfach Unachtsamkeit? „Sie tun es unbewusst und folgen ihren eigenen Werten. Sie reflektieren nicht. Sie sehen nur ihr Ziel, in diesem Fall, dass ein Volksschulkind nicht zu schwer schleppen soll, aber nicht, was sie tatsächlich bei anderen auslösen." Caroline Kunz meint, dass oft einfache Fragen helfen können: Was wollten Sie bei dem Kind erreichen? Was glauben Sie, empfand das Kind? Versuchen Sie sich in die Lage des Kindes zu versetzen. Bis zum zehnten Lebensjahr ist für Kinder die Anpassung an die Gruppe ganz wichtig, das Normierungsdenken gewaltig, vor allem Mädchen wollen zu den beliebtesten gehören. Wenn dann der wichtigste Lehrer durch sein Handeln vor der ganzen Gruppe bestätigt, dass man anders ist, dass man nicht zur Gruppe gehört, dann ist das eine extreme Form der Beschämung. Das Kind fühlt sich schuldig und ausgegrenzt.

Getrübter Sonnenschein

„Geboren vor 23 Jahren als absoluter Sonnenschein unseres Lebens, waren die ersten 14 Jahre unseres Sohnes Alfred völlig unproblematisch. Er war ein unkompliziertes Kind, konnte mit 10 Monaten laufen, sprach mit 15 Monaten wie ein ‚Erwachsener', war von frühester Kindheit an ein sportliches Ausnahmetalent. Golf wurde dann zu seinem bevorzugten Sport, in dem er herausragende Leistungen erbrachte. Mit 15 Jahren war dann mit allem Schluss. Alfred hat sich von seinem Sport losgesagt, hat die Schule vernachlässigt, schaffte zwar die fünfte Klasse des Gymnasiums noch, die sechste und siebte Klasse musste er wiederholen."

Das ist ein Auszug aus einer der inzwischen 4000 E-Mails, in denen mir vor allem verzweifelte Mütter, meist auf wenigen Seiten gedrängt, die jahrelangen Leidensgeschichten ihrer Kinder an unseren Schulen schildern. Auslöser für diese E-Mails war mein erstes Buch „Der talentierte Schüler und seine Feinde", das im März 2008 erschienen ist und eine intensive öffentliche Debatte über den Umgang mit den Talenten unserer Kinder im Schulsystem ausgelöst hat.

In diesem konkreten Fall beschreibt die Mutter dann, wie sie sich verzweifelt um Hilfe von Ärzten, den Lehrern und den Schulbehörden bemühte. Irgendwann beendete Alfred selbst sein Leiden. Er meldete sich von der Schule ab und begann im elterlichen Betrieb, einer weltweit tätigen Sportartikelfirma, mitzuarbeiten. Die Geschäftssprache der Firma ist Englisch, ein Fach, in dem er ab der 5. Klasse nur negativ beurteilt wurde. Bereits nach kurzer Zeit war er so erfolgreich, dass er beschloss, die Studienberechtigungsprüfung für Betriebswirtschaft zu machen. Alfred bestand und studiert seit dem Herbst 2007 neben seinem Job. Die E-Mail der Mutter an mich endet mit den Worten: „Der Versager, der faule Teufel, das verwöhnte Einzelkind, das waren die Kommentare von Freunden und in der Schule, wird seinen eigenen Weg gehen, wie auch immer der ausschauen mag. Die Schule und die

Lehrer haben dazu bei unserem Sohn keinen Beitrag geleistet. Hören Sie nicht auf, dafür zu kämpfen, dass dieses miese System sich endlich ändert und junge Menschen die Chance erhalten, in dem gefördert zu werden, was sie können und wofür sie geeignet sind."

Kriegsberichterstattung und Veteranentreffen

Alfred hat großes Glück gehabt. Viele Schüler haben dieses Glück leider nicht. Sie werden als psychische Kriegsversehrte aus unserem Schulsystem gestoßen, mit dem Stempel des Versagers versehen. Nach Berechnungen des Statistischen Bundesamtes gibt es in Deutschland jährlich rund 250.000 Wiederholer, die Kosten von mehr als 1,25 Milliarden Euro verursachen. Zusätzlich wird rund 200.000 Schülern pro Jahr ein Schulwechsel verordnet oder ein Schulabbruch nahegelegt. In Österreich bekommen jedes Jahr 37.000 Schüler bestätigt, dass sie zu dumm für das Schulsystem sind. Viele der E-Mails und Briefe, die ich als Reaktion auf mein Buch erhalten habe, lesen sich wie Kriegsberichterstattung von der Schulfront. Wem dieser Vergleich zu überzogen scheint, den bitte ich, sich einmal an das eigene letzte Klassentreffen zu erinnern. Dort geht es doch auch oft zu wie bei Kriegsveteranentreffen. Und dann gedenkt man derer, die nicht mehr dabei sind, weil sie verloren gegangen sind am Weg zur Reife oder zum Schulabschluss. Nicht alle von ihnen hatten das Glück von Alfred: Eltern zu haben, die an ihn geglaubt und ihn dabei unterstützt haben, selbst seine Talente zu entdecken.

Prügel und Handgranatenwerfen im Turnunterricht

„Als Schüler hatte ich das zweifelhafte Vergnügen, immer die schlechtesten Lehrer der jeweiligen Schule zu genießen. Das fing mit der Grundschule an, an der ich Lehrer hatte, von denen ich regelmäßig (auch mit dem Stock) Prügel bezog. Das ging dann weiter im Gymnasium, an dem ich mit Lehrern zu kämpfen hatte, welche mich gezielt gemobbt haben. Ich litt zu der Zeit zwei Jahre lang an einer schweren Herzmuskelentzündung, bedingt durch eine verschleppte Mandelentzündung, und war durch die Medikamente sehr müde und körperlich nicht so leistungsfähig. Einer dieser Lehrer hat mich ebenfalls immer wieder geschlagen und mit der Klasse im Sportunterricht ‚Handgranatenwerfen' geübt. Er war bekanntermaßen ein alter Nazi, ebenso wie der damalige Direktor. Da ich von zu Hause keinen Rückhalt hatte und durch die Schule immer mehr Druck auch von den Eltern bekam – für meine Eltern waren Lehrer sakrosankt –, habe ich im Alter von zwölf Jahren einen zum Glück halbherzigen Selbstmordversuch verübt, der von meinen Eltern rechtzeitig entdeckt wurde. Dann ging es ab ins Landeskrankenhaus, wo ich physisch und psychisch durchleuchtet wurde. Meinen Eltern ging dann zum Glück ein Licht auf und sie maßen der Schule von da an nicht mehr diese Wichtigkeit bei."

Die Schilderung dieses Leidensweges stammt nicht aus dem 19. Jahrhundert. Karl S., der mir seine Schulerfahrungen auf fünf Seiten detailliert dokumentierte, wurde im Jahr 1972 eingeschult. Er ist heute selbst Lehrer und kämpft von innen gegen die Windmühlen des Systems.

Sperrfeuer auf die schwächsten Punkte

„Hier ward mein erster Jugendtraum zunichte,
An schlecht verheilter Wunde litt ich lang."
   Hermann Hesse über seine Schulzeit im Kloster Maulbronn

Unser Schulsystem ist noch immer herausragend dabei, den schwächsten Punkt jedes Schülers herauszufinden, festzuhalten und ihm dann neun bis dreizehn Jahre lang damit die Freude am Lernen zu rauben. „Du bis gut in Deutsch, das interessiert uns wenig. Du bist schlecht in Mathematik. Wunderbar, damit können wir dich jetzt einem Sperrfeuer von Demütigungen und Nachprüfungen aussetzen. Auch deine Eltern sollen mitleiden, sie sollen mit dir entweder selbst jeden Nachmittag lernen oder teure Nachhilfe zahlen" – so könnte eine kurze Einführung in die Strategie der Talentvernichtung lauten.

Dafür ist das lebenslange Lernen dank unseres Schulsystems garantiert. Alle lernen in der Schule – die Mutter lernt, der Vater lernt, die Oma lernt, der Opa lernt, der Nachhilfelehrer lernt – nur die Schüler lernen offensichtlich nicht. Schule ist nach wie vor so organisiert, als ob die Frau den ganzen Tag zu Hause wäre und im Sommer die gesamte Familie zum Ernteeinholen gebraucht würde. Und jetzt einmal ganz ehrlich. Wenn wir gemeinsam eine Organisation neu erfinden würden mit dem Ziel, die nächste Generation auf das Leben vorzubereiten: Würden wir dann unsere Kinder um sechs Uhr früh aus dem Bett reißen, in Gruppen von bis zu 36 in Klassen sperren, jede Stunde läutet die Glocke, drei Monate sind Ferien, den Rest der Zeit stressen sich Kinder, Eltern und Lehrer zu Tode. Würden wir Schule heute wirklich so bauen?

Und was ist, wenn ein Kind zum Beispiel ein bisschen schneller lernt als im Lehrplan vorgesehen? Eine Mutter aus Kärnten hat mir erzählt, dass ihre Tochter schon vor Schuleintritt in die Grundschule lesen und schreiben konnte. Das ist nicht der Regelfall, aber es kommt vor. Wissend, dass das ein Problem sein könnte – denn alles was nicht genau der Norm entspricht, ist ein Problem –, sprach sie mit der Direktorin vor dem ersten Schultag über ihr Anliegen und wollte wissen, wie man ihre Tochter besonders fördern könnte. Die Volksschuldirektorin spendete ihr Trost: „Machen Sie sich nichts daraus. Das wächst sich aus."

„Ich wollte nie in die Schule gehen, ich habe sie vom ersten Tag an gehasst"

„Ich habe als Kind beschlossen, wie die Welt für mich sein sollte. Und diese Welt habe ich dann in meiner Fantasie erschaffen. Das hat mir sehr geholfen, meine Schulzeit, in der ich sehr gelitten habe, zu überleben."
„Schule ist wie ein langer Regen. Da muss man einfach durch."
Das sind typische Statements von Menschen, mit denen ich über ihre Schulerfahrungen gesprochen habe. Jeder gute Theater- oder Filmregisseur weiß, dass es kein schlechtes Publikum, sondern nur schlechte Filme gibt. Nur im Kino kann man bei einem schlechten Film nach zehn Minuten aus dem Saal gehen. In Österreich dauert jede schlechte Schulstunde unbarmherzig 50 Minuten, Deutschland ist mit 45 Minuten nur ein bisschen gnädiger. Für viele Schüler ist ihre gesamte Schulzeit wie ein einziger schlechter Film, dem sie nicht entkommen können. An vielen Schulen herrschen noch immer der Frontalvortrag und das stumpfe Auswendiglernen. Das ist so, als ob wir in der Medizin Menschen weiterhin zur Ader lassen würden. Muss das, was der große Albert Einstein Mitte des letzten Jahrhunderts über die Schule gesagt hat, heute noch immer der geheime Lehrplan für das Bildungssystem des 21. Jahrhunderts sein?

„Bildung ist das, was übrig bleibt, wenn man alles, was man in der Schule gelernt hat, vergisst."

Schuster sollen bei ihren Leisten bleiben und Ausländer dürfen Straßenkehrer werden

„Du bist so dumm, du wirst einmal Straßenkehrer." Sprüche wie diesen schrieb eine Lehrerin einer Wiener Grundschule Kindern in ihre Hausübungshefte – mit roter Tinte. Das erinnert viele an ihre eigene Schulzeit. Manche waren selbst betroffen, viele waren zumindest Zeuge, wenn ein zynischer Lehrer sich als Prophet für den Lebensweg eines Mitschülers versucht hat. Besonders Kindern aus Arbeiter- oder Migrantenfamilien wird oft schon in der Grundschule dieses „Du bist nicht okay" eingebrannt. Mit stiller Wut und Ohnmacht fressen die Kinder diese soziale Abstempelung in sich hinein – sie können sich nicht wehren. Die erschreckenden Beispiele in diesem Kapitel sind keine Einzelfälle. Ganz im Gegenteil. Denn die Summe aller Einzelschicksale ergibt genau jenes sehr schlechte Zeugnis, das die OECD und die EU Deutschland und Österreich bei der sozialen Durchlässigkeit ihrer Bildungssysteme attestiert. Jüngstes Beispiel ist das vom renommierten Lisbon Council im November 2008 ausgestellte Ranking von 17 OECD-Staaten. Deutschland nimmt darin den 15. und drittletzten und Österreich den 16. und vorletzten Rang ein.[1]

Um es ganz einfach zu machen: Der soziale Status und der Wohnsitz der Eltern spielen bei der Chance auf höhere Bildung für ein Kind eine wesentlich wichtigere Rolle als dessen Talent. Und das ist ganz schlecht so. Wir können uns die systematische Vernichtung von Lebenschancen von jungen Menschen einfach nicht länger leisten. Aus wirtschaftlichen Gründen nicht, aber noch viel weniger aus humanitären Gründen. Jedes Kind hat unabhängig von seiner Herkunft ein Recht auf die maximale Nutzung seiner Talente. Es ist daher die Pflicht von Eltern, Mitschülern und Lehrern, sich gegen die soziale Diskriminierung von Schülern zu wehren, auch öffentlich. Nicht jedes Kind kann Fernsehmoderator, Tierarzt oder Popstar werden. Aber wir brauchen Schulen, die allen Kindern Mut machen und ihnen gerechte Chancen geben. Gerade dann, wenn sie zum Beispiel angeborene Schwächen in Bereichen haben, von denen wir annehmen sollten, dass diese schon lange standardmäßig beim Schuleintritt diagnostiziert und dann entsprechend behandelt werden. Ist aber nicht so, wie das Beispiel Legasthenie zeigt.

Wenn Kinder zu dumm zum Lesen sind

Bis zu 15 Prozent aller Menschen sind von Legasthenie betroffen. Das sind ein bis drei Schüler pro Klasse. Bei rechtzeitiger Erkennung könnten diese Schüler sowohl die Reifeprüfung als auch ein Hochschulstudium schaffen. Diese Schüler scheitern aber häufig schon früh an der Fließbandabfertigung in unserem Schulsystem. Sie leiden enorm, weil man ihnen sagt, dass sie zu dumm für die Schule sind. Anstatt die entsprechenden Richtlinien der Unterrichtsbehörden zur fairen Beurteilung von legasthenischen Kindern anzuwenden, werden Eltern mit Sätzen wie „Wenn ich das Wort Legasthenie nur höre, dann habe ich schon die Nase voll" abgeschmettert. Man gibt oft hochintelligenten und kreativen Kindern das Gefühl, zu versagen. Sie verlieren die Freude an der Schule und ihre natürlichen Stärken werden erst gar nicht erkannt. Es ist eine Schande, mit welcher Gleichgültigkeit legasthenische Kinder in unseren Schulen ausgegrenzt werden.

Schulbildung ist auch Herzensbildung

„Das Wichtigste für eine gute Schule ist, die richtigen Lehrer auszuwählen. Genauso wichtig ist aber die Klassengemeinschaft insgesamt. Mir haben meine zwei Jahre in der damaligen Neulandschule ungemein geholfen, bevor dann die Nazis kamen. Das Großartige war, dass wir eine Gemeinschaft waren, dass wir einander ungemein verbunden waren. Natürlich hat die große Religiosität, die in der Schule spürbar war, sehr geholfen, ich war damals zwischen zehn und zwölf und daher auch sehr empfänglich dafür. Auch der kulturelle Rahmen des gemeinsamen Singens oder der Gedichte war tragend. Ich zehre heute noch von dem spirituellen und kulturellen Fundament, das in diesen zwei Jahren meines Lebens gelegt wurde", erinnert sich David Steindl-Rast an seine Schulzeit.

Eine gute Lehrerin und eine tolle Klassengemeinschaft: Das sind genau die Elemente, die auch heute immer wieder beweisen, wie Schule sein könnte. Dann werden Kräfte frei, die auch in einem morschen System mit sinnlosen Vorschriften und ahnungslosen Vorgesetzten wirksam werden. Diese Verschwörung zum Guten überwindet jeden Widerstand und zeigt, dass Schulbildung und Herzensbildung nicht zwei paar Schuhe sein müssen.

Felix und wie er uns lehrte, die Welt zu lieben

Felix ist anders. Außer einer Hand und dem Kopf kann er nichts mehr bewegen. Er wird beatmet und manchmal muss Schleim abgesaugt werden. Die Folgen eines Autounfalls. Felix ist sechs Jahre alt, querschnittsgelähmt und für den Rest seines Lebens an den Rollstuhl gefesselt. Seine Eltern haben nach dem Kindergarten versucht, einen Platz in einer „normalen" Grundschule für ihn zu finden. Felix wurde von allen abgelehnt. Die Begründung der Schulen war vor allem die Angst der Lehrer, denn das Kind muss rund um die Uhr in der Schule durch eine Krankenschwester betreut werden. Geistig ist Felix völlig normal.

Sonja Schärf, eine junge Lehrerin an einer privaten Grundschule, wird von ihrer Direktorin gefragt, ob sie sich zutraue, das Kind in ihre erste Klasse aufzunehmen. „Ich habe gesagt, dafür sind wir da. Das ist eine Aufgabe. Ich habe natürlich nicht gewusst, worauf ich mich einlasse, aber ich habe mich darauf gefreut." Von ihren Kolleginnen schlägt ihr Skepsis entgegen: „Das tust du dir an, da steht doch dann immer eine schulfremde Person bei dir in der Klasse." Der Verantwortliche der Schulbehörde verweigert eine zusätzliche Integrationslehrerin mit den Worten: „Wozu brauchen wir das, ihr steht euch dann doch nur gegenseitig im Weg herum." Im Sommer macht sich Sonja Schärf viele Gedanken und bereitet sich genau vor. So hat sie vor allem viele Bewegungsspiele für ihre Klasse geplant und fragt sich, wie das denn werden wird, wenn Felix nirgends mitmachen kann.

„Wir haben den Kindern gleich am ersten Schultag die Situation genau erklärt. Auch scheinbar schwierige Dinge, wie das mit dem händischen Abpumpbeutel funktioniert, wenn das Beatmungsgerät ausgeschaltet ist. Wir zeigten ihnen die Geräte und ließen sie alles probieren. Dass der Beatmungsschlauch aus dem Hals herausrutschen kann, warum das kein Problem sei und wie man ihn wieder hineinsteckt. Für die meisten Kinder war die Situation keine Belastung, sie haben alles angenommen und ausprobiert. Bis auf ein Mädchen, das sehr ängstlich dreingeschaut hat. Nach ein paar Tagen hat sich dann ihre Mutter an mich per Mitteilungsheft gewandt und mir geschrieben, dass Felix ein Problem für die Klasse sei, weil ihre Tochter sich fürchte. Darauf habe ich ziemlich brutal zurück geschrieben: Das Problem sei nicht Felix, das Problem sei auch nicht ihr Kind, das Problem sei sie selbst. Eine Woche später hat genau dieses Mädchen Felix als erstes Kind den Schlauch wieder hineingesteckt. Das war eines der ersten Erlebnisse, wo ich mir gedacht habe: ‚So, jetzt haben wir es geschafft.'"

Sonja Schärf lockert ihren Unterricht mit vielen Gruppenarbeiten auf und freut sich, dass alle Felix in ihrer Gruppe haben wollten. Wenn alle getanzt haben, saß er in seinem Rollstuhl und lachte von einem Ohr bis zum anderen. Wenn die Lehrerin fragte, ob alle ein Lied singen wollen, schrie Felix als Erster Ja, obwohl er nicht laut mitsingen konnte. Die Kinder bestanden auch darauf, Felix selbst in den Pausen zu füttern und das nicht der Krankenschwester zu überlassen. Interessanterweise entwickelten die Kinder aber nicht nur für Felix ein besonderes Mitgefühl, sondern auch füreinander. So etwas hatte Sonja Schärf vorher nie erlebt. Offensichtlich erkannten die Kinder dieses Mehr an Zuwendung und es wurde ihnen bewusst, dass es nicht selbstverständlich ist, gesund zu sein oder dass es einem gut geht. Dass die Kinder aber nicht ihre sprichwörtliche Ehrlichkeit verloren hatten, zeigte sich, als ein Schüler aus einer anderen Klasse „stolz" seine Gipshand vorführte. Ein Mädchen sagte dann zu dem Jungen: „Ich möchte auch so eine Gipshand haben", und Felix schrie: „Ja, ich auch." Und darauf entgegnete das Mädchen: „Was willst du denn noch, jetzt hast du ohnehin schon einen Rollstuhl."

Welche Gratwanderung sie auf sich genommen hat, wurde der jungen Lehrerin bei einem Ausflug an einen See bewusst. Die Kinder wollten schwimmen und Felix wollte mitmachen. Felix' Mutter, die dabei war, ging also auch mit ihm ins Wasser. Danach legte sie ihn auf den Steg zum Trocknen. Die Kinder saßen herum und drohten scherzhaft, Felix ins Wasser zu werfen. Felix war sogleich begeistert von der Idee: „Ja, super, schmeißt mich hinein." Die Mutter griff natürlich sofort ein und erklärte den Kindern, dass sie das nicht dürften. Wenn Felix nämlich ins Wasser falle, käme Wasser in die Lunge und er könnte daran sterben. Darauf sagte ein Mädchen zur Mutter: „Dann hast du es doch leichter." Das war ein Augenblick, in dem es die junge Lehrerin ins Herz stach.

Felix ist natürlich ein geänderter Name. Ich habe Sonja Schärf nach unserem Gespräch ersucht, einen auszuwählen: „Felix, der Glückliche, denn ich habe nie erlebt, dass er schlecht drauf war. Er war immer fröhlich, wollte Fußballer werden, denn er hat nie die Hoffnung aufgegeben, eines Tages gesund zu werden. Wenn die Burschen Fußball gespielt haben, stand er mit seinem elektrischen Rollstuhl immer im Tor und hatte dabei Tormannhandschuhe an", begründete sie ihre Wahl.

„Für mich waren die Jahre mit Felix eine ungeheure Bereicherung, weil ich gelernt habe, mit Behinderung umzugehen. Vorher hatte ich diesen Zugang nie. Eigentlich sollten alle Lehrer und Schüler einmal diese Erfahrung machen." Aber wir können doch nicht in jede Klasse ein behindertes Kind setzen, frage ich verständnislos nach. „Warum nicht?", entgegnet sie mir entwaffnend. „Ich glaube, dass das für das soziale Mitgefühl wahnsinnig wichtig wäre. Wie viele Erwachsene können mit Behinderten nicht umgehen und fühlen sich völlig unsicher."

Doch würde es nicht reichen, wenn wir in unseren Schulen einfach allen Schülern mehr Aufmerksamkeit schenken würden? Und ganz besonders jenen, die ein bisschen anders sind? Und sollten wir nicht alles tun, um Lehrerinnen wie Sonja Schärf jene Wertschätzung zu geben, die sie verdienen? Es gäbe genug Menschen, die alle Qualitäten hätten, die einen ausnehmend guten Lehrer auszeichnen. Warum arbeiten so wenige von ihnen an Schulen? Weil jede Gesellschaft nicht nur die Regierung hat, die sie verdient, sondern auch die Lehrer. Viele talentierte Schüler könnten eines Tages zu guten Lehrern statt zu gut bezahlten Managern, Anwälten oder Bankern ausgebildet werden. Das Geld fehlte ihnen nicht, würden sie mit Respekt bezahlt. Wenn unsere Gesellschaft mehr Respekt für die Lehrer hätte, dann würden noch mehr unserer Besten Lehrer werden – und das wäre der entscheidende Schlüssel für bessere Schulen.

Harvard-Professor Howard Gardner, der Entdecker des Konzepts der multiplen Intelligenz, stellte in einem Gespräch mit mir folgende Hypothese auf:[2] Würde man versuchen, ein Ranking zum Ansehen des Lehrerberufs in allen Ländern der Welt vorzunehmen und es einem Ranking der besten nationalen Schulsysteme gegenüberstellen, wäre er davon überzeugt, dass beide fast übereinstimmen würden.

Was sind Ihrer Meinung nach die drei wichtigsten Werte, die Sie Ihren eigenen Kindern beibringen würden, um sie bestmöglich auf die Zukunft vorzubereiten?

Auch dieses Kapitel möchte ich mit den Antworten von drei besonderen Menschen auf diese Frage schließen: Mihaly Csikszentmihalyi, Howard Gardner und Sonja Schärf.

Mihaly Csikszentmihalyi:

1. Zwischenmenschliche Fähigkeiten: Teamlernen, das Verständnis eigener und fremder Gefühle, Arbeiten und Führung in Gruppen.
2. Verantwortung: Und damit meint er nicht strafende Moralpredigten, sondern die Aufgabe, schon Kindern beizubringen, dass jede Handlung eine Konsequenz hat. Wenn man also dem Bruder oder der Schwester etwas antut, hat das Konsequenzen, genauso wie bei den Eltern, aber auch jeder Eingriff in die Natur hat Folgen.
3. Wir sind nicht allein auf diesem Planeten: Damit meint er die Vermittlung eines systemischen Verständnisses dafür, dass wir auf der Erde alle Teile eines gemeinsamen Ganzen sind. Auch hier geht es ihm um ein auf der Vernunft basierendes Konzept, das Kindern schon früh klarmacht, dass wir alle nur gemeinsam überleben können.

Howard Gardner:

1. Integrität und Ethik
2. Großzügigkeit, die Bereitschaft, anderen zu helfen
3. Ein Gebiet zu finden, wo das Kind sein Potenzial entfalten kann.

Das letzte Wort soll jener Lehrerin gehören, die Felix lehrte, die Welt zu lieben und bereit war, von ihm zu lernen. Lehrerinnen wie Sonja Schärf sollten wir viel mehr zuhören:

1. Respekt: Kindern beizubringen, dass die eigene Freiheit dort endet, wo die des anderen beginnt.
2. Das selbstständig-kritische Auseinandersetzen mit der Welt.
3. Herzensbildung: Die Kinder der Klasse von Felix haben vor allem gelernt, nicht nur für sich selbst, sondern auch für an-

dere Menschen da zu sein. „Es war unglaublich, wie liebevoll die Kinder miteinander umgegangen sind. Ich hatte nie wieder eine Klasse, in der so viel Mitgefühl spürbar war."

---

1 Peer Ederer/Philipp Schuller/Stephan Willms: University Systems Ranking: Citizens and Society in the Age of Knowledge, Brussels, November 2008
2 Mein Gespräch mit Howard Gardner fand im April 2008 in seinem Institut an der Harvard University statt.

Die Kränkung

Warum wir Vertrauensbruch, Verrat und Demütigung so schwer verzeihen können

„Der Mensch ist vor allem ein gekränktes Wesen. Und das wird maßlos unterschätzt. Bei fast allen von mir untersuchten Straftätern spielen frühe Kränkungen eine ganz wesentliche Rolle." Reinhard Haller weiß, wovon er spricht. Er hat schon weit über ein Jahr seines Lebens mit Mördern in einer Zelle verbracht. Neben seiner Tätigkeit als Psychiater und Gerichtsgutachter, in der er die Lebensgeschichten von über 7000 Straftätern untersuchte, ist er primär Suchttherapeut. Fast alle Probleme zwischen Menschen lassen sich auf Kränkungen zurückführen. Niemand ist geschützt vor Kränkungen.

Was ist eine Kränkung?

Kränkungen sind Verletzungen unseres Selbstbewusstseins, die den Kern unserer Persönlichkeit treffen.

- Die erste Kränkung erfahren wir gleich bei unserer Geburt. Wir werden aus dem warmen Mutterleib der emotionalen und nährenden Vollversorgung in das kalte, gleißend helle Licht der Welt hinaus gerissen.
- Die zweite große Kränkung kann mangelnde Wärme, Körpernähe und Zärtlichkeit in den ersten Lebensmonaten sein. Diese brauchen kleine Kinder genauso dringend wie Nahrung.

- Ein drittes großes Schlachtfeld für Kränkungen ist die Phase der Erziehung und der Eintritt in die Schule. Neugierige kleine Entdecker, Sänger, Tänzer, Sandburgenbauer und Maler werden dann zu angepassten „Stillsitzern", „Schönschreibern" und „Auswendiglernern" umgeformt. Dabei wird viel Kreativität und Lebensfreude zerstört.
- Die Liebe hält wunderbare Momente und tiefe Kränkungen für uns bereit.
- Das Berufsleben ist der Schauplatz für die fünfte Kränkung: Mobbing, Kündigung, verweigerte Beförderungen und sinnlose Tätigkeiten sind typische Auslöser. Wenn 88 Prozent der Mitarbeiter anführen, sie fühlen sich in ihren Unternehmen fremd, und 70 Prozent aller Berufstätigen angeben, sie seien nicht dort eingesetzt, wo sie ihr Bestes geben können, dann sagt das alles.[1]

Die möglichen Reaktionen hängen sehr von der augenblicklichen seelischen Befindlichkeit, von der Fähigkeit, seine Emotionen kontrollieren zu können, und von der Tiefe der Verletzung, die die Kränkung hinterlässt, ab. „Was kränkt, macht krank", meinte der angesehene Psychiater Erwin Ringel.

Vorhersagen lassen sich die Reaktionen von Menschen nie, das macht Kränkungen auch manchmal zu Zeitbomben, die mit einem Verzögerungsmechanismus explodieren.

Der Tod des Metzgers

Bereits der Vater des 17-jährigen Metzgerlehrlings Franz B. war Metzger. Er förderte seinen Sohn sehr, nahm ihn sehr früh ins Schlachthaus mit und ließ ihn schon als Kind kleine Tiere töten und ausnehmen. Der Vater wurde für den Jungen zum Vorbild, dem er nacheiferte. Vom Vater wurde er immer unterstützt und für seine Bemühungen gelobt. Umso größer ist der Schock, als

Franz B. in die Lehre zu einem alten Metzgermeister kommt, der ein Tyrann der alten Schule ist und ihm nie auch nur das kleinste Lob schenkt. Er leidet unter dieser Kränkung und verlässt dann im Streit die Lehrstelle. Ein Jahr später stellt er seinen ehemaligen Lehrherrn zur Rede und schießt ihm mit einer Pistole ins linke Auge. Im Gespräch mit dem Gerichtsgutachter gibt er an, dass die Kränkung durch den Alten ihm ein Jahr nicht aus dem Kopf ging und er Tag und Nacht daran denken musste. Der 17-Jährige, der bei allen als netter Junge galt, bekannte sich zu der Tat, zu der ihn der zwanghafte Hass getrieben hatte, und er gestand, dass es ihm danach besser ging.

Der Lehrherr stand natürlich auch für den Vater. Gerade weil sein wirklicher Vater so liebevoll war, konnte er mit der Eiseskälte und Ablehnung durch den alten Metzgermeister nicht umgehen. Das Auge hat hohe Symbolkraft, es ist das Gewissen, das auf einen blickt. Sein Vater hatte nur den verhängnisvollen Fehler gemacht, dass er ihn zu früh ins Schlachthaus mitnahm und daher die natürliche Tötungsschwelle seines Sohns gefährlich nach unten verschob.

„Hurra, der Kinderschänder ist da!"

Mit diesen Worten überraschte Josef B. seinen Schwager und lachte selbst kurz über seinen gelungenen Scherz. Dann schoss er das erste Mal. Danach tötete er der Reihe nach seine Schwester und zwei weitere Familienmitglieder. Was sich wie eine Szene aus einem Horrorfilm von Stephen King liest, spielte sich in der Nacht auf den 2. Juli 2008 in einem kleinen Ort in Niederösterreich ab. Nach seiner Verhaftung erzählte der Vierfachmörder, wie er das Blutbad ein Jahr lang minutiös geplant hatte. Sein Hauptmotiv war, dass er sich sein Leben lang von seiner ganzen Familie ausgenutzt und gedemütigt fühlte, der Auslöser für die Tat schließlich, dass er sich von seinen Verwandten im Dorf als Kinderschänder verleumdet glaubte. Auch beim Prozess bereute Josef B. nichts und sagte nach seiner Verurteilung: „Seit meiner Tat schlafe ich viel besser."

Derartige Familientragödien nehmen deutlich zu. Aber im Gegensatz zu früher, wo die Täter meist tatsächlich an schweren psychischen Erkrankungen litten, die nicht rechtzeitig erkannt und behandelt wurden, sind es heute vor allem Rosenkriege, Sorgerechtsstreitigkeiten, Demütigungen am Arbeitsplatz und Nachbarschaftskonflikte, die dann zum Amoklauf führen. Verlassene Väter empfinden die Kränkung so tief, dass sie für sich beschließen: Wenn sie schon selbst die Kinder nicht bekommen können, dann solle sie niemand anderer haben, und rotten alle aus, ehe sie am Schluss sich selbst richten. Natürlich sind das einige wenige Fälle, die es im besten Fall auf die Titelseite einer Zeitung schaffen.

Wir sind heute alle viel anfälliger für narzisstische Kränkungen. Wir mögen uns, wir lieben uns selbst, wir betreiben großen Aufwand, um uns möglichst vorteilhaft darzustellen. Wenn aber jemand unser mühsam aufgerichtetes Selbstbewusstsein massiv kränkt, ziehen wir uns entweder tief getroffen zurück oder schlagen heftig zu.

Die „Verbitterungsstörung" – wie gekränkte Finanzbeamte zu Kriegsversehrten werden

Finanzbeamte sind ein besonderer Menschenschlag, sonst ergreift man nicht diesen Beruf, der keine besondere Beliebtheit erwarten lässt. Ihr Lebensplan scheint recht klar: Sie machen alles sehr korrekt, vermeiden Fehler, halten sich an alle Vorschriften, um dann irgendwann als Lohn für diese Mühen Vorsteher ihres Finanzamtes zu werden. In einem Finanzamt in Deutschland waren acht Bewerber um die Leiterposition in die letzte Runde gelangt. Einer bekam die Position. Von den unterlegenen sieben Bewerbern suchten sechs einen Gutachter auf, der ihnen die Berufsunfähigkeit attestieren sollte. Es war nicht mangelnder Arbeitswille, körperliche oder geistige Krankheit oder gar Faulheit, die sie zum Gutachter trieb. Vielmehr war es die aus ihrer Sicht tief empfundene Kränkung, die es ihnen unmöglich erscheinen ließ, ihren Dienst fortzusetzen. Allein der Gedanke an ihr Amt ließ diese Menschen, die am Höhepunkt ihres Wissens und Könnens standen, in ein tiefes Loch fallen. Sie klagten über Symptome wie Schlaflosigkeit, Angstzustände und Arbeitsunfähigkeit, die in erschreckender Weise mit der sogenannten posttraumatischen Belastungsstörung übereinstimmen, einem Phänomen, das man sonst vor allem von Kriegsveteranen oder Opfern sexuellen Missbrauchs kannte. Psychotherapeuten fanden für Menschen, die aufgrund schwerer beruflicher Kränkungen in diesen Zustand verfallen, den Begriff der „chronischen Verbitterungsstörung".[2]

Gehen die Betroffenen dann, aus welchen Gründen auch immer, tatsächlich vorzeitig in den Ruhestand, können sie diesen nicht genießen, sondern denken Tag und Nacht an die Kränkung und werden von Rachegefühlen innerlich aufgefressen.

Kränkungen, die nicht der Genfer Kriegsrechtskonvention unterliegen und die trotzdem zu Verletzungen führen können

„Alle Kränkungen wollen gelernt sein. Je freundlicher, desto tiefer trifft's."
Martin Walser

Jetzt mal ganz unter uns Männern: Wann haben Sie sich in Ihrem Leben tatsächlich einmal über eine Krawatte gefreut, die Ihnen eine Frau geschenkt hat? War es eine attraktive Frau, die Ihnen wichtig war, dann löste die von ihr liebevoll überreichte

Krawatte sofort die tiefe Unsicherheit aus, dass sie wohl alle Krawatten, die man bisher beim Rendezvous getragen hatte, offensichtlich als derart peinlich empfunden hatte, um den Geburtstag in einer möglichst wenig verletzenden Form zu nutzen, um endlich sein modisches Verständnis ein bisschen aufzupäppeln. Pflichtschuldig tragen wir diese Krawatte dann auch immer, wenn wir uns mit dieser Frau wieder treffen. Jedes Mal, wenn wir sie aus dem Schrank nehmen, zweifeln wir an den anderen, die dort hängen. Bekommen wir die Krawatte von unseren Frauen geschenkt, dann nehmen wir sie mit der gleichen abgestumpften Gleichgültigkeit, mit der wir unseren Ehealltag ertragen. Das Schlimmste sind zweifellos die Krawatten, die wir von der eigenen Mutter zum Geburtstag geschenkt bekommen. Unmöglich scheint in diesem Augenblick der Gedanke, dass Brad Pitt jemals von Angelina Jolie eine Krawatte zum Geburtstag erhielt. Jenseits unseres Vorstellungsvermögens liegt die Möglichkeit, dass George Clooney Krawatten von seiner Mutter bekam.

Auch das Erzählen über die „kleinen Schwächen" des Ehepartners beim Abendessen mit Freunden erweist sich oft als Minenfeld. Plötzlich rastet der andere aus, die Stimmung ist im Keller. Für die Gäste wirken derartige Ausbrüche als Überreaktion und mutige Geister versuchen dann das Gespräch auf ein harmloses anderes Thema zu lenken, um den Abend noch zu retten. Im besten Fall wird das Scharmützel erst dann ausgetragen, wenn der letzte Gast gegangen ist. „Du hast dich wieder einmal unmöglich benommen …" gilt dabei als geeigneter Eröffnungszug, der gute Chancen auf einen stundenlangen Austausch von wechselseitigen Kränkungen bietet.

Als besonders gelungenes Beispiel des Austausches von Boshaftigkeiten wird folgende Anekdote erzählt: Lady Astor sagte einmal zu Winston Churchill: „Wenn Sie mein Mann wären, würde ich Ihren Kaffee vergiften!" – „Wenn Sie meine Frau wären", antwortete Churchill, „würde ich ihn trinken."

Das Waffenarsenal scheinbar harmloser kleiner Kränkungen unterliegt keiner Kriegskonvention. Daher hier ein kurzer Auszug, der natürlich beliebig erweitert werden kann:

§ 1 Das Schenken von Krawatten, billiger Parfums und anderer liebloser Geschenke.
§ 2 „Gar nichts" auf die Frage des Partners „Ist irgendetwas mit Dir?" antworten.
§ 3 Einfach nicht zurückzurufen, obwohl man es mehrmals versprochen hat.
§ 4 Das Absagen eines lange vereinbarten Abendessens zu zweit per SMS, nachdem man den anderen 40 Minuten lang im Restaurant Mineralwasser nippen und die Speisekarte auswendig lernen ließ. (Das passiert statistisch gesehen eher Männern.)
§ 5 Den Geburtstag eines Menschen, der sich einbildet, dass er uns etwas bedeutet, mit Absicht zu vergessen, um ihm dann mit einigen Tagen Verspätung eine hässliche Geburtstagskarte mit einem vorgefertigten Spruch zu schicken.
§ 6 Die Empfehlung an gute Freunde, ihr Geld in Optionen auf zukünftige Erbschaften nigerianischer Prinzen zu investieren. Im Jahr 2008 wurde dieser Paragraf auch auf amerikanische Automobilaktien, isländische Staatsanleihen, deutsche Bankaktien und absolut mündelsichere österreichische Immobilienfonds ausgeweitet.
§ 7 „Du bist wirklich nett" nach dem ersten Rendezvous. „Wir müssen uns unbedingt wiedersehen" nach dem zweiten Rendezvous, der andere: „Schauen wir mal." „Ich liebe dich auch" nach der ersten Liebesnacht, „Lass uns Freunde bleiben" nach dem Schlussmachen.

Bei Menschen, die sich vor allem über ihr öffentliches Ansehen definieren, kann eine Demütigung oder gar eine Rufschädigung ungeheure Revanchegelüste auslösen. Vor noch gar nicht so langer Zeit sahen sich Männer dann verpflichtet, ihre Ehre mit der Waffe in der Hand wiederherzustellen. Manchmal reichte ein einziges Wort, um eine menschliche Tragödie mit historischen Folgen auszulösen.

Wie ein unbedachtes Wort zwei Menschen vernichtete

Am Morgen des 11. Juli 1804 wurden Aaron Burr und Alexander Hamilton in getrennten Booten über den Hudson an eine abgelegene Stelle in der Nähe von Weehawken, New Jersey, gerudert. Dort wechselten sie nach den herkömmlichen Duellregeln auf zehn Schritt Entfernung Pistolenschüsse. Hamilton wurde in die rechte Seite getroffen und starb am darauf folgenden Tage. Burr blieb zwar unverletzt, stellte aber fest, dass sein Ruf eine ebenso tödliche Verletzung erlitten hatte. Diesem Duell, dem berühmtesten in der amerikanischen Geschichte, fielen beide Teilnehmer zum Opfer.

Warum dieses Duell für nachhaltigere Diskussionen unter US-Historikern sorgte als die in Europa weit bekannteren Pistolenhelden wie Jesse James oder Billy the Kid, ist schnell erklärt: Aaron Burr war der amtierende Vizepräsident der Vereinigten Staaten und Alexander Hamilton der ehemalige Handelsminister. Die zweite Frage ist weit komplexer: Warum erschien zwei der prominentesten amerikanischen Staatsmänner ein Duell im Morgengrauen, das illegal war und daher sowohl ihr Leben als auch ihre Karrieren gefährdete, als einzig möglicher Ausweg? Hatte einer den anderen mit dessen Frau betrogen? Waren sie Konkurrenten um das Amt des Präsidenten? Mitnichten. Keiner der beiden Männer hatte eine nennenswerte politische Zukunft vor sich. Es war ein einziges Wort in einem Brief eines Dritten, der in der wenig bekannten Zeitung „Albany Register" abgedruckt wurde.

„Ich könnte Ihnen eine noch verächtlichere Meinung mitteilen, die General Hamilton über Mr. Burr geäußert hat." Dieses eine Wort „verächtlich" löste eine der größten menschlichen und politischen Tragödien der USA aus. Der Historiker Joseph J. Ellis dokumentiert in seinem Buch über die Gründergeneration der USA „Sie schufen Amerika", wie der Ehrenkodex jener Zeit zwei Menschen, die sich nicht besonders mochten, aber keineswegs Todfeinde waren, in eine wechselseitige Eskalation hineintrieb. Es ging um Verleumdungen, gekränkten Stolz, Fragen des Gewissens und des Charakters. Am Ende standen sie sich mit scharfen Pistolen auf einem kleinen Felsen gegenüber. Alexander Hamilton verstarb innerhalb eines Tages qualvoll an der Schussverletzung. Der Vizepräsident der Vereinigten Staaten Aaron Burr verlor sein Amt und musste flüchten.

Lange Zeit wurden Duelle als Zeichen des ehrenhaften, wenn auch illegalen Wettstreits gesehen, gehüllt in den Schleier aristokratischen Zaubers und gekleidet in mittelalterliche Ritterlichkeit. In der vorindustriellen Zeit wurde gar jeder dritte junge Mann bei einem Kampf zwischen Männern getötet. Fast immer ging es dabei darum, durch einen „Gesichtsverlust" nicht seinen Ruf und damit seinen sozialen Status zu verlieren. Tötete man dagegen seinen Widersacher im Kampf Mann gegen Mann, dann konnte man durchaus sein Ansehen weiter steigern.

In Wirklichkeit waren Duelle immer ein pathologisches Ritual, indem selbst ernannte Gentlemen in kindischer Zurschaustellung ihrer beiderseitigen Unsicherheit aufeinander schossen. Dessen sollten wir uns auch immer bewusst sein, wenn wir wieder einmal meinen, dass die Demütigung, die uns ein anderer zugefügt hat, nicht ungesühnt bleiben darf. Das hilft uns, rechtzeitig zu erkennen, dass wir uns sicher nicht in ein wackeliges Boot setzen werden, um einen Rachefeldzug zu starten, egal, was jemand auch immer über uns gesagt haben mag. Die Waffen des 21. Jahrhunderts sind andere als im Jahr 1804, unsere emotionalen Reflexe sind oft noch dieselben.

Gesteuert von unseren Urinstinkten: Angriff, Flucht und sich tot stellen

Es gibt drei mögliche Reaktionen, mit denen ein Mensch auf Kränkungen reagieren kann: Rückzug, Angriff oder sich tot stellen. Wie unschwer zu erraten ist, sind das Urinstinkte, die wir seit Jahrtausenden in uns tragen. Je genauer ein Mensch seinen eigenen Reflex kennt, also zum Beispiel Flucht in Alkohol, Tabletten oder sogar aus der Realität, umso eher kann er verhindern, dass er automatisch in diesen verfällt und damit oft überreagiert. Menschen, die auf Angriff programmiert sind, denken sofort ans Zurückschlagen, ans Durchkämpfen und führen häufig Kriege gegen Bedrohungen, die sie selbst in ihrer Fantasie aufbauen. Daher ist die spontane Reaktion auf eine Kränkung mit hoher Wahrscheinlichkeit die falsche, die häufig noch mehr Probleme schafft.

Der Schauprozess – wie wir in unseren inneren Dialogen als Ankläger und Richter immer wieder denselben Täter verurteilen

Der Consigliere der Familie Corleone, Tom Hagen, sagt zu Michael Corleone, der gerade seinen Bruder und alle an einer Verschwörung gegen ihn Beteiligten hatte umbringen lassen: „Michael, du kannst nicht jeden töten." Darauf antwortet Michael: „Ich möchte nicht jeden töten, nur alle meine Feinde."

Manchmal schleicht sich ein kleiner Michael Corleone in unsere Seelen ein und lässt uns in unserer Fantasie alle unsere Feinde schwere Schicksalsschläge oder gar grausame Tode erleiden. Der Teil in diesen fiktiven Rachefeldzügen, der uns die größte Befriedigung bereitet, ist, wenn unsere Feinde im Augenblick ihres größten Leidens erkennen, was sie uns angetan haben und sich selbst verfluchen. Leistet man sich dieses geheime Vergnügen von

Zeit zu Zeit, dann verschafft es harmlose Erleichterung. Vor allem, wenn man schnell wieder aus seinen Fantasien aussteigen kann. Gefährlich wird es, wenn uns diese Rachegedanken zu beherrschen beginnen. Immer wieder spielen wir dann die gleichen Szenen durch und reichern sie mit neuen Details an. Die Dialoge mit unseren Feinden, bei denen wir allmächtiger Ankläger und Richter zugleich sind, können mit den besten Hollywoodfilmen mithalten, ja eigentlich sollten wir dafür den Oscar bekommen. Stundenlang dauern unsere Anklagen, jedes Verteidigungsargument unseres Gegners wird von uns je nach augenblicklicher Gemütslage arrogant abgestraft oder mit unerschütterlicher Beweisfindung widerlegt. Kehren wir dann wieder in die Realität zurück, sind wir völlig geschafft von der harten Arbeit, die hinter uns liegt.

Rache tut gut

Nicht zufällig sind viele der besten Geschichten der Weltliteratur Rachegeschichten. Der Raub der schönen Helena löste den Trojanischen Krieg aus. Odysseus tötete nach seiner Rückkehr alle Feinde, die sich in seinem Heim breitgemacht hatten und seine Frau Penelope belagerten. Im Nibelungenlied lässt Brünhild, nachdem sie von Kriemhild gedemütigt wurde, Siegfried hinterhältig von Hagen töten. Kriemhild rächt sich später, indem sie das gesamte Geschlecht der Nibelungen blutig niedermetzeln lässt. Der Graf von Monte Christo hat im Gefängnis viele Jahre Zeit, um in seiner Fantasie von der Rache an seinen Feinden zu träumen, um diese dann nach seiner unverhofften Flucht minutiös zu planen und zu verwirklichen.

Das menschliche Bedürfnis nach Rache ist einer unserer stärksten Urinstinkte. Das Überleben des Stammes hing davon ab, dass die Beute gerecht verteilt wurde. Drängt sich jemand an der Supermarktkassa oder in der Abbiegespur bei einer Ampel vor, dann spüren wir diesen archaischen Reflex – wenngleich wir zivilisiert genug sind, ihm nicht nachzugeben. Summieren sich allerdings viele Kleinigkeiten, kann es schon passieren, dass wir offen losschlagen oder uns heimlich rächen. Denn Rache tut einfach gut. Die Schweizer Hirnforscher Ernst Fehr und Dominique de Quervain konnten in ihrer Forschungsarbeit herausfinden, dass im Belohnungszentrum des Gehirns gute Gefühle ausgelöst werden, wenn wir ungerechtes Verhalten anderer bestrafen. Diesen Kick erhalten wir sogar dann, wenn uns die Rache objektiv schadet.

Die spontane Rache des Weltklassefußballers Zinédine Zidane auf eine abfällige Bemerkung eines italienischen Spielers über seine Schwester beschädigte sein bis dahin so positives Image und kostete Frankreich wahrscheinlich den Weltmeistertitel. Ist der Entschluss, aus Rache zu zerstören, einmal gefasst, gibt es oft kein Halten mehr, selbst wenn sie einen völlig Unschuldigen trifft.

Ein 49-jähriger Handwerker in Hamburg marschierte seelenruhig ins Finanzamt, erkundigte sich nach seiner zuständigen Sachbearbeiterin. Da diese nicht da war, stach er mit einem Messer auf ihre anwesende Kollegin ein. Er hatte sein Opfer nie zuvor gesehen, die Beamtin war für ihn nicht zuständig. Er wollte „das Finanzamt treffen", erklärte er, nachdem er sich nach der Tat widerstandslos hatte festnehmen lassen.

In Extremfällen wird Rache sogar zur Lebensaufgabe für den Gekränkten. Alles Denken konzentriert sich auf das erlittene Unrecht, das in endlosen Wiederholungen im Kopf immer wieder durchlitten wird. Unvorstellbar wird der Gedanke, dass der Täter ohne Strafe davonkommen könnte. Betroffene Menschen merken gar nicht, wie sehr sie sich immer mehr selbst vergiften. Groll macht die Seele hart. Es gibt Menschen, die es nicht einmal über sich bringen, die letzte Chance zur Versöhnung zu nutzen. Sie scheiden schließlich unversöhnt mit sich und der Welt aus dem Leben.

Unversöhnlich bis in den Tod – danach geht nichts mehr

Robert A. hatte seit vielen Jahren keinen Kontakt mehr mit seiner Familie. Mit 65 Jahren erhält er die Diagnose einer unheilbaren Krankheit. Er ersucht die Ärztin, Kontakt mit seiner geschiedenen Frau, dem Sohn und der Tochter aufzunehmen. Die Ärztin erreicht die Tochter und klärt sie über die gesundheitliche Situation ihres Vaters auf. Sie teilt der Tochter auch den Wunsch des Vaters mit, dass dieser sich sehr freuen würde, sie noch einmal zu sehen. Die Tochter antwortet der Ärztin, dass der Vater sie schwer verletzt habe und es seitdem keinen Kontakt mehr gegeben habe. Sie werde sich den Wunsch des Vaters überlegen. In den drei Wochen, die der Mann noch zu leben hatte, kamen weder die Tochter, noch der Sohn oder die ehemalige Gattin. Der Vater zur Ärztin: „Die brauchen sich nicht zu fürchten, ich tue ihnen nichts. Lassen wir die Vergangenheit ruhen." Die Familie kommt trotzdem nicht. Den Mut, die Tochter selbst anzurufen, hat Robert A. nicht. Er stirbt unversöhnt. Seine Familie lebt unversöhnt weiter. Die Chance zur Vergebung hat ein natürliches Ablaufdatum – den Tod.

Wenn Menschen zu Hühnern werden

Wenn wir von der Kränkung so massiv getroffen sind, dass uns nicht einmal Angriff, Flucht oder Totstellen möglich erscheint, dann werden wir zu Hühnern. Lässt man über Hühnern auf einem Hühnerhof eine Raubtierattrappe kreisen, löst das verständlicherweise großen Stress aus und sie laufen wie aufgescheucht herum. Doch irgendwann beginnen sie wie wild zu picken und beruhigen sich. Das Gehirn hat als Bewältigungsstrategie auf dieses zwanghafte Muster geschaltet und das Verhalten der Hühner läuft wie von einem Autopiloten gesteuert. Dass Picken eine völlig sinnlose Reaktion auf die Bedrohung durch einen Raubvogel ist, spielt dabei keine Rolle. Nur wir als außenstehende Beobachter erkennen das sofort. Sind wir allerdings selbst extremer Bedrohung ausgesetzt, entwickeln wir häufig ähnlich sinnlose Aktivitäten, um die Ausweglosigkeit der Situation zu bewältigen. Im Extremfall kann das dann auch das Verfolgen von Wahnideen sein. Der Glaube an die Wunderwaffe, die alle Probleme lösen wird, ist mit dem Zusammenbruch des Dritten Reichs keineswegs gestorben. Nur zu oft habe ich als Unternehmensberater schon Organisationen in Krisensituationen erlebt, deren Führungsspitze sich in immer unrealistischeren Strategien verlor, statt die offensichtlichen Bedrohungen zu erkennen. Und wie viele Freunde haben wir schon verzweifelt versucht, von völlig verrückten Handlungen abzuhalten, die sie massiv selbst beschädigen würden. Nur wenn wir selbst stark unter Druck geraten, merken wir häufig nicht, dass wir uns genauso wie die Hühner verhalten, die mit großem Einsatz vor sich hin picken.

Warum wir so schwer verzeihen können

Wenn sich der geliebte Partner von uns abwendet oder sich gar einem anderen zuwendet, dann ist das, als ob ein Stück aus unserem Herzen herausgeschnitten würde. Die Gestalt des von uns geliebten Menschen wird zerstört. Wir versuchen logisch zu verstehen, was uns der andere angetan hat – wir können es aber nicht. Daher fällt uns das Verzeihen besonders schwer, wenn einer unserer Kernwerte verletzt wurde. Jemanden, dem Treue der wichtigste Wert in einer Beziehung ist, schmerzt der Betrug durch den Partner besonders. Die Kränkung und Verletzung der Selbstachtung wird dann zurückgezahlt, indem der Betrogene seinen Partner ebenfalls betrügt oder ihn bei der Steuer anzeigt, um ihn in seiner beruflichen Existenz zu vernichten. Eine häufige Reaktion besteht darin, den anderen mit Verachtung zu strafen.

„Mit dem will ich nie wieder in meinem Leben etwas zu tun haben", sagt man sich und möglichst vielen anderen. Doch auch das ist nur ein scheinbarer Ausweg, denn er kettet uns noch stärker an den Täter, dem wir damit weiter Macht über uns geben. Die Mittel sind verschieden, das Ziel ist immer klar. Dem anderen klar zu vermitteln: „Mit mir kannst du so etwas nicht machen, du hättest mich nicht verletzen dürfen, dafür wirst du jetzt bitter zahlen."[3]

Eines sollten wir nie aus den Augen verlieren, wenn wir vor der Entscheidung stehen, für erlittenes Unrecht und Kränkungen bittere Rache zu üben. Es gibt eine Spirale des Vertrauens, und es gibt eine Spirale der Eskalation ins Negative. Wenn ich mich einmal auf die Spirale der Rache und des Zurückschlagens eingelassen habe, dann werden die dadurch ausgelösten Eskalationen mein Leben immer mehr bestimmen. Will ich mein Leben so fremdbestimmen lassen? Will ich wirklich meinen Feinden und allen, die mich gekränkt haben, die Macht über meinen Schlaf geben? Wenn es mir dagegen gelingt, in die Spirale des Vertrauens zu kommen, werde ich glücklicher und harmonischer leben. Es wird mir ermöglichen, trotz erlittener menschlicher Enttäuschungen neuen Beziehungen einen Vertrauensvorschuss zu schenken.

Natürlich weiß ich, wie leicht sich das alles sagt, wie vernünftig es klingt und wie schwer es umzusetzen ist, wenn man selbst betroffen ist. Denn selbst wenn man bereit wäre, großzügig die Hand zur Versöhnung zu reichen, fürchtet man am Ende als Verlierer dazustehen – und das würde uns noch mehr verletzen. Wenn wir schon verzeihen, dann wollen wir zumindest Reue beim anderen erkennen. Wie oft fehlt jedoch jede Einsicht beim anderen? Und haben wir nicht schon die bittere Erfahrung machen müssen, dass jemand, der uns sehr gekränkt hat, zwar unser Versöhnungsangebot freudig angenommen hat, nur um dann später unser Vertrauen erneut zu missbrauchen?

Die öffentliche Verletzung – Innenansichten einer Betrogenen

Am frühen Morgen des 15. August 1998 weckt Bill seine Frau. Er sagt ihr, dass die Situation im Fall Monica Lewinsky doch sehr viel ernster sei, als er ihr gegenüber bisher zugegeben habe. Er werde aussagen müssen, dass es zwischen ihm und Lewinsky zu „unangemessener Intimität" gekommen sei. Was vorgefallen sei, sei kurz und sporadisch gewesen. Er habe ihr nichts gesagt, weil er wusste, wie sehr es sie verletzen würde. Hillary beginnt zu weinen und schreit ihren Gatten an: „Was soll das heißen? Was sagst du denn da? Warum hast du mich belogen?" Bill steht einfach nur da und sagt immerzu: „Es tut mir leid. Es tut mir so leid. Ich wollte dich und Chelsea schützen."

In diesem Augenblick unterschied sich die Situation im Schlafzimmer im Weißen Haus durch nichts von den vielen anderen, in denen untreue Ehemänner ihren Frauen beichten. Alles war genau so. Er ein Wiederholungstäter, der jedes Mal, wenn er ertappt worden war, tausende Eide schwor, dass das nie wieder passieren würde. Sie eine Ehefrau, die das nur zu gerne geglaubt hatte. Und seine Frau war auch, um selbst dieses Klischee zu erfüllen, die Letzte, die es erfuhr. Die engsten Mitarbeiter und die Anwälte des Präsidenten wussten schon lange, wie die Sache mit Lewinsky wirklich gelaufen war. Das, was Bill und Hillary Clinton tatsächlich von normalen Eheleuten unterschied, war, dass an diesem Morgen die „New York Times" mit der Schlagzeile „Präsident erwägt, sexuelle Kontakte einzugestehen" aufmachte. Bill Clinton hatte seine Beichte bis zum letztmöglichen Augenblick hinausgeschoben.

Nirgends schmerzen Verletzungen so sehr wie in der Politik, weil sie öffentlich sind, weil die ganze Nation, im Falle von internationalen Politikern wie den Clintons, die ganze Welt sich daran ergötzt, dass es auch in der Ehe des mächtigsten Mannes der Welt nicht anders zugeht als bei ihnen. Schlagzeilen können

Menschen erschlagen. Worte können Geschosse sein, die schwer verletzen. Hillary Clinton hatte gehofft, dass ihr Ehemann mit der Übernahme der Präsidentschaft seine Triebe besser würde steuern können und das Leid, das sie während ihrer Ehe hatte ertragen müssen, überwunden war. Nun wurden alle vernarbten Wunden nochmals aufgerissen – und das in aller Weltöffentlichkeit. Gerade im Augenblick ihrer tiefsten Demütigung stiegen ihre Sympathiewerte stark. Sie gewann ungemein an Würde und Bewunderung, wie sie mit zusammengebissenen Zähnen ihren Mann weiterhin öffentlich verteidigte. Viele fragten sich nur, wie sie es in jener Zeit schaffte, jeden Morgen aufzustehen und der Öffentlichkeit gegenüberzutreten. Hillary Clinton zitierte gerne ihr Vorbild Eleanor Roosevelt: „Eine Frau in der Öffentlichkeit muss sich eine Haut so dick wie ein Nashorn zulegen."[4]

Was kann man selbst gegen die Kränkung tun?

„Was sollst du tun, wenn du im Loch bist?
Aufhören, zu graben!"

Nicht aus jedem Metzgerlehrling, den sein Meister schlecht behandelte, wird ein Mörder. Nicht jeder, der die erwartete Beförderung nicht bekommt, wird arbeitsunfähig.

Nicht jeder, der gefühlskalte Eltern hatte, wird unfähig, selbst eine glückliche Familie zu gründen.

Nicht jeder Betrug endet vor dem Scheidungsrichter mit einem Rosenkrieg.

Nicht jeder Politiker, über den sein Konkurrent schlecht redet, fordert diesen zum Duell. (Wie leer wären dann unsere Parlamente.)

Was unterscheidet Menschen, die an den ihnen zugefügten Kränkungen zerbrechen, von jenen, die sie bewältigen können?

Operettentexte sind wohl nicht gerade die Stellen, an denen man große Lebensweisheiten vermuten sollte. Die Ausnahme, die diese Regel bestätigt, bildet der Satz „Glücklich ist, wer vergisst, was doch nicht zu ändern ist" aus der „Fledermaus" von Johann Strauß.

Über allem steht nämlich die Fähigkeit, sich manchmal auch fügen zu können. Manchen fällt es leichter, zu akzeptieren, dass die Welt voll Ungerechtigkeiten steckt und es einem daher immer passieren kann, dass man einige davon abbekommt. Andere können sich nicht mit dieser Tatsache abfinden und fassen jede Kränkung als Verschwörungen des Universums gegen sie persönlich auf.

Einige Persönlichkeitsmerkmale von Menschen, die besser mit Kränkungen umgehen können:

1. Ganz wichtig ist das Urvertrauen. Wer tief in seinem Inneren erfahren hat, dass er ein geliebter und wertvoller Mensch ist, kann Kränkungen leichter wegstecken.
2. Menschen, die zu Selbstständigkeit und Entscheidungsfreude erzogen wurden, besitzen so viel „Ich-Stärke", dass nicht jeder Angriff ihr Selbstwertgefühl sofort ins Wanken bringt.
3. Wenn Menschen neugierig darauf sind, was es noch für Dinge außerhalb ihres engsten Umfelds gibt, dann tun sie sich leichter als Menschen, die in Enge aufwachsen und sehr zwanghaft orientiert sind.
4. Ein ausgeglichenes Temperament erlaubt auch, heftige Gefühle zu kontrollieren.
5. Menschen mit einer optimistischen Weltsicht haben bessere Chancen, sich gegen die Kränkungen des Lebens zu schützen.

Was spricht dafür, erlittene Kränkungen zu verzeihen?

Es ist ungesund, nachtragend zu sein. Verzeihen dagegen hilft.

Was sich wie ein Kalenderspruch liest, ist das Ergebnis von überzeugenden Studien der angesehenen Stanford-Universität in

Kalifornien, die im Kapitel „Die Macht der Vergebung" ausführlich behandelt werden:

Verzeihen reduzierte Stresssymptome von Kopf- und Magenschmerzen bis hin zu Müdigkeit und Schwindel. Durch Vergebung sanken Blutdruck und Puls, Muskelverspannungen nahmen ab. Auch die seelische Verfassung der 250 Teilnehmer an dem Projekt verbesserte sich. Die Verbesserungen waren nachhaltig und konnten noch nach Monaten gemessen werden.[5] Viele andere Studien bestätigen diese Fakten. Der Weg zur Versöhnung ist kein bequemer Weg. Jeder, der ihn gehen will, hat Hürden zu überwinden. Vergeben kann man nicht nur mit dem Verstand, sondern nur mit dem ganzen Herzen, weil sonst immer ein Groll zurückbleibt. Als Lohn erreicht man am Ziel die Fähigkeit, an die Kränkung denken zu können, ohne die Schmerzen wieder durchleiden zu müssen. Ein großes Risiko gehen Sie nicht ein, wenn Sie verzeihen.

„Wer seinen Nächsten verurteilt, kann irren, wer ihm verzeiht, irrt nie."

Karl Heinrich Waggerl

---

1   Gallup-Institut Deutschland 2003
2   Michael Linden: Posttraumatic Embitterment Disorder, in: Psychotherapy and Psychosomatics, Band 72, 2003, S. 195–202
3   Dir werd ich's zeigen, in: Psychologie Heute 6, 2007, S. 1–11
4   Carl Bernstein: Hillary Clinton – Die Macht einer Frau, München, Droemer 2007, S. 781 ff.
5   Vom richtigen Umgang mit Kränkungen, in: Psychologie Heute 6, 2007, S. 20

Von Löwenmüttern und Leitwölfen

Wie Frauen und Männer unterschiedlich mit Verletzungen umgehen

Der berühmte Marlboro-Mann, der gegen die untergehende Sonne der Prärie reitet, starb im Jahr 1992 im Alter von 51 Jahren an Lungenkrebs. Auch der einsame Wolf in der Wildnis ist vom Aussterben bedroht. Seine zivilisierte Variante, der selbstsichere Mann, der allein alle Herausforderungen des Lebens besteht, ist zunehmend häufig in der Praxis eines Psychotherapeuten anzutreffen – er braucht Rat, um seine Wunden zu heilen. Der Anteil der Männer in der Psychotherapie steigt exponentiell an, die meisten kommen mit starken Angstgefühlen: Angst, dass der aufgebaute Status in der Firma weg sein könnte, das hart erarbeitete Vermögen zu verlieren oder überhaupt zu scheitern. Männer sind sehr stark am Status verhaftet, haben kein festes Inneres und vermeintliche oder tatsächliche Verluste treffen sie daher in ihrer Existenz und Identität. Wir alle kennen aus den Medien die extremen Fälle von Männern in Japan, die ihrer Familie den Jobverlust oft jahrelang verschweigen, jeden Morgen pünktlich das Haus verlassen, um den ganzen Tag auf der Straße zu verbringen und abends zurückzukehren und aus dem Büro zu erzählen. Wenn alle Ersparnisse verbraucht sind, enden diese Geschichten manchmal sogar tragisch im Suizid. Das alles aus Scham, der Familie die Wahrheit zu sagen.

Ein kleines Mädchen ist verurteilt, die niedrigsten Arbeiten zu verrichten, gequält von ihren Stiefschwestern und gedemütigt von der Stiefmutter. Geduldig erträgt es dieses Leiden, bis es eines Tages von einem Prinzen entdeckt wird. Nachdem es einige schwierige Aufgaben wie das Anziehen teuflisch enger Schuhe und die Bewährung bei einem heiklen Empfang bestanden hat, holt es der Prinz auf sein Schloss, sie heiraten und leben glücklich bis ans Ende ihrer Tage. Aschenputtel heißt dieses Märchen in Deutschland. Walt Disney hat es wunderbar als Cinderella für die ganze Welt verfilmt. Die Geschichte gibt es aber fast in allen Kulturen und sie ist so erfolgreich, dass wir sie offensichtlich immer wieder sehen wollen. Ob sich die Frau als Prostituierte in „Pretty Woman" oder als Zimmermädchen in „Manhattan Love Story" ihren Prinzen erobert, ist dabei nur eine Frage der Dramaturgie. Als sich die Cinderella-Geschichte mit Lady Di in der Hauptrolle im Buckingham-Palast tatsächlich in der Realität abspielte, traf sie die ganze Welt ins Herz. Nicht einmal die böse Schwiegermutter fehlte. Im realen Leben endete die Geschichte nur leider nicht an der richtigen Stelle nach 90 Minuten wie auf der Leinwand.

Der Traum vom Prinzen, der alles gutmacht, einen beschützt und versorgt, ist trotzdem noch lange nicht ausgeträumt. „Wie Aschenputtel im Märchen, wartet auch die heutige Frau noch auf den rettenden Prinzen", schrieb Colette Dowling in ihrem heiß diskutieren Bestseller „Der Cinderella-Komplex: Die heimliche Angst der Frauen vor der Unabhängigkeit". Die Wartezeit auf den Prinzen vertreibt sich die moderne Frau mit dem Küssen vieler Frösche und amüsiert sich königlich, wenn sie anderen dabei in „Sex and the City" zusieht.

Warum Männer und Frauen unterschiedlich mit Verletzungen umgehen

Vom Mann wird einmal primär erwartet, dass er bei Verletzungen darüber steht. So sieht er sich auch in seinem Selbstbild. Der Frau wurde dagegen immer die „Depression" eingeräumt, wenn es ihr schlecht ging. Eine Frau darf über eine lange Periode depressiv sein und bekommt dann legal Psychopharmaka. Frauen teilen ihre emotionale Stimmung auch viel eher an ihrem Arbeitsplatz ihren Kolleginnen mit: „Heute geht es mir wirklich schlecht", was Männer nach wie vor so nicht machen würden. Frauen fesseln sich auch sehr gerne selbst in der Opferrolle und üben sich in Schuldzuweisung: „Mein Vater war schon so, ich suche mir daher immer genau diesen Männertypus aus, die sind so." Männer gestehen sich heute mehr Raum für ihre Emotionen zu, ohne sich als Schwächling zu sehen. In den letzten 20 Jahren hat sich ungemein viel verändert. De facto leiden Männer unter Verletzungen natürlich genauso und sie sind für sie nicht leichter zu ertragen als für Frauen. Männer suchen bei schweren emotionalen Problemen das Gespräch mit Freunden und erkennen eher, wenn sie zum Beispiel eine Trennung nicht allein verarbeiten können und die Hilfe von einem Therapeuten benötigen. Das wäre früher fast undenkbar gewesen.

Sprechstunden der Seele – Männer und Frauen beim Therapeuten

„Kommen Männer in Therapie, testen sie zuerst die Kompetenz des Therapeuten. Dahinter steckt die Frage, ob es der Therapeut auch wirklich wert ist, dass man seinen großen Schmerz gerade mit ihm teilt und ihm dafür auch noch Geld zahlt. Währenddessen kommen Frauen, die sich offenbaren wollen, schon als Leidende durch die Türe und haben keinerlei Scheu, sofort mit der Arbeit zu beginnen. Männer wollen den Arbeitsvertrag mit dem Therapeuten genau definieren, Frauen bringen ihn schon mit der Blankounterschrift mit. Wenn die Männer sich entschieden haben, die Arbeit zu beginnen, dann gehen sie das sehr schnell und konsequent an. Frauen wollen eher eine Allianz mit dem Therapeuten gegen den abwesenden Dritten. Sie suchen vor allem Bestätigung in ihrem Leiden, während die Bereitschaft, in ihrem Leben tatsächlich etwas zu verändern, viel schwieriger zu erreichen ist", erzählt die

Psychotherapeutin Martina Leibovici-Mühlberger aus ihrer Erfahrung. Viele Frauen zweifeln, dass sie überhaupt einen neuen Lebensentwurf für sich entwickeln können. Männer sind pragmatischer, wenn sie Fehler eingesehen haben, und tun sich daher leichter, neu anzufangen. Natürlich suchen auch Männer am Beginn einer Therapie oft die Bestätigung für das, was man ihnen angetan hat. Wenn sie aber die Fähigkeit zur Selbstreflexion nicht ganz verloren haben, sind sie sehr konsequent und stellen auch ihr bisheriges Leben radikal in Frage: Wer bin ich wirklich? Was macht mich aus? Warum bin ich so geworden?

Professionelle Hilfe durch Therapeuten ist aber weiterhin, von Extremsituationen abgesehen, ein Phänomen der oberen sozialen Schichten. In den unteren Schichten werden seelische Probleme nach wie vor mit den „traditionellen Methoden" wie Alkohol, Gewalt, Schlafmittel, Spielsucht bis hin zur Selbstzerstörung „bewältigt". An dem Spruch „Wer Sorgen hat, hat auch Likör" hat sich sei den Zeiten von Wilhelm Busch wenig geändert.

Männer haben Erfolge – Frauen passieren Erfolge

Woher kommen diese doch sehr prinzipiellen Unterschiede? Eine Ursache ist, dass das Selbstwertgefühl von Jungen und Mädchen unterschiedlich entwickelt wird. Fragt man die besten Schüler nach einem Schulaufsatz, warum es ihnen gelungen ist, so einen tollen Aufsatz zu schreiben, dann antworten sie: „Bei diesem Thema kenne ich mich einfach gut aus" oder „In Deutsch bin ich immer der Beste". Stellt man den besten Schülerinnen dieselbe Frage, dann hört man: „Da habe ich Glück gehabt, weil genau auf dieses Thema habe ich mich gut vorbereitet" oder „Das habe ich zu Hause geübt". Fragt man umgekehrt die schlechtesten Schüler, warum sie eine negative Note geschrieben haben, erfolgen Antworten wie „Es war so laut in der Klasse, ich konnte mich einfach nicht konzentrieren", „Dieses Thema war gar nicht angekündigt, das war unfair" oder „Die Lehrerin mag mich einfach nicht". Die schlechtesten Schülerinnen antworten dagegen: „Ich habe nicht genug geübt", „Das war zu schwer für mich. Ich bin da einfach nicht gut genug".

Zu ähnlichen Ergebnissen kommen Studien, die die im englischen Sprachraum unter Kindern populären Buchstabierwettbewerbe untersuchten. Buchstabieren ist eine Disziplin, in der Mädchen in der Regel besser abschneiden als Jungen, und innerhalb einer Klasse können alle ziemlich genau die unterschiedlichen Fähigkeiten einschätzen. Ließ man Mädchen gegen Mädchen antreten, wagten diese nur dann den ersten Versuch, wenn sie wussten, dass die Kontrahentin nicht besser war als sie selbst. Wetteiferten dagegen die Jungen miteinander, dann meldeten sich diese auch, wenn sie wussten, dass der andere besser war. Die unterlegenen Jungen ließen trotz wiederholter Misserfolge nicht von ihrer Strategie ab, selbst wenn sie von den anderen dafür ausgelacht wurden. Es ist unschwer zu erraten, was passierte, als man die Jungen gegen die Mädchen antreten ließ. Letztere meldeten sich auch dann nicht, wenn sie sich ganz sicher sein konnten, dass sie besser als ihr Gegenspieler waren. Mädchen kamen überhaupt nur zu Punkten, weil sie einfach besser im Buchstabieren waren. Das Experiment machte deutlich, dass sich die Burschen auch durch offensichtliche Misserfolge in ihrem Selbstvertrauen nicht erschüttern ließen und eher zur Selbstüberschätzung neigten. Mädchen schätzen ihre Leistungen nicht nur realistischer, sondern im Gegenteil sogar negativer ein, als sie tatsächlich waren. Doris Bischof-Köhler liefert in ihrem Buch „Von Natur aus anders – Die Psychologie der Geschlechterunterschiede" eine sehr gute Analyse der komplexen Zusammenhänge, die die Wissenschaft über die Unterschiede im Konfliktverhalten, Selbstvertrauen, Machtanspruch und Konkurrenzdenken zwischen den Geschlechtern herausgefunden hat.[1]

Offensichtlich koppeln Männer und Frauen ihre erzielten Leistungen mit ihrem Selbstwertgefühl unterschiedlich: Männer führen Erfolge auf ihre eigenen Leistungen zurück, während sie Misserfolge anderen Umständen zuschreiben. Bei Frauen ist es umgekehrt. Und das dürfte eine der Ursachen sein, warum selbst sehr erfolgreiche Frauen oft so große Selbstzweifel haben, ob ihnen ein positiver Neuanfang wirklich gelingen kann. Sie fesseln sich dann selbst viel zu lange in ihrer Opferrolle, auch wenn das Leiden zum Beispiel mit einem gewaltsamen Alkoholiker fast unerträglich ist. Aber auch offenkundig gescheiterte Beziehungen werden gegen jede Vernunft zwanghaft aufrechterhalten.

Sehr vereinfacht könnte man sagen:

Männer fragen sich bei Verletzungen: „Wie konnte gerade mir das passieren?"

Frauen sagen bei Verletzungen: „Klar, dass mir das passiert ist."

Massage à trois

Karin B. wurde sehr von dem autoritären Auftreten ihres Vaters geprägt. „Ich habe mich recht bemüht, seinen Anforderungen zu entsprechen, immer wenn ich nicht entsprochen habe, bemühte ich mich noch mehr und bin wieder gescheitert." Mit 16 Jahren verliebt sie sich in einen älteren Mann, mit dem sie bald zusammenzieht und fast zehn Jahre gemeinsam lebt. Sie passt sich sehr an seine Wünsche an und ist fasziniert davon, was sie alles von ihm lernen kann. Für Karin B. steht fest, dass das der Mann ihres Lebens ist, mit dem sie einmal Kinder und eine Familie haben wird.

Im Laufe der Jahre treten aber immer mehr Spannungen auf, weil sie beginnt, sich gegen seine völlige Dominanz aufzulehnen. „Je mehr man in einer Beziehung streitet, umso mehr muss man sich fragen: ‚Warum will ich überhaupt diese Beziehung?' Wenn man sich dann wieder versöhnt, bindet man sich noch stärker. Unsere Beziehung war nie gleichberechtigt, ich habe aber sehr an mir gearbeitet, habe mich ständig analysiert und mich daher weiterentwickelt." Ausgerechnet das Thema Massage belastet die Beziehung immer mehr. „Ich musste ihn ständig massieren, weil er das von mir forderte, oft mindestens eine Stunde am Tag, teilweise spät in der Nacht. Ich konnte aber nie Nein sagen, und wenn, dann gab es fürchterlichen Streit. Egal wie lange ich ihn massierte, es war immer zu wenig. Irgendwann wurde mir klar, dass ich den Streit ohnehin immer habe, und daher habe ich begonnen, mich aufzulehnen. Als ich ihm dann einmal sagte: ‚Heute gibt es keine Massage', war das der Anfang vom Ende unserer Beziehung.

Er hat dann eine andere gefunden, die es toll fand, ihn ständig zu massieren. Ich habe das sehr lange nicht mitbekommen, weil es für mich undenkbar gewesen wäre, ihn zu betrügen, und das habe ich natürlich auch umgekehrt angenommen. Eine Freundin hat mir dann eines Tages die Wahrheit gesagt. Es hat mich so getroffen, es hat so unglaublich wehgetan. Die beiden haben das dann auch offen gelebt. Da wir eine gemeinsame Wohnung hatten, hat es mir das Herz zerrissen, wenn ich wusste, dass er am Abend jetzt bei ihr war. Manchmal habe ich es nicht ausgehalten und bin zu ihrer Wohnung gefahren und habe geschaut, ob das Licht an ist. Das Schlimmste war, dass ich erleben musste, dass ich ersetzbar war. Ich war so stolz, dass wir gemeinsam eine kleine Firma aufgebaut hatten. Auf einmal hat die andere meine Position eingenommen. Davor hat sie uns beiden zugearbeitet. Sie kamen jeden Morgen gemeinsam. Ich konnte trotzdem nicht Schluss machen, weil alles so fern von meinem Vorstellungsvermögen war. Er hat mir dazwischen auch immer wieder gesagt, dass ich die Frau seines Lebens sei. Das mit der anderen sei nur passiert, weil ich keine Zeit für ihn gehabt und ihm auch nicht genug Zärtlichkeit gegeben hätte – damit meinte er meine sinkende Bereitschaft, ihn stundenlang zu massieren."

Karin ist sich der Unhaltbarkeit der Beziehung durchaus bewusst, kann sich aber nicht entscheiden, ihn zu verlassen und versucht daher alles, um ihn wieder zurückzugewinnen. „Ich weiß gar nicht, was ich alles getan habe, von Kuchenbacken bis zu besonders lieb sein. Das ging so ein halbes Jahr, dann kam Weihnachten. Mir war klar, dass ich das nicht durchstehen würde. Ich fuhr also über Weihnachten zu einer Freundin von mir nach Paris. Als ich einmal dazwischen anrief, erzählte mir eine Mitarbeiterin, dass die beiden nach wie vor jeden Morgen gemeinsam ins Büro kamen. Mir wurde deutlich, dass ich nicht mehr zurückfahren würde. Aus den geplanten zwei Wochen in Paris wurden zwei Jahre, in denen ich dort studierte und lebte. Ich habe mich in den folgenden Jahren in mein Studium und dann in den Beruf gestürzt. Diese Geschichte war aber so präsent, dass ich keine Sekunde nicht daran denken konnte. Ich habe ihm auch weiterhin lange E-Mails geschrieben, in denen ich unsere Beziehung zu analysieren versuchte. Er hat mir aber meist nur mit Vorwürfen aus seiner Welt geantwortet. Das Buch ‚Worte, die wie Schläge sind – verbale Misshandlung in Beziehungen‘ von Patricia Evans hat mir sehr geholfen, mich selbst besser zu verstehen."

Es dauerte acht Jahre, bevor Karin B. wieder eine Beziehung mit einem Mann beginnen konnte.

„Da man uns verletzt hat, errichten wir eine Mauer um uns herum, damit man uns nie wieder verletzt; und wenn man eine Mauer um sich herum errichtet, (…) wird man nur noch mehr verletzt."

Krishnamurti

Selbstverletzung

*„Das Nein,
das ich endlich sagen will,
ist hundertmal gedacht,
still formuliert,
nie ausgesprochen.*

Es brennt mir im Magen,
nimmt mir den Atem,
wird zwischen meinen Zähnen zermalmt
und verlässt
als freundliches Ja
meinen Mund."
Peter Turrini

Jungen brennen, das heißt, sie verletzen sich mit Zigaretten. Männer schweigen und fressen ihr Leid in sich hinein. Sie greifen zu Suchtmitteln, Alkohol oder setzen sich Risiken aus, was aber auch eine Form der Selbstverletzung ist. Tendenziell richten Männer ihre Gewalt eher nach außen gegen andere.

Frauen richten die Gewalt eher gegen sich selbst. Mädchen ritzen, sie fügen sich mit Rasierklingen blutende Wunden auf den Armen zu. Manche geben sich wahllos kurzen sexuellen Beziehungen hin, um sich danach benutzt zu fühlen. Erwachsene Frauen nehmen oft Schlafmittel, sind depressiv und gehen aus dieser Depression nicht heraus. Sie fühlen nicht mehr, sondern funktionieren nur mehr. Frauen neigen zur Einnistung in ihr Leiden. Herta G. fragt den Mann, mit dem sie schon fast zwei Jahre in einer undefinierten Partnerschaft zusammenlebt, ob man nicht gemeinsam eine Wohnung kaufen sollte. Das „Nein, ganz sicher nicht" ist erwartbar und trotzdem holt sich Herta G. die Bestätigung ab, dass sie eben in Wirklichkeit keine echte Beziehung hat. Das Verhältnis wird aber trotzdem weitergeführt. Andere flüchten sich in völlig unromantische Zwischenlösungen nach dem Motto: „Der Typ ist zumindest nicht völlig ungut. Und am Sonntag ist es besser, als ganz allein zu sein."

Wenn Frauen in Beratungsstellen kommen, erzählen sie häufig vom letzten Eklat und erwarten Mitgefühl und die Bestätigung, dass der andere einfach ein Mistkerl sei. Wenn es dann um die Vereinbarung eines nächsten Termins geht, um mit der konkreten Arbeit zu beginnen, dann fühlen sie sich überlastet, haben keine Zeit.

Sie melden sich erst wieder, wenn es zum nächsten Krach gekommen ist. Diese Frauen leben im „Gleichgewicht der Resignation". Durch die immer stärkere Alleinerzieherrolle der Frauen werden viele durch den kräfteraubenden Alltag immer schwächer und stumpfen emotional ab, fühlen sich aber ihren Kindern sehr verantwortlich, die auch zum wichtigen Lebensinhalt werden.

Nie jemand anderen verletzen zu wollen, führt irgendwann dazu, dass man beginnt, sich selbst zu verletzen. Frauen sind dadurch besonders gefährdet. Das beginnt oft damit, dass sie nicht rechtzeitig „Nein" sagen.

Acht Gründe, warum es Frauen so schwerfällt, „Nein" zu sagen:

1. Ich will den anderen nicht enttäuschen.
2. Ich will anderen weiterhelfen.
3. Es hat etwas mit meiner Ehre zu tun.
4. Ich bin stark und habe genug Kraft, andere zu unterstützen. Ich halte es aus, wenn sich niemand um mich kümmert.
5. Ich mache gerne jemandem eine Freude, der es auch zu schätzen weiß.
6. Ich will zeigen, dass ich gut bin.
7. Ich habe dem Ideal entsprochen, dass ich mich für andere aufopfere.
8. Ich möchte, dass die anderen mich gerne haben.

Neben der am Anfang beschriebenen Cinderella spielen Frauen in Märchen oft die leidende Hauptfigur oder gar die Märtyrerin. Diese Vorbilder werden dann auch noch von den Eltern in der Erziehung unterstützt.

Selbstbestrafung

Jeder Mensch sucht Anerkennung und fürchtet Kritik.[2] Menschen nehmen sich Kritik viel mehr zu Herzen, als sie sich das von außen anmerken lassen. Ein einziges negatives Wort oder eine Geste kann dann in der Fantasie weitergesponnen werden und den ganzen Tag verderben. Ute B. hat das Gefühl, dass die Präsentation ihres neuen Konzepts in der Personalabteilung sehr distanziert aufgenommen wurde. Sie ärgert sich, dass es offensichtlich nicht gut genug war, obwohl sie zwei Wochen daran gearbeitet hat. Nach Hause gekommen, stopft sie Schokolade in sich hinein, wissend, dass ihr das schadet. Sie provoziert wegen einer absoluten Nebensächlichkeit einen Streit mit ihrem Freund, um sich zu bestätigen, dass sie für ihn auch nicht liebeswert ist – er reagiert wie erwartet. Am Abend vor dem Schlafengehen blickt sie nochmals in den Spiegel, sie glaubt schon zu sehen, wie sich die Schokolade negativ auf ihr Gesicht auswirkt. Morgen in der Früh wird sie sicher ein Kilo mehr haben, wenn sie sich auf die Waage stellt. Diese und ähnliche Rituale der Selbstbestrafung haben mir viele Frauen erzählt, die ihre Muster ganz genau kennen und diese trotzdem, wie von einer unsichtbaren Hand gesteuert, immer wiederholen.

Wenn Löwinnen mit Wölfen kämpfen, gibt es immer tiefe Wunden

Der Mythos, dass die männlichen Wölfe eine angeborene sogenannte Beißhemmung hätten, die das beim Kampf unterlegene Tier durch das Anbieten seiner Kehle davor schützt, getötet zu werden, ist falsch und gilt als eindeutig widerlegt. Dass Männer und Frauen im Konfliktfall andere Waffen haben und diese auch unterschiedlich einsetzen, ist ebenso unumstritten.

„Während Männer schneller aggressiv werden und offen miteinander streiten und kämpfen, agieren Frauen eher indirekt durch verbale Attacken. Sie reden schlecht über den anderen, demütigen ihn und setzen ihn herab", erklärt die Sexualwissenschaftlerin Herta Richter-Appelt.[3]

Martina Leibovici-Mühlberger: „Ein Thema, das für Frauen sehr spezifisch ist, ist Mobbing. Wenn Paare gemeinsam zu mir in die Praxis kommen, dann ist meistens zuerst einmal der Mann der Böse, er wird schnell laut und aufbrausend, daher ist er von vornherein der Schuldige. Wenn man aber die Interaktionen zwischen den beiden genau beobachtet, dann findet man manchmal auch heraus, dass die Frau den Mann in einem geschickten, fein gesponnenen Netz von oft auch nonverbalen Aggressionen provoziert. Selbst in der Therapiesitzung gelingt es ihr dann, den Mann mit kleinen Seitenhieben und verdeckten Angriffen emotional so aufzuheizen, dass dieser ausrastet, schreit oder untergriffig wird. Sie fragt dann scheinheilig die Therapeutin: ‚Schauen Sie sich den an. So geht der immer mit mir um.' Frauen kämpfen oft auch, indem sie ihre eigenen Aggressionen in andere hineinprojizieren. Das ist ihre Rechnung an das Patriarchat. Die offene Feldschlacht steht Frauen nicht zu, daher sind sie Meister der subversiven Kriegsführung. Diese läuft über Mimik, Gesten, feine Bemerkungen, also das Unbeweisbare, das Atmosphärische."

Wie Jungen und Mädchen streiten lernen

Während Jungen ihre Konflikte mit Raufereien, Mutproben und Wettkämpfen offen austragen, werden Mädchen schon sehr früh ganz andere Dinge eingeimpft: nett, lieb, brav sein. Wenn Mädchen ihre Aggressionen offen austragen wollen, wozu sie durchaus am Anfang auch neigen, werden sie sofort gestoppt. Eine einfache Beobachtung vor einer Sandkiste: Der kleine Junge schlägt einem anderen die Schaufel auf den Kopf. Die Mutter sitzt daneben, reagiert nicht, unbewusst denkt sie sich: „Jungen sind eben so und müssen sich das untereinander selbst ausmachen." Wenn dagegen das kleine Mädchen genau dasselbe macht, ist die Mutter sofort alarmiert. Falls das eigene Kind die Angreiferin ist, dann wird diese sofort eingebremst: „Geh, lass sie doch auch spielen." Bekommt das eigene Kind gerade die Schaufel auf den Kopf, wird es sofort getröstet: „Du Arme, was ist dir denn passiert, tut dir etwas weh?" Es wird den Mädchen sofort Unterlegenheit in der offenen Auseinandersetzung unterstellt. Streiten ein Junge und ein Mädchen in der Sandkiste, ist der Junge automatisch der Böse und das Mädchen das arme Opfer.

Dieses Verhalten wird bei Konkurrenzsituationen in Mädchengruppen fortgesetzt. Die Feindin wird nie offen angegriffen, es werden nur Geschichten über sie in die Welt gesetzt. Man agiert über die Wirkung dieser Aktionen, nie direkt. Mädchen und später Frauen, die zu offenen Konfrontationen neigen, werden sofort als aggressiv und unweiblich etikettiert. Viele Studien zeigen, dass Buben zu offener Aggression neigen, also zu allen Formen von körperlicher und verbaler Aggression. Mädchen tragen ihre Konflikte über Beziehungsaggression aus, also dem Drohen der Aufkündigung der Freundschaft, des Ausschlusses aus der Gruppe bis zur Verweigerung jeder Kommunikation.[4]

Die weibliche Neigung zu Beziehungsaggressionen bestätigt auch Alice Schwarzer: „Frauen verstehen zum einen natürlich mehr von Frauen und wissen, wo sie sie treffen können. Männer sind da meistens harmloser. Frauen können sehr perfide sein … Ein Mann kann frontal angreifen. Bei Frauen geht es immer hintenrum."[5]

Frauen dulden sehr, sehr lange, um dann in der Art ihres Angriffs hoch effektiv zu sein. Ihre Waffen sind viel verdeckter als bei Männern, aber trotzdem sehr wirksam. Wenn Frauen in eine offene Konfrontation gehen müssen, kennen sie keinerlei Grenzen, es ist für sie eine Entweder-oder-Situation. Dann wird die Frau zur Löwenmutter, die alles tun würde, um ihr Kind zu verteidigen. Auch nur scheinbare Angriffe, zum Beispiel durch den Partner, werden als Bedrohungen aufgefasst und mit hoher Aggression beantwortet. Damit zerstören sie oft vieles auch zu ihrem eigenen Nachteil. Andererseits tendieren Frauen noch immer mehr zur Opferrolle und meiden so lange wie möglich den Konflikt, sind bereit, viel zu ertragen und setzen auf subtile Bestrafungen wie Gefühlskälte, Schmollen oder Sexualverweigerung.

Männer verfügen über viel mehr Erfahrung mit der offenen Konfliktaustragung als Frauen. Sie haben auch schon oft erlebt, dass der Gegner von heute in einer zukünftigen Konfrontation ein wichtiger Verbündeter sein kann. Gerade erfolgreiche Männer haben gelernt, sich Unterlegene nicht zu Todfeinden zu machen. Sie können bei Konflikten leichter die persönliche von der Sachebene trennen. Deshalb fühlen sie sich häufig völlig unverstanden, geradezu hilflos in Konflikten mit Frauen.

Die Lizenz zum Verletzen ...

gibt es nicht – weder für Männer noch für Frauen. „Heraus aus der Opferrolle" darf nicht heißen, selbst zum Täter zu werden. Man kann auch nicht seinen nächsten Partner für das büßen lassen, was einem „die Männer" oder „die Frauen" davor angetan haben. Dafür gibt es nie und unter keinen Umständen eine Rechtfertigung. Jeder ist letztlich für sein Verhalten verantwortlich. Kein Mann und keine Frau werden von einem unsichtbaren „Gerichtshof der kosmischen Gerechtigkeit" zum Richter über andere berufen. Für die ausgleichende Gerechtigkeit sorgen die kosmischen Gesetze von allein, oder wer es handfester hören will: Jeder zahlt seinen Preis dafür, was er anderen Menschen angetan hat. Es geht in diesem Kapitel nicht um die Bewertung des Verhaltens einzelner Menschen, sondern vor allem um das Beschreiben von Mustern, das viele Experten in ihrer Praxis beobachtet haben.

Unsere Gesellschaft hat aber sehr wohl eine Verantwortung dafür, dass Männer und Frauen schon früh lernen, besser miteinander auszukommen. Ein Teil der Lösung liegt in der Erziehung und in einem neuen Rollenverständnis. Wenn wir im familiären Umfeld nicht von klein auf ausreichend in den Millionen kleinster Gesten, Wörter und Situationen trainiert werden, sind wir später nicht in der Lage, mit den vielen sehr unterschiedlichen emotionalen Herausforderungen fertig zu werden.

Wir verfügen über ein sehr eingeschränktes Spektrum an Reaktionsmöglichkeiten. Wir sehen immer nur die Alternative zwischen offener Aggression oder gänzlichem Rückzug. In der modernen städtischen Gesellschaft haben Kinder viel zu wenige unterschiedliche Bezugspersonen als „Trainingspartner". Während es früher Vater, Mutter, Geschwister, Großeltern, Tanten, Onkel und Verwandte gab, ist der Familienverband heute sehr klein, besteht statistisch aus einer Mutter, einem Vater und 1,34 Kindern. Bricht der Vater dann auch noch weg, bleiben die Mutter und ein Kind übrig. Da es mittlerweile fast nur mehr weibliche Grundschullehrerinnen gibt, fehlt Kindern dann jede männliche Bezugsperson. Damit soll keineswegs die Großfamilie der Vergangenheit mit ihren patriarchalischen Strukturen idealisiert werden, sondern nur auf die immer größere soziale Isolation der Kinder der Gegenwart hingewiesen werden. Und die wird zu einer sozialen Zeitbombe. Sozialverhalten und den Umgang mit den eigenen Gefühlen kann man auch am tollsten Computer nicht lernen.

In der eigenen Falle gefangen

Für Frauen liegt die Falle im Umgang mit Verletzungen manchmal darin, dass sie diese in ihrem Innersten als Bestätigung für ihr durch ihre Erziehung verursachtes ohnehin angeschlagenes Selbstwertgefühl sehen. Dieses Muster ist völlig unabhängig davon, wie erfolgreich sie im Leben tatsächlich sind. Haben sie von ihrem Vater immer nur hören müssen, dass sie seinen Ansprüchen nie genügen können, dann nehmen sie das später auch noch als Erklärung dafür, dass sie von ihrem Freund betrogen wurden. Offenkundig haben sie auch seinen Ansprüchen nicht genügt, und eine andere hat es besser gemacht. Das hat natürlich zur Folge, dass ihr Selbstwertgefühl noch weiter sinkt und sie noch stärker in der Opferrolle versinken. „Ich bin halt die Betrogene, das ist ganz offensichtlich mein Schicksal. Auch der Nächste wird mich sicher wieder betrügen." Daraus wird dann eine sich selbst erfüllende Prophezeiung.

Das sind dann Frauen, die dreimal mit einem Alkoholiker verheiratet waren, oder die, obwohl sie äußerst kompetent in ihrem Beruf sind, immer wieder mit Partnern zusammenkommen, die sie ständig abwerten. Das kann im schlimmsten Fall in die Aufgabe aller Träume von Liebe, Zärtlichkeit und Lebensglück münden. „Liebe gibt es für mich offenbar in diesem Leben nicht. Jetzt schlage ich zurück. Ich will wenigstens das Geld der Männer und ein Kind für mich." Diese Frauen schließen mit ihren wahren Wünschen ab, sind sehr berechnend in ihren Beziehungen und führen Rachefeldzüge, bei denen sie zu extremer Härte fähig sind. In ihrem Innersten sind sie tief Verletzte. Ein Kind kann in so einem Fall auch zum Ersatzpartner stilisiert werden, der die Wünsche der Mutter nach Beziehung, Wärme, Nähe und Anerkennung erfüllen soll. Diese Kinder sind dann sehr beladen.

Wie Frauen aus ihren Mustern ausbrechen können

Der erste und wichtigste Schritt für Frauen, aus der Selbstverletzung zu kommen, ist, sich selbst einzugestehen, dass sie es müde sind, Dinge nur deshalb zu tun, um die Erwartungen anderer zu erfüllen. Sie realisieren dann, wie wenig Respekt sie für ihre eigenen Wünsche und Bedürfnisse haben. Der zweite Schritt besteht darin, sich mit aller Kraft Freiräume im Alltag freizuschaufeln, ja zu erkämpfen, um sich überhaupt wieder spüren zu lernen. In diesen Freiräumen können Frauen dann die Fähigkeit zum Träumen wieder erlernen.

„So viele Gedanken sind mir immer wieder abhandengekommen. Gedanken, die mich gestärkt haben. Weisheiten, die mir das Leben mitgegeben hat. Träume, denen ich nachgehen wollte. Werte, zu denen ich stehen wollte. Erfahrungen, die ich nicht vergessen wollte. Leistungen, auf die ich stolz war. Pläne, wie mein Leben aussehen könnte. Ideen, das Unmögliche möglich zu machen. Visionen, die meinen Weg leiten könnten. Pfeiler, auf die sich mein Leben stützt. All diese Gedanken sind mir wertvoll, ich will sie auffangen und nicht verlieren." Mit diesen Worten beginnt Ingrid N. ihre Gefühle nach dem endgültigen Scheitern einer Beziehung, an der sie viel zu lange festgehalten hat, in einem Tagebuch niederzuschreiben. Schreiben kann oft ein Weg zu einem neuen Selbst sein.

El Cid reitet und reitet und reitet …

Männliche Helden dürfen alles: Von Pfeilen durchbohrt, von Kugeln getroffen oder von Schwertern durchdrungen werden. Nur eines dürfen sie nicht: Zeigen, dass sie getroffen sind und Schmerzen haben. Am besten sind die Helden, die gar nicht merken, dass sie tödlich verwundet sind und einfach weiterkämpfen, bis das Blut ihr Hemd durchtränkt hat. Das unerreichbare Vorbild ist der spanische Held El Cid, der sogar noch als Toter, ans Pferd gebunden, seine Feinde besiegte. So wird man unsterblich.

Was Männer tun können

Mit diesen Vorbildern aufgewachsen, die von den Eltern oft noch bekräftigt wurden, müssen Männer im Augenblick der Verletzung vor allem eines lernen: Sich selbst zuzugestehen, dass sie verletzt wurden – und zwar nicht erst dann, wenn das Blut das Hemd durchtränkt. Das erlaubt ihnen, Gefühle wie Traurigkeit und Schmerz zuzulassen, ohne sich dabei als wehleidige Weicheier zu empfinden.

Dann können sie beginnen, sich selbst Fragen zu stellen. Zum Beispiel wenn sie von einer Frau verletzt wurden: Wie war das möglich mit mir? Warum haben meine Warnsysteme nicht funktioniert? Wollte ich sie mit meiner Großzügigkeit beeindrucken? Hat sie mein Selbstwertgefühl genau dort geschmeichelt, wo ich dafür anfällig war?

Die Auseinandersetzung mit diesen sehr schmerzhaften Fragen gibt Männern die Sicherheit, dass sie in Zukunft besser mit solchen Situationen umgehen werden. Sie könnten zum Beispiel draufkommen, dass sie durch sehr viel Bewunderung vonseiten einer attraktiven Frau korrumpierbar sind – genau diese Einsicht tut sehr weh. Denn natürlich ist es eine Kränkung des männlichen Egos, wenn man sich eingestehen muss, dass man durch Bewunderung angreifbar ist. Durch die bessere Kenntnis der eigenen verwundbaren Stellen kann man sich aber in Zukunft besser schützen, wenn es jemand mit einer ähnlichen Art versucht. Dann läuten die Alarmglocken früher. Die Einsicht, dass sie tatsächlich in ihrem Ego gekränkt wurden, fürchten Männer genauso, wie Frauen Probleme mit dem Aufgeben der Opferrolle haben. Aber gerade dieser schmerzhafte Prozess schließt dann auch die Wunde, wenn Männer innerlich erkennen, dass ihr scheinbar unangreifbares starkes Ego dort wirklich eine Lücke hat. Die große Falle wäre, in Zukunft Frauen überhaupt nicht mehr zu vertrauen, ihnen zu unterstellen, dass sie eben so sind, und damit selbst in die Opferrolle zu gehen. Wenn Männer dagegen neue Kompetenzen durch eine bessere Kenntnis ihrer Schwächen gewinnen, macht die scheinbare Schwäche, die sie sich offen eingestehen mussten, sie sogar stärker. Damit können sie sich dagegen wappnen, dass sie nicht nochmals bei der nächsten, vielleicht noch größeren Herausforderung wieder in die gleiche Falle gehen werden.

Übrigens, es gibt etwas, das uns von den Tieren unterscheidet. Männer und Frauen sind auf gelingende Beziehungen programmiert. Und deshalb werden sich Löwinnen und Wölfe zusammenraufen müssen – ohne sich schwere Wunden oder tödliche Verletzungen zuzufügen.

---

1 Doris Bischof-Köhler: Von Natur aus anders – Die Psychologie der Geschlechterunterschiede, Stuttgart, Kohlhammer 2006, S. 246
2 Dieser Satz ist eine der zentralen Aussagen in Dale Carnegies Klassiker: Wie man Freunde gewinnt: Die Kunst, beliebt und einflussreich zu werden, Bern, München, Wien, Scherz 1986
3 Psychologie Heute 6, 2007, S. 3
4 Doris Bischof-Köhler: Von Natur aus anders – Die Psychologie der Geschlechterunterschiede, Stuttgart, Kohlhammer 2006, S. 288 ff.
5 Süddeutsche Zeitung, 5./6.3.2005

Der Kampf ums Kind

Wie Kinder beim Streit ums Sorgerecht zerrissen werden

Liebe ist etwas sehr Idealistisches. Ehe ist etwas sehr Realistisches. Nie verwechselt man ungestraft das eine mit dem anderen. Das gilt selbst für die Traumfabrik Hollywood.

„In Hollywood heiratet man frühmorgens. Geht die Ehe schief, ist wenigstens nicht der ganze Tag vermasselt", gibt Bruce Willis gute Tipps. Alec Baldwin und Kim Basinger galten als Traumpaar und ihre Ehe hielt immerhin sieben Jahre. Seit Dezember 2000 sind die beiden getrennt und es tobt ein Rosenkrieg um das Sorgerecht für die gemeinsame Tochter Ireland, die bei der Mutter lebt. Als die Promi-Klatschseite TMZ.com den Text einer Mailbox-Nachricht veröffentlichte, in der Baldwin seine elfjährige Tochter anpöbelt, weil sie ein verabredetes Telefongespräch verpasste, geriet Baldwin in der mit allen Mitteln ausgetragenen Schlacht in die Defensive. In der Nachricht, die aus einer eigentlich gerichtlich unter Verschluss gehaltenen Unterlage stammt, beschimpft der Schauspieler seine Tochter als „unverschämtes kleines Schwein" und droht damit, ihr „den Hintern zu versohlen". „Du hast mich zum letzten Mal erniedrigt", schimpft Baldwin weiter. Doch Baldwin gab nicht auf und bewies immer wieder, wie viel ihm trotz dieses Wutanfalls an Ireland lag. Starre gerichtliche Vorschriften, die eher an den Strafvollzug erinnern, regeln nun den Kontakt zu seiner Tochter.

Gemeinsame Erziehung in Absurdistan

So sieht die „gemeinsame Erziehungsarbeit" aus: Baldwin sieht seine Tochter nur an jedem dritten Wochenende im Monat. Außerdem verlangte Kim Basinger, dass ihr Exmann einen Anti-Wut-Therapeuten aufsuchte. Sie selbst hatte unter seinen Ausbrüchen gelitten, die Ehe zerbrach auch an der Alkoholsucht des Schauspielers. Inzwischen ist Alec mithilfe der Anonymen Alkoholiker von dieser Krankheit geheilt. Zusätzlich musste er einen Elternkurs zum Thema „Die Entwicklung von Kindern im Alter von sechs bis acht Jahren" besuchen. Wenn er sein Kind sprechen will, dann darf er es täglich von sieben bis acht Uhr morgens und abends von 18.00 bis 18.30 Uhr anrufen. Die Telefonleitung wurde dafür eigens in Irelands Zimmer gelegt. Die Mutter darf Baldwin dagegen nur im Notfall anrufen, so bestimmen es die Regeln. Aber auch für Kim Basinger gelten Regeln. Jeden Freitag setzt sie sich an den Computer und schildert ihrem Exmann, per E-Mail, die wichtigsten Ereignisse der Woche für Ireland. Alec hat dann 48 Stunden Zeit, sich über bestimmte Dinge genauer zu erkundigen – ebenfalls per E-Mail. Genauso strikt sind die Zeitvorgaben. Wenn Kim etwa eine neue Schule für Ireland auswählen möchte, hätte sie das Alec 72 Stunden vorher mitzuteilen.

Mit seinem im Oktober 2008 erschienenen Buch „A Promise to Ourselves" (zu Deutsch: „Ein Versprechen an uns selbst") ging Alec Baldwin in die öffentliche Gegenoffensive. Er beschreibt darin die seiner Meinung nach katastrophale Familienrechtsprechung in den USA. Mit dem Rechtssystem in Kontakt zu kommen, schreibt Baldwin, sei so, „als wäre man ans Ende eines Pick-ups gefesselt und würde mitten in der Nacht über eine Schotterpiste geschleift werden". Anwälte sind für ihn Menschen, „die nicht schlau genug waren, um Ärzte oder Ingenieure zu werden". Dazu mischt er Expertenmeinungen über die psychologischen Folgen, wenn ein Elternteil durch die Ausgrenzung des anderen von seinem Kind entfremdet wird, oder den Bericht einer Frau, die den Feminismus für die Schieflage beim Sorgerecht verantwortlich macht. Baldwin sagt, er habe sein Buch für andere Geschiedene geschrieben, vor allem aber verarbeitet er seine eigene Geschichte mit Kim Basinger, von der er 2002 geschieden wurde. In einem Interview, das er kürzlich dem Magazin „The New Yorker" gab, sagte er: „Ich laufe komisch? Das liegt daran, dass mir eine 60 Kilo schwere Schauspielerin im Nacken sitzt." Weder Basinger noch ihre Anwälte haben bisher darauf reagiert.

Das Buch stürmte kurzfristig auf Platz vier der „New York Times"-Bestsellerliste, was offenkundig nicht nur an den saftigen Details der Schlammschlacht mit seiner Exfrau lag, sondern weil das Thema vielen Geschiedenen unter den Fingern brennt. Die harte Form der Sorgerechtsregelung trifft meistens die Männer. Der prominente Anwalt Jeffery M. Leving aus Chicago beschreibt es so: „Väter beantragen immer häufiger das Sorgerecht für ihre Kinder, da auch sie ein Vollzeit-Elternteil sein wollen. Aber es ist immer noch schwer für sie, das Sorgerecht wirklich zu bekommen." Dieser Satz trifft nicht nur auf prominente Schauspieler in Amerika zu. In keiner anderen Disziplin ist es für Normalbürger so leicht, den Hollywoodstars nachzueifern wie bei den Schlachten um die gemeinsamen Kinder.

Ausnahmezustand und Kriegsrecht

In der MDR-Fernseh-Reportage mit dem Titel „Kampf ums Kind" sind die Sanders das einzige Paar, wo beide Partner bereit sind, vor der Kamera zu sprechen. In ihren Worten ist vor allem der „Kampf" besonders zu spüren. Da redet Klaus Sander vom „Ausnahmezustand", Andrea Sander spricht von „panischer Angst" und dass sie „zurückschlagen" würde. Die Sanders zogen und ziehen in ihrem dreijährigen Scheidungskrieg alle Register, angefangen von einer Anzeige des Vaters gegen die Mutter wegen Kindesmisshandlung über Beleidigungen, ein Klagemarathon bis hin zu Tätlichkeiten.

Ohnmächtig und hilflos fühlen sich auch Andreas Schran und seine Lebensgefährtin Jana Henn, als plötzlich die Kripo vor ihrer Tür steht, alle Videos beschlagnahmt und beide zum Verhör mitnimmt. Der Vorwurf: sexueller Missbrauch an beiden bei der Mutter lebenden Söhnen Schrans. Eineinhalb Jahre sieht Andreas Schran die Kinder nicht, bis sich schließlich alle Vorwürfe in Luft auflösen. Zwar trifft sich das Paar jetzt wieder mit seinem älteren Sohn, doch: „Es ist nichts mehr wie früher."

Als Motive, das eigene Kind zur Streitsache vor Gericht zu machen, hat Christoph Strecker, Vorsitzender Richter am Stuttgarter Familiengericht, Phänomene ausgemacht, die mehr mit den Eltern als mit den Kindern zu tun haben. „Da geht es um Trauerarbeit, um Abschiednehmen. Es geht darum, mit einer neuen Lebenssituation ohne den Partner klarzukommen. Es geht um Schuldgefühle und auch ums Geld." Es gebe Mütter, sagt Strecker, „die ihr Kind als Geisel halten", Väter, denen „das tägliche Kind eine Last ist", Elternteile, die über das Kind den Einfluss auf den Partner aufrechterhalten wollen. Es geht um Besitzdenken: „Das Habenwollen erscheint in der Figur des Kindeswohles." Nicht zuletzt geht es um die Identität durch die gesellschaftliche wie soziale Rolle als Mutter oder Vater: „Es ist gut für das Ego, gebraucht zu werden."

Ganz besonders schlimm wird es, wenn der Kampf ums Kind sich zum grenzüberschreitenden Konflikt ausweitet, weil einer der beiden Elternteile mit dem Kind in ein anderes Land flüchtet. Dies kommt zum Beispiel dann vor, wenn die Eltern aus unterschiedlichen Staaten stammen. Dann wird der Flüchtige wegen Kindesentführung bei der Polizei angezeigt und internationale Gerichtshöfe werden eingeschaltet, die über die Existenz der Betroffenen entscheiden. Für die Kinder sind die Auswirkungen meist verheerend.

Waffenlieferungen ins Krisengebiet

Wenn so vieles auf dem Spiel steht, sind die Kontrahenten bei der Wahl der Waffen nicht zimperlich. Ämter werden angegangen, Richter, Beratungsstellen. Die Integrität des Gegners wird, in all ihren Facetten, in Frage gestellt. Da wird schon mal beim Jugendamt der vormalige Ehemann nicht nur des „Vergnügens mit fremden Damen", sondern des Ungeheuerlichen – der Mann habe den elfjährigen Jungen „ohne Schlaf in die Schule geschickt" – bezichtigt.

„Drei Viertel aller Fälle, in denen das Sorge- und Umgangsrecht geregelt werden muss, bekommen wir gar nicht zu Gesicht. Es ist unser Job, sanfte Lösungen zu finden", sagt Strecker, „erst wenn das nicht klappt, gibt's eine gerichtliche Entscheidung." Überforderte Richter sollen dann über vernichtetes Spielzeug, verbrannte Briefe eines Elternteils, die Organisation von Kindergeburtstagen, die Kostenteilung bei Zahnspangen, den moralischen Lebenswandel der neuen Lebenspartner und die Teilnahme der Kinder an Urlaubsreisen entscheiden. „Ich bin Familienrichter und kein Psychologe", sagt Christoph Strecker.[1]

Auch in Deutschland sind es meistens die Väter, die das Gericht anrufen. In 70 Prozent aller Fälle, die gerichtsnotorisch werden, bekommt die Mutter das Sorgerecht zugesprochen. Organisationen, die für die Rechte der Väter eintreten, fordern daher „ein bedingungsloses Sorgerecht für beide Eltern". Angesichts eines Elternkonfliktes sei eine Lösung im Sinne des Kindes Utopie. Das derzeit geltende Sorgerecht wird von diesen Gruppen als „Waffenlieferung ins Krisengebiet" bezeichnet. Bei aller Kritik am derzeitigen Sorgerecht muss man aber immer bedenken, dass auch die besten Gesetze Menschen nicht daran hindern können, sinnlose Kriege zu führen.

Als 1980 der Iran-Irak-Krieg mit einem Angriff des Iraks begann, waren sich fast alle internationalen Militärexperten einig, dass dieser spätestens nach einem Jahr enden müsse, weil dann beiden Seiten die Waffen und die Munition ausgehen würden. Der Krieg dauerte entgegen diesen Prognosen acht lange Jahre. Er endete ohne Sieger und mit unvorstellbaren menschlichen und wirtschaftlichen Verlusten auf beiden Seiten. Wo Menschen sich wechselseitig vernichten wollen, werden sie immer auch Lieferanten finden, die ihnen die dazu notwendigen Waffen liefern. Daran sollten Menschen immer denken, bevor sie dem anderen den Krieg erklären.

Der Kampf ums Kind

Unbestritten ist, dass derjenige Elternteil, bei dem das Kind wohnt, im Konfliktfall faktisch immer in der stärkeren Position ist. Das sind meist die Mütter. Mit Ausnahme ganz extremer Fälle, wie nachgewiesene Drogensucht oder Vernachlässigung, wird Müttern das Sorgerecht nicht entzogen, auch wenn sie das Besuchsrecht der Väter offen oder subversiv sabotieren. Daher haben auf dem neu entdeckten Schlachtfeld „Kampf ums Kind" oft die Frauen Macht über die Männer. Sätze, wie „Du solltest endlich begreifen, dass es jetzt nach meinen Spielregeln läuft", lassen die Männer im Sorgerechtsstreit zwischen Weißglut und Ohnmacht taumeln. Dann nützt den Männern auch ihre finanzielle Überlegenheit nichts.

Die Probleme haben sehr viel mit der derzeitigen Rechtssituation zu tun, die primär ein Auszahlungsrecht der Männer ist – im Positiven wie im Negativen. Oft wird unterstellt, dass der Mann sich seiner Vaterrolle durch finanzielle Zahlungen entledigen möchte und danach ohnehin nichts mehr damit zu tun haben will. Für jene Männer, die tatsächlich so ticken, ist das ja auch durchaus von Vorteil, vor allem dann, wenn sie finanzstark sind und eine Frau auf der anderen Seite haben, die ohnehin ihr Kind lieber allein aufziehen will. Die Ungerechtigkeit beginnt dort, wo es „neue Väter" gibt, die sich sehr wohl als ganz wesentliche Beziehungsperson zum Kind verstehen und diese Rolle auch nach einer Trennung weiter ausüben wollen. Treten in der Trennungssituation Konflikte auf, wird das Kind zur Waffe am Schlachtfeld. Männer leiden dann wie Tiere und fühlen sich völlig hilflos. Dass sie damit oft nur die emotionalen Verletzungen zurückbezahlt bekommen, die sie selbst verursacht haben, wird ihnen natürlich nicht immer bewusst. Die Schlacht geht um Schuld und Sühne. Das Tragische ist, dass die Opfer aber in jedem Fall schon feststehen, bevor der Krieg meist in Form eines Anwaltsbriefes formal erklärt wird: die Kinder.

„Der Mensch ist das einzige Lebewesen, das erröten kann. Es ist aber auch das einzige, das Grund dazu hat."
Mark Twain

Papas Spatzi und sein Geld

Die Frau geht zu einem bekannten Gerichtspsychiater in München und erzählt ihm besorgt, dass ihre beiden Söhne im Alter von sieben und elf Jahren auf einmal so eigenartige Dinge über ihren Vater erzählen, zum Beispiel verwenden sie Begriffe wie „Spatzi". Sie habe ernsthafte Sorge, dass ihr Exgatte während der Besuchszeiten die Kinder sexuell missbrauche. Es wird sofort ein Besuchsverbot gegen den Vater ausgesprochen und er wird verhört. Der Krieg beginnt. Der Vater schreibt trotz des Besuchsverbots seinen Kindern lustige Postkarten, zum Beispiel mit Tiermotiven. Auf diese Weise versucht er den Kontakt zu den Kindern, die er davor einmal pro Woche gesehen hat, aufrechtzuerhalten. Telefonanrufe sind ihm verboten. Diese Karten werden schließlich im Gutachten des Gerichtspsychiaters „als mangelnde pädagogische Reife" gedeutet. Es könne daher nicht ausgeschlossen werden, dass der Vater die Grenzen des zulässigen Kontaktes mit den Kindern nicht richtig einzuschätzen wüsste. Unglücklicherweise hatte der Vater auch noch „zugegeben", dass er und seine neue Lebenspartnerin gemeinsam mit den Kindern in einem Badeteich einige Male nackt baden waren. Auch das sei in unserer Kultur im Grenzbereich „ethisch-moralischen Handelns". Zusammenfassend konnte man das Gutachten so lesen: Vielleicht hat er seine Kinder tatsächlich belästigt. Derartige Gutachten, die über das Leben von Menschen entscheiden, werden oft in zehn Minuten verfasst.

Der Vater lässt eine Vielzahl von Gegengutachten erstellen und sich mit dem Lügendetektor testen. Er macht eine Erziehungsberaterausbildung, um seine pädagogische Kompetenz auch „amtlich" belegen zu können. Fast drei Jahre lang darf der Vater seine Kinder nur einmal im Monat in einem geschützten Besuchscafé sehen, in dem er unter Aufsicht von Sozialarbeitern steht. Nach diesem jahrelangen zermürbenden Kampf hat der Vater sein ursprüngliches Besuchsrecht zurückerkämpft und darf seine Kinder auch wieder auf Urlaub mitnehmen.

Die Vorgeschichte: Der Mann ist sehr wohlhabend und zahlte seiner Frau nach der Trennung zusätzlich zu den Alimenten 3200 Euro pro Monat. Die Frau war Chefsekretärin und dem Vater war es wichtig, dass sie sich uneingeschränkt den gemeinsamen Kindern widmen konnte. Die Frau begann eine neue Beziehung zu einem Mann, den sie aber nicht bei sich einziehen ließ, sondern in die Nachbarwohnung, weil sie sonst das Geld ihres Exmannes verloren hätte. Mit dem neuen Freund wird der Reiz des Lebens wieder entdeckt, man reist gerne, teure Kleider sind notwendig und anderes mehr. Das kleine Problem: Der neue Freund ist finanziell eher schwach ausgestattet. Die Frau pilgert daher zu ihrem Exmann und eröffnet ihm freundlich, dass sie mit den 3200 Euro einfach nicht das Auslangen finden kann. Der Mann fühlt sich in einer vermeintlich starken Position, weil er längst weiß, dass sie einen neuen Freund habe. Wenn sie sich dumm aufführe, werde er einen Detektiv engagieren, die 3200 Euro wären dann auch ganz schnell weg. Das Gespräch endet mit ihrer Ankündigung: „Du wirst mich jetzt kennenlernen, ich werde dir die Kinder wegnehmen!"

In der Geschichte geht es nicht darum, herauszufinden, wer von den beiden mehr Schuld hat, dazu müsste man die Vorgeschichte und die Gründe der Scheidung genauer kennen. Faktum ist natürlich, dass in der großen Mehrzahl der Fälle die Frauen die Lasten einer Trennung zu tragen haben. In den unteren Einkommensschichten geht es auch nicht um 3000 Euro und Urlaubsreisen, sondern um das nackte finanzielle Überleben. Und das trifft natürlich primär die Frauen. Unbestritten ist aber auch, dass Kinder in Scheidungskriegen als Waffen eingesetzt werden. In Deutschland gibt es hunderttausende allein erziehende Mütter und unterhaltspflichtige Expartner. Zwei Drittel können ihren eigentlich gesetzlich vorgeschriebenen Verpflichtungen nicht nachkommen. Dabei geht es keineswegs nur um Niedrigverdiener, vielmehr ist gerade der Mittelstand, die typisch deutsche Familie betroffen.[2]

Was taugen allein erziehende Väter?

Unsere Gesellschaft diskutiert intensiv und berechtigt die Frage der staatlichen Anerkennung gleichgeschlechtlicher Beziehungen, um eine zeitgemäße rechtliche Lösung zu erreichen. Die ebenso dringend notwendige Debatte über die Ehe als lebenslanger Vertrag sowie die Praxis des Sorgerechts für Kinder wird dagegen verdrängt. Unser Rechtssystem ist noch immer so ausgelegt, dass sich viele Richter im Zweifelsfall von ihrer inneren Stimme leiten lassen, die ihnen suggeriert: „Die schlechteste Mutter ist noch immer besser als der beste Vater." Entsprechend reflexartig entscheiden sie dann. Das entspricht auch durchaus dem gesellschaftlichen Verständnis, dass allein erziehende Männer nichts taugen. Der Zusammenhang zwischen Vaterschaft und Männerbild ist noch weitgehend ungeklärt und pendelt zwischen dem

„abwesenden Ernährer" und dem „neuen Vater", der die Verantwortung und die Erziehungsarbeit aus seinem eigenen Selbstverständnis heraus mit der Mutter teilt.

Eine Studie über allein erziehende Väter, die mit zwei bis drei Prozent nach wie vor zu den Exoten zählen, zeigt zwei Ergebnisse: Auslöser für die Rolle des allein erziehenden Vaters ist quasi immer eine freiwillig auf ihr Sorgerecht verzichtende oder aus anderen Gründen fehlende Mutter. Und zweitens, allein erziehende Väter sind der Erziehungsfunktion durchaus gewachsen, erfüllen sie nur anders. Männer delegieren mehr organisatorische Dinge, sind aber als emotionale Bezugspersonen für ihre Kinder genauso vorhanden. Die Studie zeigt auch, dass es für Väter sehr schwer ist, das Sorgerecht für das Kind zu erreichen, wenn sich die Kindesmutter diesem Wunsch widersetzt.[3]

Was heißt denn da Kindeswohl?

Für die Rechtsprechung steht selbstverständlich das Kindeswohl an erster Stelle. Ein ganz entscheidendes Kriterium dafür sind der geregelte Haushalt und die ständige Betreuung. Da Männer im Gegensatz zu Frauen fast immer ganztägig beschäftigt sind, wird automatisch angenommen, dass sie sich nicht um ihre Kinder kümmern können. Andererseits muss man auch klar festhalten, dass die Gruppe der Männer, die Kindererziehung als ganz wesentlichen Teil ihres Lebens sehen, nach wie vor sehr klein ist. Gerade sie fallen aber im derzeitigen System oft um ihr Recht um. Männer akzeptieren auch fast automatisch, dass sie bei der Trennung die Kinder verlieren.

Ab dem zehnten Lebensjahr fangen die Richter an, die Kinder in die Entscheidung einzubeziehen. Das erhöht natürlich die Chancen der Väter, schafft aber oft neue Ungerechtigkeiten, weil das Kind dann vor die Zerreißprobe gestellt wird, sich für die notwendigerweise strengere Mutter, die oft Nein sagen muss, oder den Wochenendvater, der ihm alles erlaubt und ständig Geschenke macht, entscheiden zu müssen.

Viele Männer fliehen auch aus ihrer Verantwortung und lassen die Frau allein, wie im Fall einer Familie mit zwei Kindern im Alter von vier und sechs Jahren. Der Vater sagt seiner Frau eines Tages, er habe jetzt eigentlich keine Lust mehr auf Familie, er wolle sich trennen und ein neues Leben für sich beginnen. Er sei natürlich bereit, weiter für die Kinder zu zahlen. Auch dass schwangere Mütter von den Vätern einfach sitzen gelassen werden und die Mütter in demütigenden Vaterschaftsprozessen ihre Alimente durchsetzen müssen, passiert leider noch immer viel zu häufig.

Langfristige familiäre Verantwortung wird von immer mehr Kindern überhaupt nicht mehr erlebt. Wenn Kinder nur Teil der Gesamtinszenierung des eigenen Lebens werden, die einfach dazugehören, die man aber jederzeit für neue Lebensziele bereit ist zu opfern, wird es sehr eng für die nächste Generation. Dass in der überwiegenden Mehrzahl von Trennungen die alleinige Last der Kindererziehung von den Frauen getragen wird, ist völlig unzweifelhaft. Je weniger Geld es zu verteilen gibt, umso unbarmherziger wird es für die allein erziehende Frau.

Mir sei an dieser Stelle die persönliche Bemerkung gestattet, dass mich meine Mutter ab meinem zwölften Lebensjahr allein erzogen hat, für die Schulden eines Konkurses aus dem Betrieb meines Vaters haftete und der Gerichtsvollzieher einige Zeit lang ein wohlbekanntes Mitglied unseres Haushalts war. Meine Großmutter wurde von ihrem Mann wegen einer anderen verlassen und sie musste meine Mutter in den Kriegsjahren und anschließend in den schwierigen Jahren des Nachkriegswien in der russischen Besatzungszeit durchbringen. Mein Großvater war in den vielen liebevollen Gesprächen mit meiner Großmutter das einzige absolute Tabuthema. Ich glaube daher zu wissen, wovon ich schreibe.

In der Mehrzahl der Fälle bedeutet Trennung für die Frau, die zur allein erziehenden Mutter wird, einen sozialen Abstieg. Hat sie vorher im oberen Segment gelebt, dann heißt das nun, aus einer großen Wohnung im Grünen in eine kleinere in einem schlechteren Viertel umzuziehen. Wenn man aber vorher in der Genossenschaftswohnung, die zur Hälfte noch nicht abbezahlt war, gelebt hat, kann sich die Frau diese, selbst wenn sie ihr zugesprochen wird, nicht länger leisten.

Unsere Gesellschaft muss endlich akzeptieren, dass Scheidung kein Einzelereignis ist, das einige Unglückliche trifft, die meist ohnehin selbst daran schuld sind. Scheidung stellt ein riesiges komplexes Problem dar, das immer mehr Menschen betrifft. In Großstädten werden bereits 60 Prozent aller Ehen geschieden, in Arbeiterbezirken sind es oft 80 Prozent. Das heißt, wir müssen mit immer mehr Scheidungswaisen rechnen. Derzeit haben wir eine völlig unbefriedigende Rechtssituation und keinerlei vorbereitende Mechanismen zur Scheidung und insbesondere zur Betreuung der Kinder. Besonders schlimm wird es für Kinder, wenn sich in Wirklichkeit beide Eltern bei der Scheidung innerlich von ihren Kindern trennen und ein neues, eigenes Leben beginnen wollen. Diese Kinder fallen dann zwischen zwei Stühle und schlagen hart auf dem Betonboden auf.

„Man hört immer von Leuten, die vor lauter Liebe den Verstand verloren haben. Aber es gibt auch viele, die vor lauter Verstand die Liebe verloren haben."

Jean Paul

Warum Kinder Väter brauchen

Sabine Z. verlor ihren Vater noch als Kleinkind bei einem Unfall. „Mir hat man das in diesem Alter natürlich nicht erklären können. Mir war nur sehr wohl bewusst, dass es da einmal einen Vater gegeben hat, der dann einfach weg war. Noch Jahre später bin ich zu einem Kellerfenster gelaufen und habe dort ‚Papa, Papa' hineingerufen, weil er dort oft in der Werkstatt gearbeitet hatte.

Wenn man einem Kind so etwas nicht sagt, dann bildet es wahrscheinlich unbewusst die Vorstellung, dass man verlassen wurde. Man hat es mir erst gesagt, als ich gefragt habe, wo denn mein Vater sei, da war ich bereits sieben Jahre alt. Natürlich hat es mich in meiner Kindheit geschmerzt und ich habe mir oft gewünscht, dass es jetzt sehr schön wäre, wenn ein Papa da wäre."

Dies war nur ein Beispiel, das zeigen soll, was fehlende Väter im Bewusstsein von Kindern auslösen. Viele Studien belegen, dass das Fehlen einer männlichen Bezugsperson in der Erziehung vor allem für die Söhne sehr belastend sein kann und sich das Risiko, dass sie aggressiv, verhaltensauffällig oder gar kriminell werden, erhöht.[4] Selbst der heute mächtigste Mann der Welt musste in seiner Jugend bekanntlich mit Drogen und massiven Selbstzweifeln kämpfen: „Die Abwesenheit meines Vaters, die Lücke, die er hinterließ, hat mich mehr geprägt als er selbst", sagt Barack Obama.

Der Glaube an das Christkind

Die Liebe schlägt die Ehe – zumindest bei Amazon. Gibt man bei Amazon den Begriff „Liebe" ein, listet der Computer 82.647 Titel auf. Auf Platz eins steht „100 Kleinigkeiten, die ich an dir liebe" um wohlfeile 4,95 Euro. Unter dem Begriff „Ehe" erscheinen nur 56.988 Bücher. Die Nummer eins, „Die 7 Geheimnisse der glücklichen Ehe", gibt es um 8,95 Euro.

Unsere Gesellschaft verteidigt mit aller Gewalt eine Fiktion: Wir wollen alle die heile Familie, wir träumen von ihr – aber wir glauben nicht daran. Bei der Hochzeit schwören sich zwei erwachsene Menschen „Treue, bis dass der Tod uns scheidet" und glauben wahrscheinlich in diesem Augenblick genauso fest daran, wie sie als Kinder davon überzeugt waren, dass das Christkind die Geschenke unter den Baum gelegt hat. Mit derselben Sicherheit, mit der Kinder später herausfinden, dass ihre Eltern in Wirklichkeit die Geschenke gekauft haben, erkennen die jungen Eheleute meist innerhalb kürzester Zeit, dass die romantische Aufladung des rechtlichen Vertrages, den eine Ehe darstellt, in der Realität nicht erfüllbar ist. „Die Ehe ist eine lange Mahlzeit, die mit dem Dessert beginnt", hat Henri de Toulouse-Lautrec gesagt.

Bis dass der Tod euch scheidet

Wenn die eheliche Alltagskost zum Alltagsfrust wird, lassen wir uns das romantische Ideal zumindest am Wochenende von der jeweils neuesten Hollywood-Filmproduktion vorspielen. Die Kluft zwischen dem, was wir 90 Minuten lang auf der Leinwand sehen, und dem, was wir sieben Tage während der Woche erleben, wird dadurch noch größer. Wir sollten auch nicht vergessen, dass der feierliche Schwur „bis dass der Tod euch scheidet" aus einer Zeit stammt, in der man sich mit hoher Wahrscheinlichkeit darauf verlassen konnte, dass das früh genug tatsächlich eintrat. Dass gerade die Weihnachtszeit ein besonders guter Nährboden für schwere Ehekrisen und Scheidungen ist, kann wohl nur als Ironie des Schicksals verstanden werden.

Um nicht missverstanden zu werden: Es geht nicht um die Opferung von Lebensträumen von einer liebenden Familie, sondern um die Aufgabe von nicht erfüllbaren Erwartungshaltungen. Ehe ist aber sicher auch mehr als eine Interessengemeinschaft zur Rückzahlung von Kreditraten für die Eigentumswohnung und der Erziehung von Kindern. Und es wäre besser, wenn Paare vor der Ehe verpflichtet würden, zumindest die gleiche Zeit über alle rechtlichen Konsequenzen nachzudenken, wie sie es über die Sitzordnung an der Hochzeitstafel tun. Wie oft musste ich erleben, wenn angehende Brautleute in letzter Sekunde von ernsthaften Zweifeln geplagt wurden, weil dunkle Details aus der Vorgeschichte des Partners aufgetaucht waren oder weil man sich plötzlich doch nicht mehr so sicher war, ob das tatsächlich der richtige

Partner fürs Leben sein würde. Dann wurde mit Motivationen wie „Das ziehen wir jetzt durch" geheiratet, um der Blamage der Absage einer Hochzeit zu entgehen. Alle diese Ehen sind in der Zwischenzeit wieder geschieden.

Heiraten ist gefährlicher als Autofahren

Autofahren kann gefährlich für das eigene und das Leben anderer sein. Daher ist man zu Recht gezwungen, sich ausbilden zu lassen und einen Führerschein zu machen. Kinder in die Welt zu setzen ist sicher eine weit größere Verantwortung als Autofahren. Verpflichtende Eheberatung vor der Hochzeit und ein „Familienführerschein", um das Kindergeld zu beziehen, sind offensichtlich notwendige Maßnahmen. Die Vorstellung, Händchen haltend mit seinem zukünftigen Ehepartner in einen Ehevorbereitungsseminar zu sitzen und sich eindrücklich die rechtlichen Konsequenzen eines Scheiterns der Ehe erklären lassen zu müssen, hört sich wenig romantisch an und entspricht auch nicht dem Weltbild des selbstverantwortlichen Menschen. Nur das Verleugnen der Probleme ist noch schlimmer.

Die Familientherapeutin Martina Leibovici-Mühlberger plädiert in Übereinstimmung mit vielen Experten für einen verpflichtend zu besuchenden Scheidungsworkshop, der den Eltern vermitteln könnte, welche Folgen die Trennung für die Entwicklung ihrer Kinder haben werde: „Es macht zum Beispiel einen großen Unterschied, ob die Kinder zwei, sechs oder siebzehn Jahre alt sind. Ein zentrales Thema von Scheidungsworkshops ist auch die Frage, wie beide in Zukunft ihre Elternverantwortung wahrnehmen werden. So kann man oft verhindern, dass aus der Krise, die jede Trennung darstellt, eine Katastrophe für alle Beteiligten wird. Das Schreckensszenario tritt fast immer dann automatisch ein, wenn beide Konfliktparteien ihre gesamten Energien auf ihre eigenen Verletzungen und Interessen konzentrieren. Der Mann versucht dann alles, um finanziell möglichst unbeschadet, oft schon zur nächsten Partnerin, entkommen zu können. Die Frau lässt ihren Rachegefühlen freien Lauf. Die Kinder bleiben in jedem Fall auf der Strecke. Eine externe Begleitung in der Scheidungs- und Nachscheidungsphase kann wesentlich dazu beitragen, Mann und Frau immer wieder mit der Frage zu konfrontieren, was es ihre Kinder ‚kostet‘, wenn sie beide nur knallhart ihre Interessen verfolgen."

Gute Chancen auf für alle Beteiligten lebenswerte Beziehungen nach der Trennung bestehen dann, wenn es zu keiner inneren Trennung von den Kindern kommt. Damit kann man auch verhindern, dass der alte Witz über das Ergebnis von Scheidungen wahr wird: „Sie bekommt das Kind, er bekommt den Hund, die Anwälte teilen sich das Haus."

Martina Leibovici-Mühlberger: „Kinder sollte man in einer Ehe nur dann in die Welt setzen, wenn sich das romantische Ideal mit dem Partner tatsächlich verwirklichen lässt oder wenn sich beide die Disziplin und Verantwortung zutrauen, gemeinsam einen sehr langen Weg mit vielen Hindernissen zu gehen, ohne die Nerven wegzuschmeißen, wenn es eng wird." Sie selbst hat übrigens vier Kinder und ist seit 20 Jahren mit demselben Mann verheiratet. Ihr Erfolgsgeheimnis ist simpel: „Ich habe wirklich meinen sehr persönlichen Prinzen getroffen, und er seine Prinzessin. Damit ist immer für Spannung gesorgt." Hollywood hat also doch recht, manchmal zumindest ...

---

1 Michael Isemberg: Der Kampf ums Kind kennt keine Zimperlichkeiten, in: Stuttgarter Nachrichten, 5.1.1998
2 Spiegel spezial 4, 2007, S. 122
3 Martina Leibovici-Mühlberger im Auftrag des Bundesministeriums für Soziale Sicherheit, Generationen und Konsumentenschutz: Allein erziehende Väter in Österreich, Wien 2006
4 Doris Bischof-Köhler: Von Natur aus anders – Die Psychologie der Geschlechterunterschiede, Stuttgart, Kohlhammer 2006, S. 357

Die Ausgrenzung
Wie wir die Alten erst vom Mittagstisch und dann aus unserem Leben verbannen

Alte Menschen riechen meist nicht gut. Sie erzählen uns immer die gleichen Geschichten und erinnern uns zum hundertsten Mal daran, irgendwelche sinnlosen Erledigungen zu machen. Wenn wir sie besuchen, dann versuchen wir möglichst unauffällig auf die Uhr zu sehen, um nicht zu viel unserer knappen Zeit zu verlieren. Wir sind zerrissen zwischen unserer Alltagsbelastung und unseren moralischen Verpflichtungen gegenüber unseren Partnern, Kindern, Freunden und – meist ganz am Schluss – den Alten. Erst Beerdigungen geben uns Gelegenheit, darüber nachzudenken, wie wir unsere Zeit verwendet haben – zum Beispiel für Gespräche mit dem gerade Verstorbenen. „Je größer das schlechte Gewissen, umso größer ist der Sarg", sagen die Bestatter.

Versicherungen, Banken, Ämter und Behörden erzeugen Angst bei alten Menschen, denn Computerprogramme nehmen keine Rücksicht auf Umzüge, Operationen und Verwirrungen, sie administrieren Fälle, nicht Menschen. Wenn es dann so weit ist, dass alte Menschen nicht mehr zu Hause leben können, entmündigen wir sie, sperren sie in meist unwürdige Gebäude, nehmen ihnen bis auf ein bisschen Taschengeld alles Geld weg und – am schlimmsten – wir berauben sie ihrer Würde. Und wir tun das alles sehr bewusst. Natürlich haben wir Angst, selbst am Ende unseres Lebens genau dort zu landen, wo Felix Mitterers Theaterstück „Sibirien" beginnt:

„Pflege! Was für eine Pflege? Was für eine Pflege denn? Abfütterung! Abwaschung! Das ist Pflege! Die brauch' ich nicht! Ich brauch' sie nicht! Ich bin am falschen Ort, verstehst du? Ich brauche diese Pflege nicht! Ich brauche dieses Sibirien nicht! (…) Aber das ist nicht alles! Das ist noch lange nicht alles! Sie degradieren mich zum Kleinkind! Ich komme drauf, sie haben mir die Windeln angelegt! Ich liege angeschnallt in einem Bett und trage Windeln! Kannst du dir das vorstellen? Nein, das kannst du dir nicht vorstellen! Es ist dir ja auch egal, nicht?"[1]

Jeder Besuch, jedes Telefonat mit den Alten verstärkt unser schlechtes Gewissen. Dabei wäre alles ganz einfach lösbar – zumindest in der Werbung. In einem Werbefilm für irgendeinen Schokoriegel, der vor Jahren in den Kinos gezeigt wurde, sieht man einen alten Indianer, der sich von seinem Stamm entfernt, um sich, wie es Brauch bei gewissen Naturvölkern ist, das Leben zu nehmen und niemandem mehr zur Last zu fallen. Der Alte findet am Rand der Klippe den umworbenen Schokoriegel, verzehrt ihn und kehrt verjüngt zu den Seinen zurück.

Ein langsamer, nicht aufzuhaltender Verfallsprozess

Das Versprechen der Moderne besteht genau darin, dass sie uns Mittel an die Hand gibt (und sei es nur ein Stück Schokolade), den eigenen Niedergang aufzuhalten. Es ist ein Glück, dass dieses Versprechen, dank des technischen und medizinischen Fortschritts, sehr oft wahr gemacht werden kann. Es gibt sie wirklich, die braun gebrannten Senioren, die Golf spielen und Weltreisen mit ihren jüngeren Partnern machen. Dieses Glück aber ist tückisch, denn je gesünder wir leben und je mehr die ärztliche Kunst unser Leben zu verlängern vermag, desto sicherer ist zugleich, dass es sich nur um einen Aufschub handeln kann. Jene, die können, mobilisieren alles im Kampf um diese Gnadenfrist. Es ist, wie es in dem grandiosen Roman „Jedermann" von Philip Roth heißt, „ein unerbittlicher Kampf, und zwar gerade dann, wenn man am schwächsten und am wenigsten in der Lage ist, den alten Kampfgeist heraufzubeschwören".[2]

Das Altern hat bei Philip Roth nichts Romantisches, es ist ein langsamer, nicht aufzuhaltender Verfallsprozess, von Operationen unterbrochen und zu immer größerer Einsamkeit verdammt. Denn für die Sünden unseres Lebens müssen wir erbarmungslos büßen. Im Fall seiner männlichen Hauptfigur ist es das Verlassen einer tollen Ehefrau und einer süßen Tochter wegen eines strohdummen Fotomodels. „Was soll nur aus mir werden?", fragt ihn seine junge Superfrau, ehe er vor einer entscheidenden Operation in den OP gefahren wird. Trotz dieser aufmunternden Worte entgeht er nochmals dem Tod. Der Regenerationsprozess nach der schweren Operation verläuft zäh. Sein behandelnder Arzt fragt ihn dann, ob die ihn besuchende junge Frau seine Ehefrau sei. Als er bejaht, verweigert der Arzt die Entlassung in die häusliche Pflege, um „sein Leben zu schützen". „Alt werden ist nicht schön" könnte man den Inhalt von „Jedermann" in einem Satz zusammenfassen. Etwas, das Woddy Allen schon lange davor erkannt hat: „Ich habe keine Angst, zu sterben, ich möchte nur nicht dabei sein."

Stirb langsam – das Brodeln in den Kehlen der Patienten

Seit Jahren wird die Notärztin regelmäßig zu Einsätzen in Hamburger Heime gerufen. Sie ist 54 Jahre alt, seit 20 Jahren im Geschäft. Ihre Beobachtungen schildert sie bisweilen unter Tränen. Erst letzte Nacht, sagt sie, habe sie vergeblich versucht, eine kranke Pflegeheimbewohnerin zu untersuchen – die Frau sei „so vollgedröhnt" gewesen, abgefüllt mit Schlafmitteln, dass zwei Schwestern zusammen sie nicht hätten wach rütteln können. Und das komme andauernd vor. Notfälle, sagt die Ärztin, ließen sich oft schon darum nicht behandeln, weil das Pflegepersonal von den gesundheitlichen Problemen seiner Schützlinge keine Ahnung habe und Krankenakten nicht zugänglich seien.

Bei Patienten, die zu schwach zum Abhusten sind, muss regelmäßig der Schleim aus dem Rachenraum gesaugt werden, sonst drohen Lungenentzündung und Ersticken. Eigentlich wäre das eine selbstverständliche Aufgabe jedes Altenpflegers. Inzwischen, sagt die Ärztin, habe sie immer ihr eigenes Absauggerät dabei, weil die Apparate auf den Pflegestationen oft nicht auffindbar oder nicht einsatzbereit seien. Manchmal, sagt sie, höre sie das Brodeln in der Kehle der vernachlässigten Patienten schon im Flur. Und wer wisse schon, ob die entgleisten Gesichtszüge eines bewusstlosen Pflegeheimbewohners auf eine Gesichtslähmung zurückzuführen seien, Folge eines Schlaganfalls, der sofort behandelt werden müsste – oder auf Psychopharmaka, deren Einsatz als sogenannte Bedarfsmedikation dem Gutdünken vieler Pflegekräfte überlassen sei.

Austrocknung und Unterernährung in den Pflegeheimen, zu wenig Vorsorge gegen Wundliegen, zu selten gewechselte Windeln, Verabreichung von Beruhigungsmitteln „aus arbeitsökonomischen Gründen", Gewalt gegen Bewohner mit „dem Ziel, ihren Widerstand zu brechen" – all diese Befunde im „Vierten Bericht zur Lage der älteren Generation" des Deutschen Bundestags überraschen umso weniger, als ein Jahr zuvor im „Dritten Bericht zur Lage der älteren Generation" mehr oder weniger das Gleiche stand.

Ein einziges Detail schlägt nachhaltig auf den Magen des Lesers: „Nicht rechtzeitig umlagern", steht da, sei eine gängige Form der Vernachlässigung. Man muss ein wenig über Altenpflege wissen, um zu ahnen, welche Barbarei in diesen drei Wörtern beschrieben wird. Viele Bewohner von Pflegeheimen haben Schlaganfälle erlitten. Eine häufige Folge sind Lähmungen, typischerweise halbseitig, und eine andere häufige Folge ist der teilweise oder vollständige Verlust des Sprachvermögens. Gelähmte Körper können starke Schmerzen verursachen, wenn sie falsch gelagert werden; beispielsweise rutscht der Oberarmknochen dann leicht aus der Schulterpfanne und bohrt sich in das umliegende Gewebe. Die Möglichkeiten der Betroffenen, Schmerzen zu äußern, sind aber unter Umständen sehr begrenzt. „Nicht rechtzeitig umlagern", das bedeutet nichts anderes, als wehrlose Menschen furchtbar zu quälen.[3]

Unsere kollektive Verdrängung – das grausige Geschehen in den Pflegeheimen

Eine der größten bekannt gewordenen Serientötungen der BRD wurde im Verfahren gegen den „Krankenpfleger von Sonthofen" öffentlich. Die Staatsanwaltschaft warf ihm vor, zwischen dem 2. Februar 2003 und dem 10. Juli 2004 insgesamt 29 Patienten – 12 Männer und 17 Frauen im Alter zwischen 40 und 94 Jahren – in einem Krankenhaus in Sonthofen getötet zu haben. Das Landgericht Kempten verurteilte den sogenannten „Todespfleger" wegen mehrfachen Mordes und Totschlags zu einer lebenslangen Haftstrafe. In Österreich haben vier Pflegerinnen im Pflegeheim Lainz als „Todesschwestern" im Jahr 1991 traurige Berühmtheit erlangt. Aus den Wiener Pflegeheimen dringen immer wieder erschreckende Berichte durch, von der Opposition bereitwillig für ihre Zwecke benutzt, von der Regierung heftig dementiert.

Jenseits dieser besonders tragischen Fälle von kriminellen Einzeltätern, die für Schlagzeilen in den Medien sorgen, ist es ein Faktum, dass all die Missstände seit Jahren bekannt sind. Vor allem chronisch Kranke fallen Übergriffen leicht zum Opfer, da sie in einem stark ausgeprägten Abhängigkeitsverhältnis zum Pflegepersonal stehen. Wenn sie auf sich allein gestellt sind und keine Angehörigen für sie aktiv werden, können Vernachlässigung oder gar Straftaten ihnen gegenüber unentdeckt bleiben. Sie selbst rufen meist nicht die Polizei und klagen nur selten vor Gericht. An Demenz erkrankte Personen, die seit dem Jahr 2000 über 60 Prozent der Bewohnerschaft von Pflegeheimen ausmachen, stehen einem eventuellen Fehlverhalten der pflegenden Institution und des Personals besonders hilflos gegenüber. Kaum ein Jahr vergeht, ohne dass nicht irgendwo im deutschen Sprachraum Fälle von massiven „Mängeln" in einem Altenheim an die Öffentlichkeit dringen. Unter Mangel versteht man auch, wenn die Patienten um 15 Uhr das „Nachtmahl" bekommen, weil das für das System effizienter und kostengünstiger ist. Doch die Gesellschaft verdrängt das grausige Geschehen in den Pflegeheimen.

Dass der menschenunwürdige Umgang in manchen Pflegeheimen nicht nur durch systemische Probleme der öffentlichen Verwaltung bedingt ist, sondern durchaus handfeste wirtschaftliche Interessen dahinterstecken, dokumentieren die beiden Insider Claus Fussek und Gottlob Schober in ihrem Buch „Im Netz der Pflegemafia: Wie mit menschenunwürdiger Pflege Geschäfte gemacht werden". So bringen nach der grausamen Logik der Pflegeversicherung dahinvegetierende Pflegebedürftige mehr Geld als Menschen, deren noch bestehenden Fähigkeiten gefördert werden. Die erfahrenen Pflegekritiker enthüllen das erschreckende Ausmaß, in dem notwendiges Personal gespart, Präventionsprogramme verhindert und eklatante Menschenrechtsverletzungen totgeschwiegen werden.[4] Da ist es auch wenig tröstlich, dass der Besuch in manch einem südeuropäischen Pflegeheim ebenfalls alles andere als einladend ist, ja die Zustände dort noch deutlich schlimmer sind.

Fährt man im Urlaub in Länder mit einem deutlich niedrigeren Lebensstandard als in der EU, kann man schnell den Eindruck gewinnen, dass in keinem Entwicklungsland alte Menschen mit so wenig Achtung behandelt werden wie bei uns. Das hat nichts mit den medizinischen Standards zu tun, die bei uns um vieles besser sind, es geht um den Stellenwert der Alten, um Würde. Simone de Beauvoir hat sich einmal die Frage gestellt: „Wie müsste eine Gesellschaft beschaffen sein, damit ein Mensch auch im Alter ein Mensch bleiben kann?" Sie lieferte die Lösung gleich mit:

„Die Antwort ist einfach. Er muss schon immer als Mensch behandelt worden sein."

Warum alte Menschen lieber sterben wollen

Ein 81 Jahre alter Mann, der in die Aufnahmestation einer Klinik gebracht worden ist, weil er sich mit einem Messer tief in beide Handgelenke geschnitten hat, eröffnet dem Arzt in der Notaufnahme: „Wissen Sie, Herr Doktor, ich bin ein alter Soldat. Und da weiß man, wenn einer nicht mehr kann, dann muss er Schluss machen." Er habe an diesem Morgen festgestellt, dass er die Uhr nicht mehr lesen könne. Seine Augen waren zu schwach geworden. Und wer nicht einmal mehr die Uhrzeit kenne, der habe „abgewirtschaftet". Dann erzählt er noch, dass er über seine wachsende Hilfsbedürftigkeit mit niemandem geredet habe, schon gar nicht mit seinen Ärzten, er habe eben niemandem „etwas vorjammern" wollen.

Während der Selbstmord eines Zehnjährigen Fassungslosigkeit hervorruft, löst der Suizid eines 90-Jährigen zwar Schuldgefühle, unterschwellig aber auch Verständnis aus. Selbstmord ist eine Alterserscheinung. Von den 11.000 bis 13.000 Menschen, die sich jährlich in Deutschland das Leben nehmen, sind 40 Prozent über 60 Jahre alt. Je älter Menschen werden, desto auffälliger ist zudem die erschreckende Effizienz ihrer Suizidversuche: Während bei Jugendlichen und jungen Erwachsenen auf jeden vollendeten Suizid etwa 30 bis 50 Versuche kommen, ist das Verhältnis bei den über 85-Jährigen fast eins zu eins. Die meisten sterben nicht im Heim, sondern zu Hause. Männer erhängen sich, Frauen nehmen Tabletten, springen aus Fenstern oder werfen sich vor den Zug. „Entschlossenheit und Methode" kennzeichne diese Selbsttötungen, sagt der Hamburger Psychiater Paul Götze, „der Suizid trägt die Handschrift des Alters".

Wenn alle alten Menschen wegen Krankheit oder Einsamkeit ihrem Leben aus eigenem Antrieb ein Ende machen würden, dann wäre die Selbstmordrate noch höher, als sie ohnehin schon ist. Der entscheidende Unterschied zwischen denen, die zwar immer bekunden, des Lebens überdrüssig und müde zu sein, dessen Ende aber gleichwohl abwarten, und denjenigen, die es gewaltsam beenden, sind Erlebnisse, die sie glauben, nicht bewältigen zu können. Oft geben triviale Ereignisse Anlass zum Suizid, wie die oben angeführte Leseschwäche. Die Tragödie ist, dass die Betroffenen das selbst nicht erkennen.

Alte Menschen stecken mit ihren Suizidgedanken in einer besonderen Falle. Einerseits sind sie hoch gefährdet, andererseits gehen sie so gut wie nie zum Therapeuten – denn dahin gehören nach den Vorstellungen ihrer Generation nur „Verrückte". Nehmen die Beschwerden überhand, wird allenfalls der Hausarzt konsultiert. Und der versteht oft auch nicht, dass Symptome wie Kopf-, Magen- oder Gliederschmerzen, Schwindelgefühle und Sehstörungen manchmal nicht nur Verschleißerscheinungen sind, sondern seelische Ursachen haben können. Der Hausarzt verschreibt dann häufig ein zusätzliches Medikament. „Die meisten niedergelassenen Ärzte sind Körpermediziner. Psychische Probleme werden von ihnen eher am Rande wahrgenommen und auch dort gehalten", sagt der Psychiater Götze. Endlich „wahrgenommen" werden diese Patienten dann erst in der Selbstmordstatistik.[5]

Altern in Würde – eine Halluzination?

Altern, Sterben und Tod sind in unserer westlichen Gesellschaft völlig verdrängte Bereiche. Altern in Würde bleibt ein schöner Traum. Denn eine Vision ohne die notwendigen Mittel ist jedenfalls eine Halluzination. Im Altersheim schreit man mit allen Menschen, weil einige schwerhörig sind. Es sind aber nicht alle schwerhörig. Alte Menschen sind nicht alle gleich, wahrscheinlich sind sie das sogar noch weniger als irgendeine andere Altersgruppe. Die Endstation im Pflegeheim, die Aussichtslosigkeit, die immer größeren körperlichen Probleme, die zum Verlust über die Kontrolle von intimsten Bestandteilen des täglichen Lebens führen, im schlimmsten Fall der Selbstmord stehen am Ende eines langes Weges, mit dem wir die Alten immer mehr aus unserem Leben vertreiben. Dieser Weg beginnt mit scheinbar harmlosen Unaufmerksamkeiten, führt weiter über die immer knappere Zeit, die wir den Gesprächen mit den Alten widmen, dem verweigerten Respekt vor ihrer Lebenserfahrung und endet am Krankenbett. Doch wie wäre unser Leben ohne die Alten?

Großvater, du warst mein erster Freund und das vergesse ich dir nie

Lange Zeit waren die Großväter die wichtigste männliche Bezugsperson für die Heranwachsenden. Sie hatten Zeit, erzählten Märchen, bastelten in ihren Schuppen und gingen stolz mit ihren Enkelkindern stundenlang spazieren. Ich bekam noch zehn Schilling, wenn ich meinem Großvater zum Geburtstag gratulierte. So hat sich das gehört. Das letzte Mal habe ich ihn im Pflegeheim Lainz besucht, Lungenkrebs im Endstadium. Er hat heimlich noch weitergeraucht, filterlos. Als er mir angeboten hat, dass er mein Auto sofort reparieren würde und ich ihn nur anrufen müsste, wann immer ich Probleme mit meinem Fahrzeug hätte, wusste ich, dass es dem Ende zuging. Wenn ich mich unbeachtet fühle, singe ich heute noch immer mit, wenn der Evergreen der Musikgruppe STS irgendwo erklingt: „Großvater, kannst du nicht runterkommen auf einen schnellen Kaffee? / Großvater, ich möchte dir so viel sagen, was ich erst jetzt versteh' / Großvater, du warst mein erster Freund und das vergesse ich dir nie …"[6]

Und wie wäre meine eigene Kindheit ohne meine Großmutter verlaufen? Wer hätte immer Zeit für mich gehabt, wenn ich mich mit meinen Sorgen nicht einmal zu meinen Eltern getraut habe?

Wer hätte mir vom Schrecken zweier Weltkriege erzählt und mir so schon sehr früh vermittelt, welche Gnade es bedeutet, in Frieden leben zu können? Und wer hätte schon knapp nach meiner Geburt ein Sparbuch angelegt, auf dem sie monatlich von ihrer Mindestpension 20 Schilling (1,45 Euro) eingezahlt hat, die mir später geholfen haben, mein Studium zu finanzieren? Meine Großmutter verstarb wenige Tage vor meiner Promotion in jenem Pflegeheim, das man Jahre danach wegen eines Skandals schloss. Ihr und meiner Mutter habe ich dieses Buch gewidmet.

Wir gehen nicht nur auf eine vaterlose, wir gehen auch auf eine großelternlose Gesellschaft zu. Dadurch, dass Eltern mit ihren Kindern nicht mehr im Familienverbund leben, entsteht eine Kluft von über 30 Jahren zwischen den Generationen, die dann im Alter nicht mehr geschlossen werden kann. Standen früher häufig noch gemeinsame Familienausflüge mit den Großeltern auf dem Programm, fallen diese immer häufiger den fast nicht zu bewältigenden logistischen Herausforderungen unserer modernen Freizeitgestaltung zum Opfer. Kinder und alte Menschen, oft Familienmitglieder, leiden, in derselben Stadt lebend, an Einsamkeit. Für die Wünsche unserer Kinder haben wir ein offenes Ohr, dass auch die Alten noch Träume haben, vergessen wir leicht.

Den Großglockner sehen und sterben

Einmal im Leben wollte die Mutter von Alexander T. den Großglockner, den höchsten Berg Österreichs, sehen. Hin und wieder erzählte sie ihrem Sohn von diesem Wunsch. Und immer wieder versprach er ihr, diesen Wunsch zu erfüllen. Mit seinem großen Wagen würden sie einen Ausflug zu dieser traumhaft schönen Bergstraße machen, um dann als Höhepunkt im Ausflugsrestaurant mit Blick auf den Großglockner Mittag zu essen. Jedes Detail wurde in den Gesprächen ausgemalt. Gerade im Augenblick gehe es nur nicht, weil er beruflich in einer besonders angespannten Situation sei. Die Mutter hatte dafür natürlich Verständnis, sie wollte ihrem Sohn auch nicht zur Last fallen. Alexander T. hatte auch tatsächlich vor, seiner Mutter den Wunsch einmal zu erfüllen. Wann immer er aber nur einige Gedanken an die Realisierung verschwendete, schreckte er vor dem Aufwand zurück. Vier Stunden würde allein die Anreise dauern, dann der Aufenthalt und dann wieder die Rückfahrt. Das war an einem einzigen Tag nur mit großer Belastung zu schaffen, die Wahrscheinlichkeit, dass das Wetter so schlecht war, dass man überhaupt nichts sehen würde, ohnehin sehr groß, und er hatte als erfolgreicher Unternehmer ja wirklich viel zu tun. Die Jahre vergingen, seiner Mutter begann es altersbedingt immer schlechter zu gehen. Nur mehr ganz selten sprach sie vom Großglockner, das letzte Mal knapp vor ihrem Tod, als sie ihm anvertraute, dass sie so gerne einmal den Großglockner gesehen hätte. Alexander T. war seit dem Tod seiner Mutter einige Male in der Nähe des Großglockners und jedes Mal beschlich ihn ein ganz ungutes Gefühl. Erwähnte jemand in irgendeinem Zusammenhang diesen Berg, zuckte er stets unmerklich zusammen.

Am Ende des Weges – so wie du lebst, so stirbst du

Benannte letzte Wünsche sind ganz wichtig im Caritas-Socialis-Hospiz Rennweg:[7] Eine 57-jährige Frau hatte mit ihrer Familie ein Badehaus an der Donau. Dort verbrachte man viel Zeit und ein wichtiges Erlebnis war das gemeinsame Apfelstrudelessen. Für jemanden, der diese Erinnerung nicht hatte, war das unter einer Betonmauer gelegene kleine Haus kein besonderer Ort, aber für diese körperlich schon sehr gebrechliche Frau war es ganz wichtig, diesen Ort nochmals aufzusuchen. Mit großem Aufwand wurde die Frau mit ihrem Rollstuhl auf die Terrasse gebracht, um dort mit ihren Verwandten Kaffee zu trinken und Apfelstrudel zu essen.

Ich habe das Hospiz aufgesucht, um Antworten auf Fragen zu finden: Wie gehen Menschen, die wissen, dass sie nicht mehr lange zu leben haben, mit den Verletzungen ihres Lebens um? Vergeben Menschen am Ende ihres Lebens leichter?

Menschen gehen mit dem baldigen Tod genau so um wie mit ihrem bisherigen Leben. „Man stirbt so, wie man lebt", ist die wichtigste Erkenntnis, die ich aus den Gesprächen mit den Schwestern und Ärzten mitnehme. Wenn jemand als „Couch-Potato" vor dem Fernseher dahingelebt hat, dann dämmert er auch apathisch in den Tod hinüber. Jemand, der immer sehr kämpferisch war, kämpft bis zum Schluss gegen den Tod. Es gibt auch Verdränger, die sich nie auf etwas tiefer eingelassen haben, die tun das dann auch am Ende nicht. Menschen, die es geschafft haben, in sich zu ruhen, können den Tod meist leichter annehmen.

Die 99-jährige Friederike M. suchte ganz bewusst „einen Platz, wo sie absterben kann". Sie hatte ein gutes Leben und für sie war es Zeit, zu gehen, das akzeptierte sie. Am vorletzten Tag ihres Lebens aß Friederike M. noch ein Wiener Schnitzel, löste vorher sorgfältig die Panier ab, weil das ungesund sei. Das Urvertrauen prägt einen, wie man durch das Leben geht und wie man aus diesem wieder scheidet. Menschen glauben, dass sie entweder selbst Einfluss auf ihr Leben haben oder sie fühlen sich ihm ausgeliefert. Das zeigt sich dann auch beim Sterben.

„Es gibt Menschen, die in ihren letzten Tagen eine echte Negativbilanz über ihr Leben ziehen: ‚Ich habe eigentlich nie etwas gehabt von meinem Leben, habe mir selbst nichts gegönnt und alles den Kindern gegeben. Ich selbst bin auf der Strecke geblieben.' Oder Menschen, die 40 Jahre eine untragbare Beziehung gelebt haben, statt rechtzeitig neu anzufangen. Menschen mit einer derartigen Negativbilanz gehen einfach schwerer", meint Andrea Schwarz, die Stationsleiterin im CS-Hospiz Rennweg ist.

„Meine wichtigste persönliche Erkenntnis aus meinem Beruf ist, dass man das Leben voll leben soll, so lange man kann", erzählt mir Andrea Schwarz. In ihrer elfjährigen Tätigkeit als Sterbebegleiterin hat sie 2200 Menschen auf ihrem letzten Weg begleitet. Für mich ist sie eine Expertin des Lebens. Nichts Menschliches ist ihr fremd. „Wie halten Sie das aus?", wird sie oft gefragt. „Ich bekomme sehr viel zurück von meinen Patienten. Das ist auch unsere Nahrung. Es gibt einen Mann, der kommt jedes Jahr am Sterbetag seiner Frau und bringt eine Rose auf die Station." Das CS-Hospiz Rennweg ist ein Beispiel dafür, wie man Menschen würdig auf ihrem letzten Weg begleiten könnte. Das von der Caritas Socialis geführte Haus zeigt, dass das „Hightech" der Medizin und der „High Touch" der Menschlichkeit auch am Ende unseres Lebens kein Widerspruch sein müssten.

Warum muss man eigentlich sterben, um die Versöhnung zu schaffen?

Natürlich gibt es Patienten, bei denen die Ärzte wissen, dass eine Familie existiert und trotzdem niemand auf Besuch kommt – manchmal auch trotz des ausdrücklichen Wunsches des Patienten nicht. Es gibt aber auch viele positive Beispiele: Ein 55-jähriger Mann mit einem Lungenkarzinom lebte schon seit längerer Zeit getrennt von seiner Partnerin, mit der er eine gemeinsame Tochter hat, die nicht wirklich gut versorgt war. Eine Schwester brachte den Mann schließlich auf die Idee, noch zu heiraten. Es kam zur Hochzeit auf der Station, er war sehr euphorisch. Auch einige Verletzungen, die es in der Paarbeziehung gegeben hat, lösten sich noch auf. Der Mann konnte dann in Frieden sterben. In einem anderen Fall kamen alle vier Kinder noch zum Vater, zu dem es schon lange keinen Kontakt mehr gab. In den letzten Tagen übernachteten zwei sogar im Hospiz. Es sei allen ein Anliegen gewesen, dass es vor dem Sterben noch zu einer Versöhnung gekommen ist. Entscheidend sind nicht die Inhalte oder die Tiefe dieser letzten Begegnungen, sondern die Botschaft: Ich bin dir gut.

Tabu Sterbehilfe

In der Phase des Zu-Ende-Gehens erleben Menschen eine Vielfalt widersprüchlicher Gefühle nebeneinander. Das Hauptproblem der letzten Phase vor dem Tod ist der Autonomieverlust. Wenn zu einer Krebserkrankung noch eine Querschnittslähmung hinzukommt, quält einen die Frage: Werde ich jetzt im Bett liegen, bis ich sterbe? Wenn der Patient fragt, erhält er eine ehrliche Antwort, wenn er nicht fragt, dann will er es nicht wissen. Wie gehen die Ärzte mit dem heiklen Thema Sterbehilfe um, wenn dieses angesprochen wird? „Ich frage den Patienten dann, was ist das Schlimmste, das es so unerträglich macht, dass er sterben möchte? Wenn der Patient eine Hauptbeschwerde formulieren kann, arbeiten wir gemeinsam am Verbesserungswunsch. Wenn Patienten von sich aus Sterbehilfe verlangen, dann frage ich sie auch, ob sie bereit wären, selbst jemandem Sterbehilfe zu leisten, das lehnen sie dann entschieden ab", sagt die Ärztin Annette Henry vom CS-Hospiz Rennweg in Wien.

Die höchste Lebenskunst

Karl und Heidi F. waren ein 50-jähriges Ehepaar, das sich an einem Silvesterabend kennengelernt hatte, als beide noch sehr jung waren. Irgendwann erfuhr Heidi, dass sie aufgrund einer unheilbaren Krankheit bald sterben müsste. In der letzten Phase ihres Lebens war sie querschnittsgelähmt. Karl und Heidi F. waren sich ihr ganzes Leben lang immer sehr nahe. Sie hatten sogar die Kraft, sich im Hospiz gemeinsam alte Fotos anzusehen, was ganz selten passiert. Die Frau hat ihrem Mann auch mehrmals gesagt, dass sie sich wünsche, dass er nach ihrem Tod eine neue Partnerin finden möge. Freigeben nennt man diesen besonderen Ausdruck der Liebe und Reife. Heidi kochte sehr gerne und als Vermächtnis schrieb sie handschriftlich ihre Rezepte in ein Kochbuch. Als sie merkte, dass es zu

Ende ging, rief sie die Ärztin zu sich, sagte ihr, dass sie spüre, dass sie sehr bald sterben werde. Sie wollte ihrem geliebten Mann noch eine Widmung schreiben, habe aber nicht mehr die Kraft dazu. Sie diktiert der Ärztin den letzten Satz: „In Liebe und Dankbarkeit für unser gemeinsames Leben." Kurz danach verstarb sie. Der Mann, der das Kochbuch bekam, erkannte natürlich, dass die Handschrift nicht von seiner Frau stammte. Er ersuchte die Ärztin um ein Gespräch und hatte nur eine Bitte: „Ich möchte eigentlich nichts anderes, als dass Sie mir das alles noch einmal erzählen."

Annette Henry: „Das, was ich mit diesen beiden Menschen miterleben durfte, war höchste Lebenskunst für mich."

„Wohlan denn, Herz, nimm Abschied und gesunde"

Leben, Altern und Tod sind verwandte Begriffe, die wir in unserer Kultur ganz verschiedenen Kategorien zuordnen. In Wirklichkeit leben und sterben wir gleichzeitig. Durchschnittlich lebt eine menschliche Zelle sieben Jahre, das heißt, dass wir uns mit 70 Jahren zehn Mal fast komplett erneuert haben. Übrig bleibt das Selbst, es ist die Waffe gegen die Vergänglichkeit. Nach Milton Erickson sollte die letzte Lebensphase einem Versöhnungsprozess mit dem eigenen Leben dienen. Wissend, dass wir alle einmal in diese Situation kommen werden, sollte gerade unsere finanziell so reiche Gesellschaft menschlich weniger arm mit dem Thema Altern und Sterben umgehen. Positive Beispiele gibt es Gott sei Dank genug. Den letzten Weg kann jeder Mensch nur allein gehen. Schön wäre es, wenn viele davon die Worte von Hermann Hesse in ihrem Herzen spüren könnten:

„Es wird vielleicht auch noch die Todesstunde
Uns neuen Räumen jung entgegensenden,
Des Lebens Ruf an uns wird niemals enden ...
Wohlan denn, Herz, nimm Abschied und gesunde!"

1 Felix Mitterer: Sibirien, Innsbruck/Wien, Haymon 2008
2 Die Zeit, 20.9.2007
3 Frank Drieschner: Ende ohne Gnade, in: Die Zeit, 8.7.2004
4 Claus Fussek und Gottlob Schober: Im Netz der Pflegemafia: Wie mit menschenunwürdiger Pflege Geschäfte gemacht werden, Gütersloh, Bertelsmann 2008
5 Sabine Etzold: Aus Angst vor dem Sterben, in: Die Zeit, 23.3.2006
6 Gert Steinbäcker: Großvater, STS, 1985; der angeführte Text wurde von mir aus Gründen der Verständlichkeit frei ins Hochdeutsche übersetzt. Die Originalfassung im Dialekt: „Großvota, kannst du net obakuma auf an schnölln Kaffee? / Großvata, i mecht dir so vü sagn, wos i erst jetzt versteh / Großvata, du woarst mei erster Freind und des vagiß i nia, Großvota ..."
7 Bereits zum dritten Mal hat mich das CS-Hospiz Rennweg bei einem meiner Projekte unterstützt. Einige Stunden im Hospiz, und viele eigene Probleme erscheinen wieder sehr relativ. Sollten Sie ein Sozialprojekt unterstützen wollen, kann ich dieses mit bestem Wissen empfehlen (www.cs.or.at).

Täuschungen und Illusionen
Was Seminare, Do-it-yourself-Heilslehren und Reisen wirklich bringen

„Viele Menschen suchen nach dem Glück wie ein Betrunkener nach seinem Haus. Sie können es nicht finden, aber sie wissen, dass es existiert."

Voltaire

Gerade wenn wir verletzt wurden, wenn wir eine Niederlage erlitten haben, nach Trennungen oder bei schweren Krankheiten suchen wir nach Sinn und Orientierung. In jeder Zeit hat es Menschen gegeben, die mehr als andere gewusst haben. Schamanen, Propheten, Magier, Hohepriester, Alchemisten, Mönche, Philosophen, Naturwissenschaftler und andere Gurus haben versucht, die Gesetze des Kosmos und der menschlichen Seele zu entschlüsseln. Es gibt aber gute Gründe, warum die Kirchen und die buddhistischen Klöster ihre Priester und Mönche sorgfältig ausgewählt und sehr lange auf ihre Aufgabe vorbereitet haben. Und auch die Suche des Schülers nach dem richtigen Guru nahm oft viel Zeit in Anspruch. Hatte man diesen endlich gefunden, dann erfolgte meist die brüske Zurückweisung durch diesen, um die Ernsthaftigkeit des Schülers zu prüfen. Guru bedeutet ursprünglich „kostbarer Lehrer".

Heute ist es viel einfacher, einen Guru zu finden. Abgewiesen wird man mit Sicherheit nicht, dazu ist der ökonomische Konkurrenzkampf zwischen den Lebensberatern, Therapeuten und Seminaranbietern viel zu groß. Nur auf viele Gurus trifft mittlerweile eher die Definition von Peter Drucker zu, der einmal gesagt hat, dass man deshalb so gerne von Gurus rede, weil das Wort Scharlatan zu lang sei und die meisten auch nicht genau wüssten, wie man es schreibt. Und so wurden die Priester und weisen Meister immer mehr durch Do-it-yourself-Anbieter ersetzt. Das explodierende Selbstverwirklichungsgewerbe bietet Konzepte zur Heilung und Selbstfindung an wie Baumärkte Gartenhäuser zum Selbstbauen – sofortige Erleuchtung inklusive Mehrwertsteuer.[1]

Wir westlichen Menschen suchen gerne die Abkürzung zum Glück und zur Heilung. Wo Nachfrage existiert, gibt es auch immer ein Angebot. Und so treffen Hilfesuchende, deren Ernsthaftigkeit zur Veränderung nie geprüft wurde, auf im Schnellsiederkurs ausgebildete „Mache alles"-Lebensberater oder ausschließlich ihrer eigenen Lehre verhaftete Medizinmänner. Die Unterscheidung zwischen erfahrenen Kennern der menschlichen Seele und den vielen Möchtegern-Gurus ist für den Hilfesuchenden fast nicht möglich, die Grenzen sind auch fließend. Bildung schützt Menschen keineswegs davor, sich seltsamen Praktiken auszusetzen. Gerade auf Scharlatane, die nur einer einzigen Methode vertrauen, weil sie keine andere haben, trifft der Spruch des großen Abraham Maslow zu:

„Wenn das einzige Werkzeug, das du besitzt, ein Hammer ist; dann bist du geneigt, jedes Problem als Nagel anzusehen" – und diese „Experten" nageln ihre „Klienten" dann auch wirklich fest.

Wenn wir Hilfe brauchen – Tabu Psychopharmaka und Psychotherapie

Die Lösung für bald zehn Milliarden Erdenbewohner kann nicht in der individuellen Psychotherapie oder der Verabreichung von Psychopharmaka liegen. Umso wichtiger ist mir, festzustellen, dass es Situationen im Leben jedes Menschen geben kann, die er selbst nicht mehr ohne professionelle Hilfe lösen kann. Dann führt kein Weg an einem erfahrenen und professionellen Therapeuten vorbei. Und wenn dieser zu dem Schluss kommt, dass für einen überschaubaren Zeitraum die Hilfe von Medikamenten notwendig ist, dann sollten wir das akzeptieren. Natürlich nur, wenn er selbst Arzt ist oder ein Arzt zustimmt. Medikamente sind für den Körper eindeutig eine geringere Belastung, als sich wochenlang in der Nacht schlaflos im Bett zu wälzen und am Tage wie ein Schatten seiner selbst, von seelischem Leid gequält, durchs Leben zu schleichen. Ein guter Therapeut wird auch einen Weg aufzeigen, wie man die Ursachen des Leidens in Angriff nehmen kann. Er wird jedenfalls dafür sorgen, dass sein Klient möglichst schnell wieder handlungsfähig im Alltag wird.

Coaches und Lebensberater

Persönlichkeitsseminare, die von Profis angeboten werden, die sowohl über die nötige berufliche Erfahrung als auch über eine breite Methodenauswahl verfügen, können für psychisch gesunde Menschen durchaus wertvolle Schritte zur Selbstentwicklung sein. Coaches und Lebensberater sind mitunter wichtige Begleiter bei grundlegenden Neuorientierungen im Leben nach Krisen. Bei schwerem seelischen Leid oder echten Traumata sind sie meist überfordert und sollten das auch sich selbst und ihren Klienten eingestehen. Ich weiß, dass ich mir mit diesem Satz nicht nur Freunde machen werde, er scheint mir aber dringend notwendig. Leider herrscht viel Selbstüberschätzung in diesem Gewerbe. Nur die Tatsache, dass jemand selbst mit dem eigenen Leben nicht zurechtkommt, qualifiziert ihn noch nicht automatisch dazu, anderen zu helfen.

„Du lehrst das, was du selbst am meisten brauchst", hängt in einem der besten ganzheitlichen Seminarzentren in den USA als Warnung an der Wand des Referentenzimmers.

NLP – wenn aus einer Taubenphobie eine Trainerplage wird

Wenn Sie gerade einen NLP-Practitioner-Kurs[2] besuchen und Ihr Trainer erzählt Ihnen voller Begeisterung, wie er eine Frau, die jahrelang von einer Taubenphobie geplagt wurde, die auch durch intensive Psychotherapie nicht geheilt werden konnte, in wenigen Minuten davon befreit hat, dann sollten Sie schnellstens Reißaus nehmen – nicht ohne zu vergessen, vorher auf der Rückzahlung des Seminarbeitrags zu bestehen. Genau dieses Beispiel wird in jedem Buch für NLP-Anfänger auf einer der ersten Seiten detailgenau beschrieben und zählt zu den Ikonen der ganzen Lehre. Trainer, die diese Erfahrungen als ihre eigenen ausgeben, zählen mit Sicherheit nicht zu den Leuchten in ihrer Branche. NLP steht für Neuro-Linguistische Programmierung und ist eine in den letzten Jahren sehr populär gewordene Methode auf dem Markt der Persönlichkeitstrainings.[3] Ich habe NLP als Beispiel für das Selbstverwirklichungsgewerbe ausgesucht, weil sich daran alle Chancen und Gefahren leicht darstellen lassen und die meisten davon zumindest schon gehört haben.

Meine erste NLP-Erfahrung war ein zweiwöchiger Kurs bei einem der erfolgreichsten Anbieter im deutschen Sprachraum. Das Seminar war ausgezeichnet organisiert und der Trainer machte das einzig Richtige, nämlich uns authentisch das originäre Konzept von John Grinder und Richard Bandler zu vermitteln. Es waren zwei durchaus lehrreiche und ungemein lustige Wochen, die ich nicht missen möchte. Vor allem nicht den Augenblick, als ich in tiefer Trance von einem mit dem komplexen „Six-Step-Meta-Reframing-irgendetwas"-Prozess völlig überforderten Hauptschullehrer bei „offener Seele" operiert wurde und dieser irgendwann verzweifelt das Handtuch warf – ich konnte meine Seele dann selbst wieder einfangen. Auch Gerti, die uns im Detail schilderte, wie sie sich nach einem Zeckenbiss vor einer Frühsommer-Meningoenzephalitis-Infektion (FSME) bewahrte, indem sie in einen

Dialog mit der Zecke eintrat und diese mit viel Empathie davon überzeugte, sie zu verschonen, wird mir noch lange in Erinnerung bleiben. „Heile dich selbst, sonst heilt dich Gerti" wurde zu einem Leitspruch des Seminars. Übertroffen vielleicht nur von Kurt, der zur späten Stunde am Abschlussabend des Kurses bei seinem Versuch, das Publikum in tiefe Trance zu versetzen, alle in hellwache Aufmerksamkeit zurückholte.

Wo verstecken sich all die strahlenden Erfolgsmenschen?

Im Jahr 2006 hatte ich dann die zweite Möglichkeit, etwas über NLP zu lernen. Diesmal von John Grinder, einem der beiden NLP-Gründer, der mir ganz wesentlich bei meinem damaligen Projekt half. John hat mich mit seinen außergewöhnlichen Fähigkeiten, seiner Kreativität und seinem Humor tief beeindruckt. Es wurde mir auch bewusst, dass der Erfolg von NLP weniger in den tollen Konzepten, sondern vielmehr in seinen genialen Gründern zu suchen ist. Wenn NLP von erfahrenen Trainern vermittelt wird, dann kann es Menschen durchaus helfen, neue Einsichten in ihre Probleme zu bekommen. In dem Augenblick, wo NLP versucht, sich als Universalphilosophie oder Do-it-yourself-Heilungsmethode zu verkaufen, muss es scheitern.

Kurz gesagt, das Grundproblem von NLP ist nicht so sehr die Qualität der Methoden, sondern sind die oft sehr unrealistischen Erwartungshaltungen, die geweckt werden. Haben Sie sich nicht auch schon manchmal gefragt, wo sich denn eigentlich all die hunderttausend charismatischen und ungemein positiven Menschen verstecken, die diese Seminare besucht haben? Das gilt selbstverständlich auch für andere Persönlichkeitsseminare.

Fazit: Persönlichkeitsseminare sind etwas für psychisch stabile Menschen, nicht für solche, die sich gerade in einer schweren Krise befinden oder Traumata durchmachen. Seminare können durchaus wichtige Impulse sein und stellen für viele den ersten

Schritt dar, sich überhaupt einmal in Ruhe mit sich selbst auseinanderzusetzen. Durch Seminare kann man – glücklicherweise – Menschen nicht dauerhaft in ihrer Persönlichkeit verändern und – leider – auch nicht von ihren Ängsten und Leiden befreien. Lehren, die uns scheinbar die schnelle und schmerzlose Befreiung von unseren Verletzungen anbieten, sind Täuschungen und Illusionen. Auf unserem Weg zu unserem höheren Selbst gibt es keine echten Abkürzungen – nur Hinterhalte oder Sackgassen.

Der bitterböse Spruch von Karl Kraus über die Psychotherapie lässt sich auch auf viele andere Lehren anwenden, die glauben, das alleinige Heil der Menschheit entdeckt zu haben:

„Die Psychoanalyse ist jene Krankheit, für deren Therapie sie sich hält."

Fluchtfantasien – warum unsere Probleme treue Reisebegleiter bleiben, wenn wir in ferne Länder flüchten

Der These, dass Reisen die angenehmste Art ist, nach Verletzungen und Krisen neue Orientierung zu suchen, würde ich vorbehaltlos zustimmen. Ich möchte sie nur durch die Tatsache ergänzen, dass in Fällen, wenn wir aufbrechen, um unser Leben zu verändern, alle unsere Probleme als treue Reisebegleiter mit auf die große Reise gehen.

Ein kurzer eigener Erfahrungsbericht: Seit meinem 18. Lebensjahr wollte ich einmal in meinem Leben tibetische Klöster besuchen und die alten Pilgerpfade gehen. Im Jahr 1993 nutzte ich eine akute Lebenskrise, um mir diesen Wunsch zu erfüllen. Das Erste, was ich nach der Ankunft in Tibet merkte, war, dass meine Selbstzweifel und meine Einsamkeit in der dünnen Luft des Himalaya-Gebirges besonders intensiv spürbar waren. „Wer durch Reisen klüger werden will, darf sich nicht selbst mitnehmen", hat schon Sokrates erkannt.

„Einmal im Leben möchte ich den Jakobsweg gehen." Diesen unausgesprochenen Wunsch vieler Deutschen kleidete Hape Kerkeling mit viel Gespür und Humor nach einem Selbstversuch in Worte. Der Megaerfolg seines Buches „Ich bin dann mal weg" hängt jedoch sicher nicht nur mit seiner Prominenz und seinem Schreibtalent zusammen, sondern traf offensichtlich die tiefe Sehnsucht vieler Deutschen, einmal dem Alltag zu entfliehen und auf unbekannten Pfaden in fernen Ländern das eigene Selbst neu zu entdecken beziehungsweise zu erlaufen. Sie liegen damit heute durchaus im Trend. Das war nicht immer so – im Jahr 1970 gab es 68 (!) offiziell registrierte Pilger. Die Anzahl der Pilger am Jakobsweg stieg dann rasant von 25.179 im Jahr 1997 auf 114.026 im Jahr 2007. Die Pilgerreise ist der Bruch mit der Alltagswelt mit dem Zweck der Erreichung eines heiligen Zieles. Wenngleich nur ein geringer Teil der Pilger heute religiöse Motive hat, die Hoffnung auf Erneuerung gehört zur Pilgerfahrt wie zu jeder Reise. „Dieser Weg ist hart und wundervoll. Er ist eine Herausforderung und eine Einladung. Er macht dich kaputt und leer. Restlos. Und er baut dich wieder auf. Gründlich",[4] resümiert Hape Kerkeling nach den rund 800 Kilometern Fußmarsch.

Das wesentliche Reisemotiv ist der Wunsch, die Ordnungsstruktur des Alltags zu verlassen, um in eine andere, bessere Wirklichkeit einzutreten. Reisen akzentuiert die Wahrnehmung der Zeit neu und schärft deswegen unsere Sinne. Die Vorbereitungen, Um- und Neugewöhnungen, die mit jeder Reise verbunden sind, die Befreiung von vielen üblichen Verpflichtungen sind daher tatsächlich eine gute Chance, sein Lebensgefühl zu erneuern. Doch Vorsicht: So wie wir leben, so reisen wir. Soll die Reise daher nicht nur traditionellen touristischen Zwecken dienen, sondern der Neuorientierung und dem Aufbau einer kritischen Distanz zum eigenen Leben, dann sollte man wirklich möglichst anders reisen als man lebt. Die zweiwöchige Südamerika-Intensivtour ist für den Burn-out gefährdeten Manager genauso wenig sinnvoll wie der Rückzug ins Kloster für den unter gänzlicher Einsamkeit Leidenden.

Wenn man an die Beschreibungen der langen Märsche über die von Lastwagen stark befahrenen Straßen des Jakobswegs in der glühenden Sonne Spaniens denkt, kommt man schnell zu dem Schluss, dass bei vielen die Sehnsucht, von daheim wegzukommen, weitaus stärker ist als die Bedeutung des Reiseziels. Doch nur weg zu wollen, ist zu wenig.

Fazit: Reisen sind seit Jahrtausenden ein taugliches Mittel der Neuorientierung. Wenn wir akzeptieren, dass wir mit Reisen nicht den eigenen Problemen davonlaufen können, sind wir gut gerüstet. Manchmal reicht schon ein Wochenende Auszeit, um unsere innere Stimme besser hören zu können. Längere Reisen helfen, unser Leben und unsere Probleme mit mehr Abstand zu sehen. Unser neues Selbst finden wir dann hoffentlich, wenn wir wieder zu Hause angekommen sind.

„In 20 Jahren werden Sie eher von den Dingen enttäuscht sein, die Sie nicht getan haben, als von denen, die Sie getan haben. Lichten Sie also die Anker und verlassen Sie den sicheren Hafen. Lassen Sie den Passatwind in die Segel schießen.
Erkunden Sie.
Träumen Sie.
Entdecken Sie."

Mark Twain

Mit Philosophie und Humor den Seelenschmerz lindern

„Lange Zeit bin ich früh schlafen gegangen". So lautet der erste Satz von Marcel Prousts siebenbändigem Hauptwerk „Auf der Suche nach der verlorenen Zeit". Es geht darin nicht um die verloren gegangene frühere Zeit, sondern um die Suche nach der Vergeudung und den schmerzlichen Verlust von Zeit. Und vor allem geht es um Kränkungen und Seelenschmerz.

Marcel Proust war ein Mensch, der keinerlei Geräusche ertrug, unter Banalitäten unsäglich litt, in den wärmsten Räumen immer nur mit Pelz am Tisch saß, lebenslang an Verstopfungen laborierte und im Alter von nur 51 Jahren unnötigerweise an einer Grippe starb. Allerdings war er begabt mit einem unvergleichlichen Scharfblick für die Marotten, die Nuancen und Feinheiten aller nur denkbaren sozialen und psychologischen Konstellationen. Es gibt wenig, dem sich der Mensch mit größerer Hingabe widmet als dem Unglücklichsein, und wenige, die das besser beschreiben können als Proust. Hätte ein böser Schöpfer uns nur in die Welt gesetzt, damit wir leiden, dann wären wir unserer Bestimmung bestens gerecht geworden. Wir sind wahre Meister des Leidens. Und es gibt ja auch wirklich genug Gründe, untröstlich zu sein: der langsame Verfall unseres Körpers und damit immer schwieriger zu realisierende Fleischeslust, die Unbeständigkeit der Liebe, die Untreue der Frauen, die Untreue der Männer, die Verlogenheit am Arbeitsplatz, die lähmende Routine des Alltags, die Undankbarkeit der Kinder, die nervende Einmischung der Eltern und vieles mehr.

Angesichts dieser Wucht an Kränkungen sollte man annehmen, dass wir uns nichts sehnlicher wünschten als die sofortige und endgültige Auslöschung der eigenen Existenz. Alain de Bottons feinsinnige Einführung „Wie Proust Ihr Leben verändern kann" ist amüsanter, kostengünstiger und vor allem ungefährlicher als viele Seminare und Heilslehren. Er zeigt uns auch, dass Humor ein schnell wirksames Mittel gegen seelisches Leiden ist.[5] Vor allem erspart er uns die Mühe, die 1,3 Millionen Wörter der „Suche nach der verlorenen Zeit" auch wirklich selbst zu lesen. Dazu sollte man wissen, dass es im vierten Band einen Satz gibt, der, würde man ihn auf einen Papierstreifen übertragen, locker vier Meter Länge erreichte. Keine Sorge, diesen Satz erspare ich Ihnen.

Alain de Botton hat eine Art Hausapotheke zusammengestellt, aus der sich allerlei Mittelchen zur Lösung der Probleme, die uns tagtäglich quälen, herausdestillieren lassen – etwa: „Wie man in der Liebe glücklich wird", „Wie man seinen Gefühlen Ausdruck verleiht", „Wie man erfolgreich leidet", „Wie man Freundschaften pflegt", aber auch „Wie man richtig liest" und „Wie man ein Buch aus der Hand legt". Am Ende relativiert Alain de Botton sowohl seinen eigenen Ansatz wie auch das Werk von Proust: „Das Lesen liegt an der Schwelle des geistigen Lebens, es kann uns darin einführen, aber es ist nicht dieses Leben."

Gemüseputzen im tibetischen Kloster oder über glühende Kohlen laufen

Dieser kurze Ausflug in die Philosophie, der ältesten aller Wissenschaften, offenbart uns eine tiefere Weisheit: Das Lesen von klugen Büchern, der Besuch von seriösen Seminaren zu Lernzwecken und von unseriösen zu Unterhaltungszwecken, das Studium von spirituellen Lehren, das tägliche Laufen mit einem Lächeln im Gesicht oder das einmalige, Blasen am Fuß generierende Laufen über glühende Kohlen, der Rückzug für eine Woche ins Kloster oder gar eine Wüstendurchquerung können hilfreiche Vorbereitungen auf die großen Prüfungen in unserem Leben sein – aber sie verändern weder nachhaltig unsere Persönlichkeitsstruktur noch unser Leben. Entscheidende Veränderungen in unserer Persönlichkeit passieren immer nach gravierenden Brüchen, Krisen und Verlusten in unserem Leben – also immer dann, wenn es uns am wenigsten passt. Seminare, Reisen und Bücher können uns helfen, dann in diesen realen Herausforderungen das Wissen und die gewonnenen Fertigkeiten anzuwenden.

Die Beschäftigung mit den alten Weisheitslehren der Menschheit lohnt sich ebenfalls. Von Siddhartha Gautama bis zum strengen Ignatius von Loyola, von den großen griechischen Philosophen bis zur Kabbala zeigt sich, dass Persönlichkeitsentwicklung ein lebenslanger Weg der Suche ist.

Der wesentliche Unterschied zwischen westlichem Denken und den immer populärer werdenden östlichen Philosophien ist die unterschiedliche Bedeutung der Zielerreichung für den Lebenserfolg. Westliches Erfolgsdenken lässt sich auf einen einfachen Nenner bringen: „Du kannst alles erreichen, du musst dir nur klare Ziele setzen, Ausdauer und Motivation entwickeln und die nötigen Techniken kennen – und die lernst du nur durch dieses Buch, Seminar und so weiter."

In den östlichen Lehren sagt der Lehrer seinem Schüler: „Du kannst gar nichts, du bist gar nichts und wenn du bereit bist, dich auf einen langen beschwerlichen Weg mit täglicher Disziplin einzulassen, dann wirst du auch erkennen, dass du Teil von etwas höherem Ganzen bist – und jetzt geh bitte in die Küche und hilf, das Gemüse zu putzen."

Westliches Denken geht davon aus, dass sich mit der Veränderung der äußeren Lebensumstände (Geld, Macht, Liebe) auch die Lebenszufriedenheit verbessert, östliches Denken stellt das Glücklichsein im Augenblick und den Weg dahin ins Zentrum. Das gemeinsame Ziel aller Lehren lautet: Erkenne dich selbst.

Zum Abschluss: Der Stein der Weisen

Unter dem Stein der Weisen, nach dem die Alchemisten jahrhundertelang suchten, verstand man das Geheimnis, unedles Metall in Gold umwandeln zu können. Dieser Transformationsprozess der Elemente sollte durch den Zusatz einer geringen Menge dieser geheimen Substanz möglich sein. Vielen Alchemisten galt der Stein der Weisen zudem als Universalmedizin gegen alle Krankheiten und vor allem gegen den Alterungsprozess. Durch das zunehmende Wissen über chemische Reaktionen und die Beschaffenheit der chemischen Elemente wurde immer klarer, dass die Umwandlung von Eisen in Gold auf den von den Alchemisten angestrebten Wegen unmöglich ist.

An der Sehnsucht des Menschen, mittels geheimer Rezepturen oder anderer Mittel ohne große Anstrengung Unedles in Edles zu verwandeln – am besten gleich sich selbst –, hat sich durch diese Erkenntnisse der Naturwissenschaften nichts geändert. Deshalb verkaufen sich noch immer Badezusätze, mit denen man in einer Woche 20 Kilogramm abnehmen kann, rezeptfreie Arzneien, die den Alterungsprozess stoppen, Seminare, die aus Durchschnittsbürgern Superstars machen, und alle Arten von erlaubten und unerlaubten Glückspillen blendend. Der Glaube an den Stein der Weisen, der uns über Nacht Heilung, Reichtum und ewige Jugend bringt, ist heute um nichts geringer als im Mittelalter. Eine alte Sufi-Weisheit erklärt uns den Grund dafür:

„Falschgold existiert aus drei Gründen:
Die Gier der Menschen ist sehr groß.
Ihre Fähigkeit, zu unterscheiden, ist sehr klein.
Echtes Gold existiert tatsächlich."

---

1   „Sofortige Erleuchtung inkl. Mwst." ist der Titel der deutschen Bearbeitung eines sehr erfolgreichen Bühnenstücks von Andrew Carr mit dem Originaltitel „Instant Enlightenment incl.VAT". Das Stück beschreibt die Mechanismen, mit denen Seminargurus und Sekten Menschen erst alle persönlichen Probleme auswaschen und sie dann um ihr Geld bringen. Die Theaterbesucher erleben ein „Seminar" sehr realistisch aus der Sicht jeweils eines Seminarteilnehmers. Mein Tipp: Unbedingt ansehen, wenn das Stück auf einem Theaterspielplan auftaucht.
2   Practitioner heißt der meist zwei Wochen dauernde Einführungskurs in NLP. Dann folgen Master- und Trainer-Kurse.
3   Folgende zwei Bücher geben einen guten Einblick in die ursprünglichen Konzepte der NLP: Richard Bandler und John Grinder: Metasprache und Psychotherapie – Die Struktur der Magie I, Paderborn, Junfermann-Verlag 1994; und Richard Bandler: Veränderung des subjektiven Erlebens – Fortgeschrittene Methoden des NLP, Paderborn, Junfermann-Verlag 1995. Die beiden Gründer haben sich getrennt und ihre Konzepte in sehr unterschiedliche Richtungen weiterentwickelt. An NLP ernsthaft Interessierten rate ich,

den etwas aufwendigeren Weg zu gehen und Seminare bei einem der beiden Gründer zu machen. Das ist mit Sicherheit gut investiertes Geld, was man von den Angeboten der unüberschaubar wuchernden Nachahmer und Weiterentwickler nicht immer sagen kann.

4 Hape Kerkeling: Ich bin dann mal weg – Meine Reise auf dem Jakobsweg, München, Malik 2006
5 Alain de Botton: Wie Proust Ihr Leben verändern kann, Frankfurt am Main, Fischer 2000

Sieger und Verlierer

Vom Schmerz des Waisenkindes zum Triumph des Helden

Was wir von „Star Wars" und Harry Potter für unser eigenes Leben lernen können

Jede Geschichte ist eine Behauptung über das Leben. Alle großen Erkenntnisse der Menschheit sind in Geschichten gekleidet. Was können wir in diesen Geschichten über Verletzungen lernen?

Die Waisenkindgeschichte ist die archetypische Heldengeschichte. Das Waisenkind ist das Symbol für eine der Urverletzungen des Menschen, das Ausgestoßen-, das Abgelehnt-, das Missbrauchtwerden. Die Geschichte vom Waisenkind findet sich in der Bibel mit dem Aussetzen von Moses im Weidenkörbchen, bei den Gründern von Rom, Romulus und Remus, und setzt sich fort mit Oliver Twist und Pippi Langstrumpf. Auch die modernen Helden Luke Skywalker und Harry Potter sind Waisenkinder – so wie sogar die Comicfigur Batman. Das von aller Welt ausgesetzte Kind bewältigt aufgrund seiner Fähigkeiten alle scheinbar unlösbaren Herausforderungen, wächst über sich hinaus und erobert die Welt. Das gibt uns Hoffnung, dass auch wir in aussichtslosen Situationen unsere größte Angst, die des Wiederverletztwerdens, bewältigen können.

Die Geschichten von Waisenkindern versprechen uns Tröstung, gerade in unserer so mit Angst besetzten Zeit. Es ist kein Zufall, dass eine der erfolgreichsten Hilfsorganisationen der Welt die SOS-Kinderdörfer sind. „Holen wir Waisenkinder wieder in unsere Gesellschaft zurück, indem wir ihnen Eltern, Geschwister und ein Zuhause geben." Wenige Organisationen können ihren Zweck so einfach formulieren, dass wir uns sofort angesprochen fühlen. Tief in unserem Innersten spüren wir alle den Schmerz von Waisenkindern, weil wir selbst bestimmte Facetten eines kleinen Waisenkindes in uns tragen. Wir wurden schon allein gelassen, fühlten uns hilflos und unser Grundvertrauen in die Welt wurde massiv erschüttert.

Der erfolgreichste Film aller Zeiten war kein Zufallstreffer

Die sechs Episoden der „Star Wars"-Saga gelten als die erfolgreichste Filmproduktion aller Zeiten. „Star Wars" ist ein sogenannter Quantum-Film, der völlig unabhängig vom künstlerischen Geschmack Millionen von Menschen und Generationen in vielen Ländern anspricht, weil er Themen aufgreift, die im kollektiven Unbewusstsein der Menschheit abgespeichert sind. Selbst die Besetzung wichtiger Rollen mit unbekannten Schauspielern funktionierte. „Star Wars" ist ein Märchen, in dem viele andere Märchen verpackt sind.

Ganz am Anfang der Geschichte steht ein Waisenkind. Luke Skywalker wächst als Waisenkind auf und gibt sich mit der Erklärung zufrieden, dass sein Vater ein längst verstorbener Jedi-Ritter gewesen sei. Der erste Teil des Filmes kam vor 30 Jahren (!) das erste Mal in die deutschen Kinos und zeichnete noch eine kindliche Gut-und-Böse-Welt. Das hielt viele bis heute ab, sich mit „Star Wars" auseinanderzusetzen, was schade ist. Denn mit jeder neuen Episode entfaltete die Geschichte immer mehr mythische Kraft und auch die Charaktere wurden immer tiefgründiger. Anakin Skywalker, der als junger Held dazu geboren wurde, die ganze Galaxis zu führen, dann aber aus Angst der dunklen Seite der Macht verfällt, gehört sicher zu den komplexesten Heldenfiguren der gesamten Filmgeschichte. Anakin zeigt uns, dass es in jedem Helden immer auch die dunkle Seite gibt, die sich gleichfalls durchsetzen kann – wie im realen Leben.

Eines kann man George Lucas, dem genialen Schöpfer von „Star Wars", sicher nicht vorwerfen: dass er ein kindischer Spinner ist. Die Auseinandersetzung mit den archetypischen Heldenfiguren in Märchen, Sagen und Legenden ist nichts Esoterisches, sondern Pflichtprogramm für jeden Regisseur auf der Welt – nicht nur in Hollywood. Joseph Campbell gilt neben C. G. Jung als einer der herausragenden Mythenforscher des 20. Jahrhunderts. Er untersuchte die Heldengeschichten in vielen Kulturen und fand heraus, dass diese alle nach einem einfachen Muster gestrickt sind. Das was Menschen von Helden lernen sollen, ist offensichtlich unabhängig von der Kultur und der Zeit. Die Stationen, die ein Held im Laufe seiner Geschichte zu bestehen hat, stehen für die Phasen, die wir alle in unserem Leben zu bewältigen haben. George Lucas bestätigte, wie sehr ihn die Forschungen von Campbell beeinflusst hatten, und die Urversion von „Star Wars" hält sich sogar fast sklavisch genau an die Reise des Helden, die Campbell in seinem Buch „Der Heros in tausend Gestalten" veröffentlicht hatte.[1]

Warum Helden immer auf die gleiche Abenteuerreise gehen – und wir mitreisen sollten

Der „Held" steht im Verständnis von Joseph Campbell immer für die Hauptfigur einer Geschichte, ist daher geschlechtsneutral und kann auch zum Beispiel für ein Fantasiewesen wie den Hobbit Frodo Beutlin in „Der Herr der Ringe" stehen. Forrest Gump, ein moderner Don Quichotte, zeigt, dass der Held keineswegs ein Krieger sein muss, der seine Prüfungen mit dem Schwert oder zumindest mit seiner Intelligenz meistert. Seine Waffen sind die des unschuldigen Toren – gerade deshalb lieben wir ihn so. Da „Star Wars", „Harry Potter" und „Der Herr der Ringe" durch die Verfilmungen besonders bekannte Beispiele sind, habe ich sie ausgewählt, um die sieben Stufen der archetypischen „Reise des Helden" zu erklären.

Ich möchte Sie einladen, die klassische Heldenreise zu machen – und dabei Parallelen in Ihrem eigenen Leben zu entdecken. Denken Sie an eine der großen Herausforderungen, die Sie bisher in Ihrem Leben bewältigen mussten, und versuchen Sie in jeder Stufe die Gemeinsamkeit mit Ihrer eigenen Geschichte zu erkennen.

1. Am Anfang lebt der Held ganz normal in seinem Alltag.

Luke Skywalker, der Held von „Star Wars", langweilt sich zu Tode auf der Farm seiner Stiefeltern, Frodo Beutlin aus „Der Herr der Ringe" lebt unbeschwert in Auenland. Harry Potter wohnt am Beginn seiner Geschichte bei seinen tyrannischen Zieheltern und schläft in einem Schrank.

In Ihrem Leben kann das ein normaler Büro- oder Routinetag mit Ihren Kindern gewesen sein.

2. Das Abenteuer ruft.

Der Jedi-Ritter Obi Wan Kenobi fordert Luke Skywalker auf, mit ihm gemeinsam Prinzessin Leia zu retten. Gandalf gibt Frodo den Auftrag, den gefährlichen Ring nach Mordor zu bringen und dort zu vernichten. Harry Potter wird vom Riesen Hagrid der Brief mit der Einladung an die Zauberschule in Hogwarts überreicht.

Bei Ihnen war das vielleicht ein besonders schwieriger Auftrag, das Angebot für einen neuen Job oder die Nachricht über eine schwere Erkrankung.

3. Der Held weigert sich.

Gehe immer den Weg, vor dem du die größte Angst hast, dort liegt deine Erneuerung. Doch weder unsere Filmhelden noch wir tun das freiwillig. In dieser Stufe geht es um Angst. Der Held weigert sich mit einer Vielzahl von Ausreden, die Herausforderung anzunehmen. Luke Skywalker lehnt ab, weil er seine Stiefeltern nicht allein lassen kann, kehrt zu seinem Haus zurück und findet diese von den Truppen des Imperators ermordet. Frodo sagt, er sei nur ein schwacher kleiner Hobbit mit großen Füßen und er könne unmöglich den mächtigen Sauron besiegen.

Im Nachhinein wird uns immer klar, dass wir diesen Ruf gebraucht haben, um aus unserem bisherigen Leben auszubrechen, dass wir gezwungen werden mussten, eine Reise anzutreten, um neue Erfahrungen zu machen.

Sie können sich sicher noch gut erinnern, warum es viele plausible Argumente gab, nicht ins Unbekannte aufzubrechen. Was hat Sie zögern lassen, sich der Herausforderung gewachsen zu fühlen? Wovor hatten Sie Angst?

4. Der Mentor tritt auf.

Alle Heldengeschichten haben eine Figur, die an den berühmten Zauberer Merlin an König Artus' Hof erinnert, der dem Helden beisteht. Bei Luke Skywalker ist das der kleine grüne Yoda, bei Frodo ist es Gandalf und bei Harry Potter Dumbledore. Der Mentor stellt eine der wichtigsten mythologischen Figuren dar. Er steht symbolisch für das Band zwischen Schüler und Lehrer, zwischen Gott und dem Menschen. Wie wir herausfinden werden, spielt der Mentor sowohl in allen realen Biografien in diesem Buch als auch in den wissenschaftlichen Studien eine zentrale Rolle. Es ist eine Lebensweisheit, dass wir einen Mentor benötigen, der uns Rat, Hilfe, Wissen oder auch praktische Fähigkeiten lehrt. Ganz wichtig ist, dass uns der Mentor zwar auf die Prüfungen vorbereitet, er sie uns aber nicht abnehmen kann.

Wer war Ihr Mentor?

5. Die Prüfung, Feinde und Verbündete

In „Star Wars" sind das die zahllosen Begegnungen von Luke mit Darth Vader und die mehrmalige Gefangennahme durch seine Feinde. Aber er findet auch einen unverhofften Verbündeten im Abenteurer Han Solo. Das Auftauchen von unerwarteten Verbündeten, wenn es aussichtslos für den Helden wird, ist typisch für Heldengeschichten, aber auch für unser Leben. Wenn man glaubt, es geht gar nicht mehr weiter, geht es dann doch weiter, wenngleich der Retter vielleicht im Leben nicht immer so attraktiv wie Aragorn in „Der Herr der Ringe" ist, hoffentlich auch nicht so hässlich wie der Zwerg Gimli. Die unerwarteten Verbündeten lösen nicht die Aufgabe für uns, sie zeigen uns dafür, dass wir bereits alles in uns haben, um die Aufgabe zu bewältigen.

Die Prüfung entscheidet in den Heldengeschichten meist über Leben und Tod, aber auch im realen Leben darüber, ob wir wieder aufstehen können oder ob wir liegen bleiben. Jeder, der schon einmal tatsächlich in Todesgefahr war, weiß, dass man sich nie so lebendig fühlt wie in dem Moment, wo man dem Tod ins Auge blickt. Danach ist etwas anderes in uns. Im Augenblick der größten Gefahr erkennen wir, dass wir unsere Angst überwinden können und weiterleben. Dieser Reifeprozess macht uns stärker.

Welche inneren oder äußeren Gegner mussten Sie besiegen? Wer waren unerwartete Verbündete? Was haben Sie durch die Prüfung gelernt, welche neuen Kompetenzen an sich entdeckt, welche Einsichten gewonnen?

6. Die Belohnung

Luke Skywalker erkennt im Laufe der Handlung immer klarer, dass Darth Vader sein eigener Vater ist und kann sich vor dessen Tod mit ihm versöhnen. Der Held wird nach der letzten Prüfung damit belohnt, dass er den Schatz bekommt. Das kann die Erlösung eines ganzen leidenden Reichs sein wie im Gral, ein besonderes Schwert oder auch Zugang zu geheimem Wissen.

Was war Ihre Belohnung nach der bestandenen Herausforderung? Profitieren Sie heute noch davon?

7. Die Rückkehr des Helden

Am Ende der Geschichte kehrt der Held wieder in den Alltag zurück. Aber er ist verändert, er hat die Kluft zwischen dem, was er war, und dem, was er sein könnte, kleiner gemacht – und ist dadurch gewachsen.

Was hat sich an Ihnen verändert, als Sie wieder in Ihre normale Welt zurückgekehrt sind?

Am Anfang ist immer die Verletzung, die den Helden antreibt

In all den beschriebenen Geschichten erkennen wir langsam im Laufe der Handlung, dass dem Helden, schon bevor die Geschichte begonnen hat, eine schwere Verletzung zugefügt wurde. Am deutlichsten wird das bei Harry Potter, dessen Eltern von seinem Hauptfeind Voldemort ermordet wurden und der ihm die Verletzung sogar auf seine Stirn gezeichnet hat, sichtbar. Luke Skywalker weiß nicht, dass er auch die Gene der dunklen Seite der Macht in sich trägt, weil sein Vater eine verbotene Beziehung mit seiner Mutter eingegangen war. Die ganze Kraft, die die Helden durch die Geschichte treibt, kommt aus deren Verletzungen. Sie können diese Urverletzung der Helden beliebig weiterdenken mit Cinderella, Odysseus, König Artus, Oliver Twist, Pippi Langstrumpf und so weiter. Dem Helden wird meist erst am Schluss der Handlung bewusst, was ihn so ungemein antreibt – manchmal gar nicht.

In dem Augenblick, wo der Held aber erkennt, welchen Sinn seine Verletzung in seinem Leben hat, kann er sie erfolgreich in sein Leben integrieren. Sein Leben hat dann plötzlich Sinn, und ein sinnvolles Leben ist immer auch ein erfülltes Leben.

In unserem eigenen Leben geht es darum, uns selbst kennenzulernen, die eigenen Beschädigungen zu verstehen, daraus zu lernen, um uns weiterzuentwickeln. So haben wir die Chance, zu verhindern, dass starke negative Kräfte eines Tages die Macht über unser Leben ergreifen und wir mehr getrieben werden, als wir selbst steuern können.

Das Drehbuch Ihres bisherigen Lebens

Nehmen Sie einen zwei Meter langen Kassenstreifen und schreiben Sie in chronologischer Reihenfolge von links nach rechts alle einschneidenden Erlebnisse Ihres Lebens von der Geburt bis zum heutigen Tage auf. Also die frühesten Erinnerungen an Ihre Eltern, freudvolle und schmerzhafte Erlebnisse aus Ihrer Kindheit und Schulzeit, die erste Liebe, Trennungen, Verluste, berufliche Erfolge und Misserfolge, Schicksalsschläge, die Begegnung mit wichtigen Menschen und so fort. Anschließend forschen Sie, ob Sie in dieser Reihe von scheinbar zufälligen Ereignissen ein Muster erkennen können. Fast alle Menschen, die sich ernsthaft auf dieses Experiment einlassen, entdecken auf einmal Gesetzmäßigkeiten, die sie davor nicht erkannt haben. Achten Sie besonders darauf, ob Sie einen Zusammenhang von Verletzungen und späteren Erfolgen ersehen können.

Sie können Ihr Leben natürlich nicht im Nachhinein umschreiben, sinnvoller und spannender machen wie ein Hollywoodregisseur, aber Sie können einen Einfluss darauf nehmen, wie sich Ihre Lebensgeschichte weiterentwickeln soll. „Morgen ist der erste Tag vom Rest deines Lebens" ist ein Satz, über den sich gar nicht oft genug nachdenken lässt. Dass es wirklich nie zu spät ist, Einfluss auf das Drehbuch seines Lebens zu nehmen, zeigt die folgende wahre Geschichte.

Auch Alfred Nobel lebte nur zweimal

Alfred Nobel wirft die Zeitung weg und vergräbt entsetzt seinen Kopf in den Händen. Man schreibt das Jahr 1888. „Der Kaufmann des Todes ist tot", lautet die Schlagzeile der französischen Zeitung, die auf dem Boden vor ihm liegt.

Sein Bruder Ludwig ist verstorben, doch was er da soeben gelesen hat, ist sein eigener Nachruf. Der Herausgeber der französischen Zeitung hat die beiden Brüder miteinander verwechselt und einen langen Nachruf auf ihn, Alfred Nobel, geschrieben. Darin wird er als Erfinder des Dynamits dargestellt, der dadurch reich geworden sein soll, indem er den Menschen dabei geholfen hat, sich mit dem Sprengstoff gegenseitig umzubringen.

Alfred Nobel ist so schockiert über seinen irrtümlichen Nachruf, dass er beschließt, sein Vermögen zu nutzen, um ein positiveres Vermächtnis zu hinterlassen. Als er acht Jahre später tatsächlich stirbt, stiftet er 95 Prozent seines Vermögens für einen Fonds, der Preise zum Wohle der Menschheit vergibt. Diese Preise sollten als Nobelpreise bekannt werden.

Wenigen Menschen ist es wie Alfred Nobel vergönnt, ihren eigenen Nachruf korrigieren zu können, ihrem Leben eine neue entscheidende Richtung zu geben. Wenige Menschen haben diese zweite Chance so nachhaltig genutzt wie Alfred Nobel.

Haben Sie schon einmal darüber nachgedacht, wann es so weit sein könnte, dass über Sie ein Nachruf erscheint? Stellen Sie sich vor, dass heute Ihr Nachruf erscheinen würde. Was glauben Sie, würden andere Menschen über Sie schreiben und sagen? Und was wäre Ihnen selbst wichtig, das man über Sie schreibt?

Sie werden wenig von dem Gedanken geplagt, was einmal in einem Nachruf über Sie geschrieben sein wird, werden sich manche jetzt denken. Der Wunsch, ein Vermächtnis zu hinterlassen, ist meist männliche Eitelkeit, werden viele Frauen berechtigt einwenden. Denn der Drang, dass der eigene Name den Tod überdauert, hat häufiger zu blutigen Kriegen geführt, um vermeintliche Reiche zu schaffen, als zu Beiträgen für das Wohl der Menschheit, wie die Stiftung des Nobelpreises.

Eine Lebensweisheit können wir aber bei Alfred Nobel erkennen, die wir auch in den fiktiven Heldengeschichten finden werden. Lange Zeit strebt die Hauptfigur mit ganzer Kraft nach der Erreichung bestimmter Ziele, die ihr wichtig sind. Der Held will ganz bewusst etwas erreichen: Geld, Macht, einen geliebten Partner, die Entschlüsselung eines Geheimnisses, die Besiegung eines Feindes. Als unbeteiligte Beobachter erkennen wir aber, dass es zwar das ist, was der Held will, aber nicht das, was er braucht. Das, was er wirklich benötigen würde, um zu wachsen, ist ihm verborgen in seinem Unbewusstsein. Im Laufe der Geschichte gewinnen die wahren Bedürfnisse des Helden immer mehr an Bedeutung, das, was er tatsächlich braucht, bestimmt immer mehr sein Handeln. Ein besonders schönes Beispiel dafür ist der Hirtenjunge Santiago in Paulo Coelhos „Alchimisten", der den Schatz, dem er so lange nachgejagt hat, letztlich in sich selbst findet.

Wir tanzen und spielen zu wenig

Zwei Fragen, die Sie sich selbst über Ihr eigenes Leben stellen können:

Was wollen Sie unbedingt vom Leben, was ist es, dem sie mit aller Kraft nachjagen?

Was wäre das, was Sie tatsächlich brauchten?

Der Wendepunkt zum Guten in einer Geschichte wird oft in dem Moment erreicht, wenn der Held erkennt, was er wirklich braucht, was ihm wirklich wichtig ist. Manchmal dauert es sehr lange, bis man dies für sein eigenes Leben erkennt, selbst dann, wenn man eine so bedeutende Frau ist, wie das die Sterbeforscherin Elisabeth Kübler-Ross war:

„In der Schweiz wurde ich nach dem Grundsatz erzogen: arbeiten, arbeiten, arbeiten. Du bist nur ein wertvoller Mensch, wenn du arbeitest. Dies ist grundfalsch. Halb arbeiten, halb tanzen. Das ist die richtige Mischung! Ich selbst habe zu wenig getanzt und zu wenig gespielt."

Unser Leben ist ein Königreich

Eine der faszinierendsten Geschichten ist die Gralslegende. Der König ist verwundet und leidet. Sein Leiden steht für sein ganzes Reich, das darbt und verkommt. Nur ein junger Ritter, der die richtigen Fragen stellt, kann den König und das Reich erlösen. Parzival scheitert das erste Mal daran, weil er nicht mutig genug ist, den König nach seinem Leiden zu fragen. Er zieht jahrelang mühsam durch die Lande und sucht das Schloss des Königs, während das Reich weiter verfällt. Am Ende gelingt es Parzival, das Schloss wiederzufinden und die richtige Frage zu stellen. Der König ist gerettet und das Reich gesundet.

Auch die Gralslegende ist eine Quantum-Geschichte, die seit Jahrhunderten eine mythische Wirkung auf die Menschen ausübt. John F. Kennedy hat ganz bewusst auf die Sage um König Artus angespielt, als er sein Kabinett als „Camelot" bezeichnete, das legendäre Schloss von König Artus. Welchen Erfolg Dan Brown mit seiner Version der Gralslegende im „Da Vinci Code" hatte, braucht hier wohl nicht ausgeführt werden.

Bei genauerer Betrachtung ist die Gralslegende keine oberflächliche Rittergeschichte, sondern eine vielschichtige Sammlung von Weisheiten und Lehren für den Menschen. Im Gegensatz zu „Star Wars" sind diese aber weit schwieriger zu entschlüsseln und beschäftigen daher heute noch die Forscher. Eine Botschaft ist jedoch ziemlich klar:

Wir sind oft selbst der leidende König, wir merken es nur nicht. Und unser Königreich ist das, was wir aus unserem Leben machen – es leidet mit. Wir spüren, dass etwas nicht stimmt, dass wir von unseren wahren Bedürfnissen abgeschnitten sind. Wenn wir in unserem Inneren leiden, dann stagniert unser äußeres Leben. Wir fühlen uns unglücklich und stellen fest, dass bisherige Antworten auf einmal nicht mehr funktionieren. Wie engstirnige Könige erkennen wir nicht, dass wir alte Angewohnheiten opfern müssen, damit Neues entstehen kann. Nur wenn wir unser Inneres heilen, kann unser Reich, das heißt unser Leben, wieder prosperieren.[2]

Eine Geschichte, von einem Idioten erzählt, voller Schall und Raserei, ohne Bedeutung?

Haben Sie die Argumente in diesem Kapitel überzeugt? Es gab doch keine Argumente, nur Geschichten, werden Sie jetzt einwerfen. Sie haben völlig recht. Eine gute Geschichte und ein gutes Argument sind gänzlich unterschiedliche Dinge. Argumente überzeugen uns von ihrem Wahrheitsgehalt, Geschichten von ihrer Lebensähnlichkeit. Argumente kann man widerlegen – Geschichten nicht.

Eine Geschichte ist auch immer eine Einladung in eine mögliche Welt. Eine Möglichkeit wäre, dass unser Leben einfach eine willkürliche Abfolge von schweren Verwundungen, Freuden und Erfolgen, Lust- und Unlustgefühlen ist, auf die wir keinerlei Einfluss haben. Wir wären dann Spielbälle höherer Mächte oder, noch schlimmer, völlig dem Zufall ausgeliefert. Nicht nur die Karten, die uns am Beginn unseres Lebens zugeteilt werden, wären dann vorgegeben, sondern wir könnten sie im Spiel des Lebens nicht einmal selbst ausspielen. Unser Leben wäre dann

„eine Geschichte, von einem Idioten erzählt, voller Schall und Raserei, ohne Bedeutung", wie Shakespeare in „Macbeth" schreibt.

Die Botschaft, die uns die Heldengeschichten in der Form von Märchen, Mythen und Sagen vermitteln wollen, ist eine andere, eine optimistischere:

Hinter der großen Verletzung jedes Helden steht eine Aufgabe für ihn. Aus der Art, wie die einzelnen Helden in den Geschichten ihre Prüfungen bestehen, können wir lernen, die Gesetzmäßigkeiten unseres eigenen Lebens besser zu verstehen, unserem Leiden Sinn zu geben und daraus unsere Kompetenzen zu entwickeln.

Was wir aus der Reise des Helden für unser eigenes Leben lernen können

1. Verletzungen sind ein wesentlicher Teil unseres Lebens.

Alle Menschen tragen eine Verletzung mit sich. Wir sind weder die Ersten noch die Einzigen, die gezeichnet von dieser Verletzung einen langen Weg gehen müssen. Wir sind auch nicht schuld an dieser Verletzung. Wir müssen diesen Weg aber nicht allein gehen. Wir können von denen lernen, die diesen Weg schon seit Tausenden von Jahren gegangen und deren Erfahrungen in Geschichten festgehalten sind. Dieses Wissen wurde früher an den Lagerfeuern von Generation zu Generation weitergegeben. Danach gab es Bücher und Filme.

2. Verletzungen in unserem Leben haben einen Sinn.

Verletzungen gehören zu den stärksten Antriebskräften in unserem Leben. Sie haben einen Sinn, hinter dem unsere Lebensaufgabe steht. Es liegt an uns, diesen tieferen Sinn im Laufe unseres Lebens zu entdecken und in unsere Lebensgeschichte zu integrieren. Machen wir aus unserem Leben eine Geschichte, viele Geschichten – und das Leben wird besser sein.

3. Wir verlassen nicht freiwillig den Pfad unserer Gewohnheiten und unser geschütztes Heim.

Wie in jeder fiktiven Heldengeschichte brechen wir nicht freiwillig aus unserem gewohnten Alltag aus, um uns unbekannten Gefahren auszusetzen. Im Gegenteil, wir wehren uns so lange wie möglich dagegen. Wir werden durch äußere Kräfte dazu gezwungen, aufzubrechen und uns Prüfungen oder Gefahren zu stellen.

4. Der Sinn von Prüfungen ist die Konfrontation mit unserer Angst, dort wieder verletzt zu werden, wo es am meisten schmerzt.

Erst wenn wir uns der Verletzung stellen, erleben wir, dass wir nicht daran zugrunde gehen. Wir erleben den Schmerz wieder, wir müssen nicht sterben, wir können die Angst überwinden, wir überleben. Diese Erfahrung macht uns freier.

5. Das wahre Ziel jeder Heldenreise ist nicht, anzukommen, sondern die Suche nach dem höheren Selbst.

Harry Potter musste als Waisenkind viel Zeit in Einsamkeit verbringen, eines seiner größten Talente liegt in der Fähigkeit, Freunde zu finden – er entwickelt hohe soziale Kompetenzen. Er wird von seinem Onkel und seiner Tante gegenüber seinem Cousin extrem ungerecht behandelt – er entfaltet ein hohes Verantwortungsgefühl für andere. Als Waisenkind ist ihm bewusst, dass es viel Leid und Schmerz gibt – daher kämpft er für eine bessere Welt.

Erfolg auf der Reise heißt, den Unterschied zwischen dem, was wir sind, und dem, was wir sein könnten, zu verringern. Wären wir nicht gezwungen gewesen, aufzubrechen, hätten wir uns nie unserer Verletzung gestellt und auch nicht neue Kompetenzen in uns entdecken können. Das erkennen wir natürlich erst, wenn wir wieder an den Anfang zurückgekehrt sind. Der Kreis hat sich geschlossen. Wir sind bereit, zur nächsten Reise aufzubrechen, aber wir sind stärker, erfahrener und haben weniger Angst.

„Was nützt es uns, zum Mond zu fliegen,
wenn wir die Kluft, die uns von uns selbst trennt, nicht überwinden können.
Das ist die wichtigste aller Entdeckungsreisen,
und ohne sie sind alle übrigen nutzlos."
Antoine de Saint-Exupéry

---

1   Joseph Campbell: Der Heros in tausend Gestalten, Frankfurt am Main, Insel 1999
2   Carol S. Pearson: Awakening the Heros Within, New York, Harper 1991, S. 49 ff.

Der Schlüssel
Warum in unserer tiefsten Verletzung unser größtes Talent verborgen ist

Es gibt eine direkte Beziehung zwischen Verletzung und Talent. Die Tiefe der Verletzung hat jedoch nichts mit der Größe des Talents zu tun. Sonst würde man schnell bei der Überlegung landen, dass man nur die Anzahl der verletzten Kinder steigern müsste, um die Wahrscheinlichkeit eines kommenden Literaturnobelpreisträgers zu erhöhen. Der Schlüssel liegt darin, welche Bedeutung wir selbst einer Verletzung geben. Davon hängt in hohem Ausmaß ab, ob wir diese Verletzung als Quelle für ein Talent nutzen können oder ob sie als Infektionsherd für eine negative Lebenseinstellung in uns wuchern kann.

Es gibt leider keine moralische Verknüpfung zwischen Verletzung und Talent. Aus sehr verletzten Menschen können Charakterschweine werden, die sich sehr erfolgreich in Wirtschaft, Politik und Kunst durchsetzen. Aus sehr verletzten Menschen können liebe Mitbürger werden, die leider überhaupt nichts zustande bringen. Auch aus wohlbehüteten Zöglingen mit der besten Erziehung kommen manchmal nur Hände küssende Langeweiler heraus. Viele der erfolgreichsten Unternehmer, Manager, Politiker und Medienleute haben nie mehr als die Pflichtschule geschafft und stammen aus einfachsten Verhältnissen. Es muss also andere, stärkere Kräfte geben als Ausbildung und Herkunft, die über Erfolg oder Scheitern entscheiden.

Eines haben die Lebensgeschichten von Menschen, die für sich selbst und andere etwas geschaffen haben, gemeinsam. Alles Große kommt fast immer aus nicht eingelösten Sehnsüchten.

Die Sehnsüchte von Kindern sind sehr einfach. Sie haben mit Liebe, Wärme, Zugehörigkeit und Schutz zu tun. Bleiben diese ersten Sehnsüchte unerfüllt, ja werden sie Kindern gar ausgetrieben, dann bestimmen diese Verletzungen oft deren ganzes Leben.

Vieles was wir in unserem Leben tun oder auch unterlassen, wird von der Angst bestimmt, wieder dort verletzt zu werden, wo es am schmerzhaftesten ist. Die zahllosen Strategien, die wir uns ausdenken, die weiten Umwege, die wir gehen, um der Konfrontation mit unseren Verletzungen auszuweichen, sind auch Möglichkeiten, um aus unserem Schmerz Kompetenzen zu entwickeln.

Drei Beispiele, zwei Künstler und ein Wissenschaftler werden dieses Prinzip verdeutlichen. Sie können es aber auch im Leben anderer Menschen und in Ihrem eigenen entdecken.

Die zweifache Errettung des Peter Turrini

„Das was später mein Talent, meinen Beruf oder gar meine Berufung ausgemacht hat, war ein ganz und gar unfreiwilliger Vorgang. Ich wurde kein Schriftsteller, weil ich das wollte, sondern weil ich es musste. Meine tiefste Empfindung, an die ich mich erinnern kann, war, dazugehören zu wollen, ein echter Kärntner Bub zu sein. Ich wollte so sein wie die anderen, weil man als Kind einfach nicht allein sein will."

Peter Turrini wächst in bäuerlicher Umgebung während der 1950er Jahre in Kärnten auf. Seiner Sehnsucht nach Normalität stehen zwei Dinge entgegen. Das eine ist die angeborene Sensibilität, die seine Mutter noch durch Geschichten von einer gerechten Welt verstärkt. Das andere ist der Umstand, dass sein Vater als Ausländer nicht wirklich deutsch spricht und sich als Kunsttischler auch nicht in die dörfliche Umgebung einfügen kann. Als Kind versteht Turrini nie, warum seine Familie so anders sein soll.

Dazu kommen noch Erfahrungen mit den Dorfkindern, die durch die schwere Arbeit und die harte Erziehung verstockt oder aggressiv sind. Die archaische Gewalt der Eltern schlägt massiv auf die Kinder, mit denen er aufwächst, durch. Eine beliebte Freizeitbeschäftigung besteht darin, Katzen zu quälen oder Frösche aufzublasen.

Wenn der Dorflehrer etwas fragt, gerät Turrini ständig in die Zwickmühle, dem Lehrer zu zeigen, was für ein intelligenter Bursche er ist, oder sich noch mehr von seinen Mitschülern auszugrenzen. Diese Zerreißprobe führt schließlich zur Inneren Emigration Turrinis. Er findet einen Fluchtweg aus seiner furchtbaren Realität.

Die Ausdenkung

„Die Entdeckung, dass ich in meine Fantasie flüchten konnte, hatte einen Vorteil. Endlich konnte ich bestimmen, was Rede und Gegenrede war. In der realen Welt des Spielplatzes, die ich noch immer vor Augen habe, wies man mich mit ‚Schleich dich' ab. Doch die Fantasie ermöglichte mir ganz andere Dialoge, die natürlich auch für mich viel besser ausgingen. Dann baute ich mir in der Fantasie mit der Sprache eine eigene Welt, in der es sich gut leben ließ. Dieser Mechanismus, dass man die Welt nicht aushält und daher in diese Welt flüchtet, beherrscht mich noch heute. Daher überkommen mich Depression und Angst, wenn ich länger nicht schreiben kann."

Im Schloss

Die entscheidende Weichenstellung für sein Leben erfolgt, als Turrini 14 Jahre alt wird. In seinem Dorf Maria Saal lebt der Komponist Gerhard Lampersberg, der später in Thomas Bernhards Buch „Holzfällen" ungerechtfertigterweise negative Berühmtheit erlangen soll. Lampersberg erkennt das große Talent des ganz jungen Turrini und lädt ihn auf sein Schloss. Dort findet er Zugang zu anderen später bekannten Schriftstellern wie H. C. Artmann und Thomas Bernhard. Turrini nützt diese Chance, aus der ihm fremden bäuerlichen Welt zu entfliehen und findet dort ein zweites Zuhause. Dem Dorf und seinen Eltern wird er dadurch noch fremder. Peter Turrini bestätigt, was die Wissenschaft über den Unterschied von Siegern und Verlierern herausgefunden hat: Es bedarf zumindest eines Menschen, der die Rolle des Förderers und Mentors ausübt. „Lampersberg hat einen ganz entscheidenden Einfluss auf meine Biografie genommen, einfach dadurch, dass er mich ernst genommen hat. Das gab es sonst nirgends für mich. Dafür bin ich ihm bis heute so dankbar. Er übernahm quasi von meinem vierzehnten bis zum achtzehnten Lebensjahr meine ästhetische Erziehung."

Die Ausbildung in einer Handelsakademie folgt dagegen dem offensichtlich fast zwangsläufigen Pfad von Schriftstellern in der Schule – ein Unglück ohne Ende mit Durchfallen und sich aneinanderreihenden Katastrophen. Peter Turrini wird zu Sendungen ins Radio über Lyrik eingeladen, das hindert seinen Deutschlehrer aber nicht, ihm einige „Nicht genügend" in Deutsch zu geben. Danach kämpft sich Turrini einige Jahre mit harter Arbeit im Straßenbau und in Fabriken durch. Er provoziert die Verlage, denen er seine Stücke schickt, mit Briefen wie: „Ich arbeite in einer Bimssteinfabrik und habe beiliegende Gedichte geschrieben." Entsprechend zynisch sind die Antworten der Lektoren: „Bleiben Sie lieber beim Bimsstein." Seinen ersten Durchbruch feiert er mit 26 Jahren mit dem für seine Zeit radikalen Stück „rozznjogd", das einen Theaterskandal liefert, der weit über Österreich hinausschwappt. Es katapultiert Turrini in die Topliga der deutschsprachigen Theaterautoren. Nunmehr jagt ein Erfolg den nächsten.

Ein paar Schritte zurück aus dem Loch

„Ihr könnt ein Kind nicht allein hier stehen lassen."

Der diesen Text spricht, ist kein Kind, sondern der 35-jährige Erfolgsautor Peter Turrini mitten während der Dreharbeiten für die große ZDF/ORF-Produktion „Alpensaga", auf dem Bühnenset stehend. Dann fordert er lautstark, dass man ihm Honigmilch bringen möge, die er als Kind von seiner Mutter zur Tröstung bekommen hatte. Seine verzweifelten Filmkollegen versuchen ihm zu helfen, wieder in die Realität zurückzufinden.

Doch Turrini fällt völlig in die Vergangenheit zurück. „Das war, wie wenn eine Eisdecke einbricht, und plötzlich schwemmte es einen Schwall von Empfindungen, von Zorn, Angst, von Gerüchen und Menschen über einen. Alles Geschichten, die über 20 Jahre zurücklagen. Es war eine Zeitverschiebung radikalster Art. Das Vergangene meiner Kindheit, die Ausgrenzung muss damals so bedrängend, so Angst machend gewesen sein, dass es sich nicht länger unter dieser Eisdecke des Erfolgs einfrieren ließ. Denn plötzlich war ich wieder dort, wo alles so schrecklich war."

Als Turrini schließlich den Kopf nicht mehr bewegen kann und ständig den Wunsch hat, sich umzubringen, ruft er in der Psychiatrischen Klinik des Allgemeinen Krankenhauses (AKH) in Wien an. Er tut so, als ob er Auskünfte für einen Freund, der selbstmordgefährdet sei, einholt. „Ich konnte so schwer für mich akzeptieren, dass ich Hilfe brauchte." Im AKH realisiert man schnell, um wen es wirklich geht, und Turrini verbringt drei Monate auf der Psychiatrie.

Der Psychiater, Professor Strotzka, erkennt, dass alle Medikamente nicht wirklich zu einer Besserung führen und gibt Peter Turrini den Auftrag, dass dieser ihm jeden Tag bei der Visite ein Gedicht vorlegen müsse, sonst komme er nie wieder raus. Der Vorschlag scheint absurd – die Diagnose ist goldrichtig. Turrini hat die Sprache verloren und damit auch seinen Rettungsmechanismus aus der Kindheit selbst blockiert. Je mehr sich Turrini wieder in die Satzbauten und Wortbrücken verlieren kann, desto besser geht es ihm. Nach drei Monaten interner und noch einem Jahr externer Therapie bei Strotzka entlässt ihn dieser scherzhaft mit den Worten, er wolle ihn nicht völlig heilen, um nicht seine Kreativität zu gefährden. „Das wichtigste Kapital eines Schriftstellers ist eine unglückliche Kindheit", hat schon Ernest Hemingway erkannt.

Die Gedichte, die in seiner Zeit in der Psychiatrie entstanden sind, gibt Turrini später unter dem Titel „Ein paar Schritte zurück" heraus. Sie werden völlig unerwartet ein riesiger Erfolg und in 30 Sprachen übersetzt. Es muss eine Internationale der Empfindungen geben, die den pubertierenden Kärntner Jungen mit dem in Mississippi oder dem in Korea verbindet.

„Die erste Rettung meines Lebens war eine literarische durch Lampersberg und die zweite war eine psychoanalytische durch Strotzka. Ich habe später auch einmal in einer Psychiatrischen Klinik vor allen Ärzten, Pflegern und Patienten aus ‚Ein paar Schritte zurück' gelesen und meine eigenen Erfahrungen erzählt. Meine Offenheit stieß natürlich auf große Überraschung, sie ist aber ein Ausdruck meiner Dankbarkeit."

„Der Rest ist Scheiße, was sonst"

Die Kindheit von Martin Scorsese würde sich perfekt als Drehbuch für einen Martin-Scorsese-Film eignen. Der spätere Oscarpreisträger und Regisseur von Meisterwerken wie „Taxi Driver", „Die letzte Versuchung Christi", „Casino" und „Departed: Unter Feinden" wächst in Little Italy in Manhattan auf, wo die Sizilianer gegen die Neapolitaner kämpfen, die Italiener gegen die Iren. In einer Welt, in der die katholische Kirche die geistliche und die Gangster die weltliche Herrschaftsform bilden. Jeder der dort aufwächst, kann zwar dieses Ghetto verlassen, das Ghetto in sich selbst kann man aber nie loswerden.

Der kleine Martin bleibt durch seine schweren Asthmaanfälle von den rauen Kämpfen der Straßenkinder zwar ausgeschlossen, aber Gewalt und Kriminalität sind für ihn stets präsent. Es ist unmöglich für ihn, unberührt durch diese Hölle seiner Kindheit zu gehen. Die wichtigste Überlebenstaktik der meisten Menschen besteht darin, nicht genau hinzublicken und bestimmte Dinge scheinbar zu übersehen. Martin Scorsese schaut ganz genau hin. Er sieht die Gewalt und das Elend aus einer Perspektive, die wir später in seinen Filmen erleben würden: der Blick vom Fenster hinab auf die Straße, mit einer Mischung aus Anteilnahme und Distanz, Mitleid und Grauen. Schon früh begeistert er sich für das Kino, das für ihn mehr als eine Flucht aus seiner tristen Realität bietet.

Allein in seinem Zimmer sitzend bastelt er kleine Bühnen, entwirft Kostüme für imaginäre Werke und kleine Sets für seine Pappfiguren. Seine dreidimensionalen Modelle imitieren schon die Szenen in den Aufnahmestudios und haben selbst in ihrer bescheidenen Anmutung den Charakter von Bühnenbildern von Opern, die seine Filme später auszeichnen würden. Die Kirche und die Straße gehören für ihn zusammen, denn Priester und Gangster sind die am meisten respektierten Männer in Little Italy. Das erklärt auch später berühmte Aussprüche in seinen Filmen wie „Du zahlst für deine Sünden nicht in der Kirche. Du zahlst auf der Straße. Du zahlst zu Hause. Der Rest ist Scheiße, was sonst", die er Weltklasseschauspieler wie Harvey Keitel sagen lässt.[1]

Viele andere Biografien späterer Hollywoodregisseure ähneln in frappanter Weise der von Martin Scorsese. Es sind Kinder zerfallender weißer Mittelstandsfamilien, die oft wegen kleiner körperlicher Gebrechen, längerer Krankheiten oder wie bei Steven Spielberg wegen extremer Unsportlichkeit aus den harten Straßenspielen der Gleichaltrigen ausgeschlossen waren. Kinder, die schon sehr früh gelernt haben, sich in ihrer Fantasie Entschädigung für dieses Ausgeschlossensein zu verschaffen.

Ein Leben, unglaublich wie eine Halluzination

Milton H. Ericksons Spitzname in der Schule lautet „Dictionary", was in seinem Unverständnis im Umgang mit dem Wörterbuch begründet liegt. Er ist Legastheniker und gilt lange Zeit als zurückgeblieben – eines der vielen Leiden, die er in seinem Leben bewältigen wird. Er nimmt diese erste Hürde, indem er übt, die schwierigen Buchstaben in Halluzination vor sich zu sehen.

Kurz nach Abschluss der Highschool erkrankt Erickson 1919 an Kinderlähmung. Er fällt ins Koma, kämpft mit dem Tod und kommt erst drei Tage später wieder zu Bewusstsein – vollkommen gelähmt. Bewegungsunfähig sitzt er in einem Schaukelstuhl. Der intensive Wunsch, aus einem Fenster zu blicken, führt dazu, dass sich der Schaukelstuhl leicht bewegt. Dieses Erlebnis motiviert Erickson, weiter zu üben. Durch das Training seiner Imaginationsfähigkeiten bewirkt er, dass die Nervenbahnen seiner gelähmten Muskeln wieder zusammenwachsen. Nach knapp einem Jahr hat er es geschafft, er kann sich mithilfe der Krücken bewegen und besucht die Universität von Wisconsin. Entgegen dem ärztlichen Rat, sich auszuruhen, begibt er sich jedoch auf einen inzwischen legendären 1200 Meilen langen Kanu-Trip auf dem Mississippi. Dabei erreicht er wieder eine enorme körperliche Stärke. Zwei Jahre später kann er ohne Krücken gehen, lediglich ein Hinken auf der rechten Seite bleibt.

Auf der Universität ist er fasziniert von den Möglichkeiten der Hypnose, er übt unentwegt, erarbeitet unterschiedliche Techniken und erforscht die Einflussmöglichkeiten von Menschen. 1953 erkrankt Erickson erneut an Kinderlähmung in Verbindung mit Muskeldystrophie. So weit es ihm möglich ist, setzt er jedoch seine bis dahin umfangreichen schriftstellerischen Tätigkeiten und Vortragsreisen fort. Wegen seines sich zunehmend verschlechternden Gesundheitszustands stellt er 1969 seine Vortrags- und Reisetätigkeiten ein; 1974 gibt er auch seine private Praxis auf. Ab 1976 erkrankt er ein drittes Mal an Kinderlähmung, einhergehend mit Muskelschwund und multiplen Schmerzzuständen. Danach bleibt er auf den Rollstuhl angewiesen, sein Gesicht ist halbseitig gelähmt. Die optimistische Ausstrahlung dieses körperlich schwer kranken Mannes fasziniert seine Studenten und Forscher aus der ganzen Welt, die ihn bis zum Ende besuchen.

Milton Erickson steht für ein Denken, das in erster Linie nicht nach Abgründen und Defekten sucht, sondern nach inneren Kräften, die das jeweilige Problem vielleicht lösen könnten. Insofern war er auch ein Vorbereiter der Positiven Psychologie. Am 25. März 1980 stirbt Erickson in seinem Haus in Phoenix. „Die Ressourcen, die du brauchst, findest du in deiner eigenen Geschichte", hat er einmal gesagt.

Der Pfad von der Verletzung zum Talent – Wege und Irrwege

Peter Turrini entwickelt aus dem Schmerz des Ausgeschlossenseins die Fähigkeit, sich mit Wörtern eine andere Welt zu bauen. In den von ihm geschaffenen Welten haben die Ausgeschlossenen eine Stimme. Martin Scorsese gelingt es, mit Bildern die Gewalt seiner Kindheit zu verarbeiten. Er nutzt seine Intelligenz und Kreativität, nicht um selbst ein Verbrecher zu werden – er wird auch nicht ein ohnmächtiges Opfer –, sondern zu einem der bedeutendsten Filmregisseure der Geschichte. Milton Erickson erfindet für sich immer neue Wege, mit seiner Vorstellungskraft seine Krankheiten zu bekämpfen. Jeden gesundheitlichen Rückschlag sieht er als Herausforderung, um sich etwas Neues einfallen zu lassen, um nicht zu einem Leben in Isolation, Schmerz und Depression verurteilt zu werden. Er teilt seine Erkenntnisse über Hypnose mit der Welt und wird zu einem grandiosen Lehrer und Wissenschaftler. Seine Lehren helfen Menschen mit weit geringeren Problemen, besser zurechtzukommen.

Entscheidend bei all diesen positiven Beispielen ist, dass die Betroffenen ihre Anstrengungen auf Gebiete richten, auf denen sie über natürliche Talente verfügen. Allein die Tatsache, dass sich ein einsamer und ausgestoßener kleiner Junge in seine Fantasie flüchtet, ist keine Garantie dafür, dass aus ihm einmal ein großer Künstler wird. Ganz im Gegenteil, gerade in der Kunst führt Mittelmäßigkeit zu besonders brutaler Ablehnung, die dann für neue Verletzung sorgt. Neugier und Interesse allein werden bei nur durchschnittlicher kognitiver Begabung auch nicht zu großen wissenschaftlichen Durchbrüchen führen.

Take off oder Schubumkehr

„Glück ist Talent für das Schicksal."

Novalis

Einfach gesagt, die Kraft, die Menschen aus ihrer Verletzung entwickeln, richtet sich nicht zwangsläufig auf ein Gebiet, auf dem sie auch realistische Chancen haben, gute Leistungen zu erzielen. Der innere Zwang von Menschen, ihre Defizite in Stärken zu verwandeln, hat Kunstwerke, Philosophien, Entdeckungen, Erfindungen hervorgebracht genauso wie Zerstörung, Massenmord, Diktatur und Unterdrückung. Kräfte ähnlich einer Flugzeugturbine können durch tiefe Verletzungen freigesetzt werden. Sie können Aufstiege in unglaubliche Höhen ermöglichen, aber auch Abstürze und völlige Selbstzerstörung verursachen, wenn sich ihre Wirkung wie bei einer Schubumkehr in die falsche Richtung entlädt – nämlich gegen andere oder gegen sich selbst.

Große Talente wie Peter Turrini, Martin Scorsese und Milton Erickson werden sich fast immer gegen alle Widerstände durchsetzen. Es geht aber darum, dass jeder Mensch angeborene Talente hat. Wenn er seine Anstrengungen darauf richtet, können sie ihm zu Erfolg und einer positiven Bewältigung seiner Verletzungen verhelfen. Es ist sinnvoll, seine natürlichen Begabungen zu akzeptieren. Unsere ganze Erziehung und Schulzeit sind aber nicht darauf ausgerichtet, diese Talente zu erkennen, ganz im Gegenteil, sie zerstören diese oft eher. Schule stopft uns mit Wissen voll und konzentriert sich auf unsere Schwächen, in der irrigen Annahme, damit unsere Lebenschancen zu steigern. Die wenigsten Menschen kennen ihre Talente und durchlaufen einen mühsamen Prozess aus Fehler und Irrtum und vergeuden dabei viele Anstrengungen auf Gebieten, auf denen es ihnen an Talent mangelt. Diese Misserfolge nähren dann weiter ihre Selbstzweifel. Es fehlt uns allein schon an der Sprache, um die Stärken von Menschen genau zu beschreiben. So präzise und vielfältig unsere Schilderungen von Schwächen sind, so einsilbig und oberflächlich bleiben die Versuche, die eigenen Stärken überhaupt in Worte fassen zu können.

Gegen alle Wahrscheinlichkeiten – die Kraft der Kompensation

Es gibt auch Fälle, in denen Menschen ungeheure Leistungen auf Gebieten erzielen, auf denen sie keine natürlichen Talente haben. Sylvester Stallone hatte zwar einen starken Körper, war aber nicht primär mit einem großen schauspielerischen Talent geboren. Auch bei ihm waren es ein starker Wille und die Zähigkeit, eine Unzahl von Abweisungen zu ertragen, um dann nicht nur das Drehbuch von „Rocky" einem Produzenten zu verkaufen, sondern auch die Hauptrolle für sich selbst durchzusetzen. Boris Becker war im Tennisleistungszentrum seiner Heimatstadt Leimen als Kind so schlecht, dass man ihn zu den Mädchen steckte. Ed Moses, der spätere zweimalige Olympiasieger über 400 Meter Hürden, hatte in der Schule keinen einzigen Wettbewerb gewonnen. „In jeder Niederlage steckt ein Sieg", erklärte er später seine ungeheuren Energien im Training.

Das Phänomen, das diese Erfolgsgeschichten erklärt, heißt Kompensation. Man kann sich vorstellen, welche ungeheuren Willenskräfte freigesetzt werden müssen, um sich auf Gebieten durchzusetzen, auf denen man über keine natürlichen Begabungen verfügt oder sogar behindert ist. Man kann folglich aus der Wut und dem Schmerz auch auf einem Gebiet, für das einem im Grunde die Veranlagung fehlt, trotzdem Weltklasse werden, indem man kompensiert. Dies ist aber der weit schwierigere Weg und die Wahrscheinlichkeit des Scheiterns ist wesentlich größer. Das verblüffendste Beispiel einer Überkompensation von Kinderlähmung lieferte die Afroamerikanerin Wilma Rudolph, die als 17. von 19 Kindern eines Hafenarbeiters geboren wurde. Mit vier Jahren an Kinderlähmung erkrankt, erst mit acht wieder gehfähig, lief sie mit 21 Jahren Weltrekord über 100 Meter und wurde 1960 dreifache Olympiasiegerin.

Die Paralympischen Spiele für Sportler mit körperlicher und die Special Olympics für Sportler mit geistiger Behinderung sind Beispiele für Menschen, die herausragende Leistungen auf Gebieten erbringen, auf denen sie mit starken natürlichen Benachteiligungen zu kämpfen haben. Milton Erickson und Stephen Hawkings haben ihre körperlichen Defizite in beeindruckende intellektuelle Leistungen transformiert.

Das Cyrano-Syndrom

Narses, ein von der Gicht geplagter Zwerg und Eunuch dazu, befehligte das byzantinische Heer, das im Jahre 533 bei Neapel die Goten vernichtete. Napoleon, Lenin und Stalin waren klein von Wuchs, Lord Nelson und Friedrich der Große schwächlich obendrein. Nicht nur Diktatoren und Feldherren, sondern auch die Friedensnobelpreisträgerin Mutter Teresa waren nur 1,52 Meter groß. Prinz Eugen von Savoyen, ebenfalls klein und mit einem mageren Gesicht versehen, aus dem nur die lange Nase herausragte, musste zusätzlich noch die Demütigungen Ludwigs XIV. ertragen, der seine Mutter einst geliebt hatte. So trat er mit 19 Jahren in österreichische Dienste ein, war mit 24 bereits Feldmarschallleutnant und schlug immer wieder die Türken und die Franzosen. Er wurde 13 Mal verwundet und galt als größter Feldherr seiner Zeit – ein kleiner Emigrant mit einem unvorteilhaften Äußeren.

Kann es ein Zufall sein, dass die Idealgestalten des David und des Moses dem Meißel Michelangelos entsprangen, der ein kleiner Mann mit verbeulter Nase war, für seine Zeitgenossen „der hässlichste Künstler weit und breit"? Literarisch wird dieses Phänomen im Helden Cyrano de Bergerac verarbeitet, der alle Schlachten mutig gewinnt und auch mit einem poetischen Geist ausgestattet ist, aber durch seine lange Nase entstellt, nie den Mut findet, seiner angebeteten Roxane seine Liebe zu gestehen. Erst in der Schlussszene, wenige Augenblicke vor seinem Tod, erkennt Roxane, wer ihr all die wunderbaren Briefe von der Front geschrieben hat. Cyrano steht für alle, die im Leben Dinge erreichen, wovon andere nur träumen, gepeitscht vom Schmerz ihrer eingebildeten oder tatsächlichen Entstellung, getrieben von der Sehnsucht nach dem für sie Unerreichbaren – dem Geliebtwerden.

Nicht jeder Zwerg wird ein Feldherr und nicht jeder Stotterer wie Demosthenes ein großer Rhetoriker. Aber Stotterer und Zwerge sind stärker als Schöne und Gesunde motiviert, eine geniale Begabung auch tatsächlich in geniale Werke umzusetzen. Noch stärker als seelische Konflikte wirken angeborene und oder früh erworbene Missbildungen, weil sie so unabänderlich und nicht zu verbergen sind. Sie machen solcherart Gezeichnete schon als Kinder zum Opfer von Spott und Häme. Trotzdem können derartige Defekte in begabten Menschen das beschädigte Ich durch schöpferische Tätigkeiten heilen – im Negativen zu Rachsucht und Machtgier treiben.

Adolf Hitler, Nelson Mandela und die zwölf Apostel

Welche gewaltigen positiven Energien und welch ungeheure Zerstörungskraft in der Transformation von Verletzung in Talent liegt, zeigen die Beispiele von Nelson Mandela und Adolf Hitler. Mandela wurde bekanntlich 27 Jahre lang von seinen Gegnern im Gefängnis eingesperrt und hätte nach seiner Freilassung alle Möglichkeiten gehabt, sich an seinen Feinden zu rächen. Er entschied sich aber für die Vergebung und sein Beispiel war die Voraussetzung für den beginnenden Versöhnungsprozess in Südafrika.

Adolf Hitler wurde in seiner Jugend aufs Brutalste von seinem autoritären Vater geschlagen und gedemütigt, schaffte dann den Aufstieg vom Männerasyl zum umjubelten Führer eines ganzen Volkes. Sein Weltbild vom Lebensrecht des Stärkeren, von der Grausamkeit und der Härte gegen andere Rassen wurde in dieser Schule der Gewalt gebildet und ließ ihn nie wieder los. Sein unstillbarer Hass machte ihn zum Mörder an Millionen von Menschen. „Getrieben von der schwärenden Rachsucht des Untauglichen, des zehnfach Gescheiterten, habe Hitler die Welt sich zu Füßen legen wollen", schrieb Thomas Mann.

Der Weg von der Verletzung zum Talent unterwirft sich keinerlei moralischen Schranken. Ob aus einem Kind, das seine Schwester in frühen Jahren durch eine Infektion verloren hat, später einmal Robert Gallo wird, der den HIV-Virus mit entdeckt hat, oder ein skrupelloser Geschäftemacher, der seine Fähigkeiten der Erfindung immer neuer Designerdrogen widmet, kann man nicht voraussagen. Entscheidend ist nur, für welche Werte und Ziele ein Mensch seine Talente einsetzt. Ihre angeborenen Talente können Sie nur wenig verändern – Ihre Werte dagegen schon. Eine der wichtigsten Figuren im Neuen Testament ist Paulus, der vom talentierten Christenjäger zum talentierten Organisator einer neuen Weltreligion wurde. Der Fels, auf dem Jesus seine Kirche bauen wollte, war Petrus, der ihn dreimal verleugnete. Jesus hat sich sehr unvollkommene Menschen als seine Apostel ausgesucht. Judas verrät ihn sogar an seine Häscher und liefert ihn dem schändlichen Kreuzestod aus. Der Mensch hat also Verantwortung dafür, wie er seine Talente einsetzt – und er kann sich moralisch im Laufe seines Lebens ändern, will uns die Bibel offensichtlich sagen.

Gott würfelt – manchmal schlecht

Unzählige außerordentliche Menschen sanken namenlos ins Grab, ohne dass ihre Talente je entdeckt worden wären. Ob der Welt viel Leid erspart geblieben wäre, wenn die Wiener Kunstakademie Adolf Hitler aufgenommen und er sein sehr mittelmäßiges Maltalent ausgeübt hätte, ohne angetrieben durch die Ablehnung sein wirkliches Talent der Massenverführung zu entdecken, bleibt historische Spekulation. Ebenso, wie die Geschichte Frankreichs verlaufen wäre, wenn Napoleon Bonaparte im Jahr 1793 bei der Belagerung von Toulon eine Kugel nicht nur die Stirn gestreift, sondern ihm das Gesicht zerrissen hätte? Was wüssten wir noch von Georg Büchner, hätte seine Braut, getroffen von seinem frühen Tod, ihre ursprüngliche Absicht wahr gemacht und seine sämtlichen Schriften vernichtet? Wie viele Reformatoren, Heilige und kirchenpolitische Genies konnten 455 Jahre lang nicht den Stuhl Petris erklimmen, weil sie keine Italiener waren?[2] Und erst die namenlose Milliardenschar der kollektiv Erniedrigten, der Unterdrückten und Entrechteten, der zum Hungern verdammten Kinder, ja für alle, die mit ganz schlechten Startbedingungen ins Leben geschickt wurden, weil sie am falschen Ort oder in die falsche Familie geboren wurden, ging es gar nicht um Ruhm oder die Ausübung ihrer Talente, sondern um das nackte Überleben. Zufall spielt eine große Rolle im Leben von Menschen, das ist wissenschaftlich unumstritten. Auf Schicksalsschläge, Glück und Unglück in unserem Leben haben wir keinen Einfluss – auf unseren Charakter dagegen schon.

Eine Frage des Charakters

"Willst du den Charakter eines Menschen erkennen, so gib ihm Macht."

Abraham Lincoln

Je mehr Erfolg wir haben, umso bedeutender wird der Charakter. Charakter zeigt sich in den vielen kleinen Entscheidungen jeden Tag, wie wir uns unter extremem Zeitdruck im Straßenverkehr verhalten, ob wir Geld zurückgeben, wenn sich die Supermarktkassiererin zu unseren Gunsten verrechnet hat, und in den großen Entscheidungen, ob wir die Verantwortung für Erfolge genauso bereitwillig teilen wie die für die Niederlagen, an denen wir beteiligt waren. Was ist Charakter genau? Es fällt uns leichter, zu entscheiden, ob ihn jemand besitzt, als ihn zu definieren. Für John Maxwell, den Autor von „Talent allein ist nicht genug",[3] besteht Charakter aus vier Elementen:

1. Selbstdisziplin, also die Fähigkeit, die notwendigen Dinge konsequent zu tun, auch wenn uns gar nicht danach ist. „Es sind nicht die Berge, die wir bezwingen müssen, wir müssen uns selbst bezwingen", beschrieb Mount-Everest-Bezwinger Edmund Hillary die eiserne Willenskraft, auch in der Todeszone Schritt für Schritt weiterzugehen.
2. Persönliche Werte, nach denen wir tatsächlich auch dann handeln, wenn es uns kurzfristige Nachteile bringt, zum Beispiel das Eintreten für Schwächere oder die Treue zu unserem Partner, wenn wir gerade besonderen Verlockungen ausgesetzt sind.
3. Authentizität, ein klares Selbstbild, das uns leitet bei dem, was wir tun und warum wir es tun.
4. Integrität, also die Übereinstimmung zwischen unseren Werten und unserer tatsächlichen Lebenspraxis.

Die ausschließliche Konzentration auf die eigenen Talente, ohne auch seinen Charakter weiterzuentwickeln, kann zwar kurzfristig sogar Vorteile bringen, langfristig führt dieser Weg fast immer in den Abgrund. Das ist kein moralisches Urteil, sondern ein Faktum, das durch eine lange Liste von Menschen, die herausragendes Talent und einen miesen Charakter hatten, belegt ist. Bernhard Madhoff, ein ehemals gefeiertes Finanzgenie, zog mit unglaublichen 50 Milliarden Dollar Anlegergeldern ein Pyramidenspiel auf, das im Dezember 2008 zusammenbrach. Er steht jetzt zweifellos ganz weit oben auf dieser Liste. „Es gibt Leute, deren Herzen gerade in dem Grad einschrumpfen, als ihre Geldbörsen sich erweitern", hat Aldous Huxley einmal gesagt.

Charakter kann nicht geerbt, nicht gekauft werden, er kann nicht gewogen werden und man kann ihn auch nicht angreifen. Er muss langsam gebildet werden – und es ist nie zu spät dafür.

Auch heute gibt es noch genug Beispiele für den „Paulus-Effekt": Michael Milken, der Erfinder der Junk-Bonds, der wegen Betrugs einige Jahre im Gefängnis sitzen musste, leitet heute mit dem Milken Institute eine der erfolgreichsten privat finanzierten Krebsforschungs-Organisationen. Auslöser dafür war, dass nach seiner Entlassung eine ganz seltene und besonders bösartige Krebsform bei ihm diagnostiziert wurde. Er bestand auf dem Einsatz aller möglichen, auch noch nicht zugelassenen Medikamente und besiegte den Krebs gegen alle Prognosen. Danach setzte er seine hohe Intelligenz und seine extreme Willenskraft für den Kampf gegen den Krebs ein.

Talententwicklung als eine Frage des Überlebens

Ihre Mutter wurde hingerichtet, als sie noch keine drei Jahre alt war, sie wurde zum Bastard erklärt und von der Thronfolge ausgeschlossen, später vom Parlament wieder eingesetzt. Sie wurde des Hochverrats verdächtigt und in den Tower gesperrt, dann unter Hausarrest gestellt und lebte ständig in der Gefahr, einer neuen Anklage ausgesetzt zu werden. Nach dem Tod ihrer kinderlos gebliebenen Halbschwester Maria I. wurde Elisabeth am 15. Januar 1559 im Alter von 25 Jahren in der Westminster Abbey zur Königin von England und Irland gekrönt. Zu diesem Zeitpunkt lag die Wirtschaft des Landes völlig danieder und England wurde von den beiden Großmächten Spanien und Frankreich ständig in Kriege verwickelt. Auch innerhalb des eigenen Landes sah sich Elisabeth I. starken Widerständen ausgesetzt, sowohl vom Parlament als auch von Zeitgenossen wie John Knox, der die Herrschaft einer Frau als gegen den Willen Gottes gerichtet sah.

Die Entwicklung hoher sozialer Kompetenzen wie das präzise Beobachten anderer, die Fähigkeit, genau zuzuhören, hinter Gesichtern wahre Absichten zu erkennen, selbst geduldig den richtigen Augenblick zum Handeln abzuwarten, Koalitionen einzugehen und zu wechseln, ständige Gerüchte von tatsächlichen lebensbedrohlichen Gefahren unterscheiden zu können, war für Elisabeth von frühester Kindheit an eine Frage des Überlebens. Zusätzlich verfügte sie über ein hohes Sendungsbewusstsein und große innere Stärke, die ihr all die Demütigungen und ständigen Gefahren bis zu ihrer Thronbesteigung ertragen halfen. Am Ende ihres Lebens stand mit 45 Jahren eine der längsten und fruchtbarsten Herrscherperioden in der Geschichte, in der die Grundlagen für das britische Weltreich gelegt wurden.

Bedenkt man, dass Elisabeths Gegenspielerin Maria Stuart bereits sechs Tage nach ihrer Geburt zur Königin von Schottland bestimmt und sechs Monate später die Hochzeit mit dem zukünftigen König von England beschlossen wurde, dann kann man erst ermessen, aus welcher viel schlechteren Ausgangssituation Elisabeth sich letztlich durchgesetzt hat. Elisabeth I. ist nicht nur ein Beispiel für erfolgreiches weibliches Führungstalent, sondern auch dafür, wie man genau die in der Kindheit zum Überleben entwickelten Fähigkeiten im späteren Leben erfolgreich nutzen kann.

„Ich weiß, ich habe den Körper einer schwachen, kraftlosen Frau, aber ich habe das Herz und den Magen eines Königs, eines Königs von England", rief sie mit Brustpanzer und Helm bekleidet ihren Truppen zu, bevor sich diese den angreifenden Spaniern in Tilbury entgegenwarfen. Gespür für geschichtsträchtige Inszenierungen hatte sie auch, die „Jungfräuliche Königin" von England.

Warum in unserer tiefsten Verletzung unser größtes Talent liegen kann

Wie unterscheide ich die vielen kleinen Kränkungen und Enttäuschungen von jener Verletzung, die mein tiefstes Inneres so schwer getroffen hat, dass sie mein Leben massiv beeinflusst hat? Was ist meine eigene tiefste Verletzung, werden Sie sich vielleicht an dieser Stelle fragen. Wo ist mein Weg von der Verletzung zu meiner Stärke?

1. **Wir tun alles, um unserer ursprünglichen Verletzung im Laufe unseres Lebens auszuweichen.**

Es sind vor allem die Verletzungen, die wir in unserer frühen Kindheit erlebt haben, die uns besonders prägen. Denn wenn man uns damals tatsächlich allein, unbeobachtet gelassen, nicht gefüttert oder gehört hätte, wären wir wirklich gestorben. Wir tun alles, um dieser ursprünglichen Verletzung auszuweichen, weil wir tief in unserem Innersten davor Angst haben, dass wir sie das nächste Mal nicht überleben könnten.

2. **Auf den vielen Umwegen entwickeln wir Kompetenzen.**

Durch die vielen Umwege und Scheinlösungen, in denen wir der Konfrontation mit unserer Verletzung zu entgehen trachten, produzieren wir immer größere Konflikte. Um in diesen Konflikten bestehen zu können, entwickeln wir, meist ohne dass wir es merken, große Kompetenzen. Daher führt ein Weg von der Verletzung zum Talent. Aber der ist nicht zwangsläufig. Ganz im Gegenteil, hier liegen die entscheidenden Unterschiede zwischen Siegern und Verlierern.

3. Sieger interpretieren Verletzungen anders als Verlierer.

Müsste ich in drei Wörtern den Unterschied zwischen Siegern und Verlierern zusammenfassen, also zwischen Menschen, die aus ihrer Verletzung eine große Fähigkeit entwickeln können, und jenen, die daran zerbrechen, dann wäre es folgendes Prinzip: Selbstverantwortung statt Fatalismus.

Egal wie tief, egal wie oft, egal wie ungerecht Sieger verletzt wurden, sie fühlen sich nicht als ohnmächtige Opfer. Sieger leiden sicher nicht weniger als Verlierer, aber sie fühlen sich immer als für ihr Leben selbst verantwortlich. Erinnern Sie sich an die Schlüsselszene mit dem kleinen Jungen und dem Fahrrad ganz am Beginn dieses Buches? Trotz aller Ungerechtigkeit dachte er darüber nach, was er in seinem Leben in Zukunft anders machen wollte, damit ihm so etwas nie wieder passieren könnte. Und er wollte auch andere Menschen davor schützen, dass sie wegen mangelnder Sprach- und Rechtskenntnisse in große Schwierigkeiten geraten.

4. Sieger richten ihre Anstrengungen auf ihre natürlichen Talente und nützen diese Stärken für sich und andere.

Sieger richten die Kräfte, die sie antreiben, auf Gebiete, wo sie natürliche Begabungen haben und verschwenden diese nicht auf andere Bereiche. Das ermöglicht ihnen, große Kompetenzen zu entwickeln und schützt sie davor, dass sich die Ängste vor ihren Verletzungen gegen sich selbst richten. Sieger werden sich ihrer

Fähigkeiten im Laufe ihres Lebens immer mehr bewusst und können sie zum eigenen Nutzen und für andere einsetzen. Das kann allerdings ein langer schmerzvoller Prozess mit vielen Rückschlägen sein.

5. Sieger geben ihrer Verletzung Sinn.

Die Schlüsselfrage, die sich durch die Biografien der vielen Menschen in diesem Buch zieht, ist, welchen Sinn sie ihren Verletzungen gegeben haben. Es geht dabei gar nicht darum, ob diese Interpretation objektiv richtig ist, sondern ob sie für den einzelnen Menschen Sinn hat. Verletzung bedeutet im Kern immer das Getrenntsein von der Ganzheit. Sieger schaffen es irgendwann, ihre Verletzung zu akzeptieren und sie in ihre Lebensgeschichte zu integrieren. Das ist eine lebenslange Aufgabe, das ist ein beschwerlicher Weg, an dessen Ende aber die Versöhnung mit sich selbst und der Welt steht. Manchmal, wenn wir mit einem geliebten Menschen intensiv zusammen sind oder eine starke Verbundenheit mit der Natur erleben, können wir erahnen, dass es etwas Gemeinsames gibt, wo wir alle eins sind. Das führt uns zum Ursprung aller Verletzungen.

Auch für David Steindl-Rast ist es entscheidend, dem Schmerz Sinn zu geben. Er war einmal als einziger Christ mit einer kleinen Gruppe von Menschen zusammen mit dem Dalai Lama bei einer Klausur in San Francisco. Einer der Teilnehmer versuchte immer den Dalai Lama zu verleiten, den Umgang des Buddhismus mit dem Leiden gegen die christliche Tradition auszuspielen. Er suchte Bestätigung vom Dalai Lama für seine These: Der Buddhismus hat so wunderbare Praktiken gegen das Leiden gefunden, während die Katholiken sich noch immer im Leiden suhlen. Der Dalai Lama hat das abgewehrt und geantwortet, dass auch der Buddhismus das Leid nicht dadurch überwindet, dass man den Schmerz zurücklässt, sondern dadurch, dass man den Schmerz für andere trägt. Und da trifft sich das Christus-Ideal mit dem Boddisatva-Ideal. Wer jemals Gelegenheit hatte, dem Dalai Lama ins Angesicht zu blicken, der wird eine sehr intensive Mimik gesehen haben, die scheinbar ständig wechselt. In seinem Gesicht spiegelt sich immer das Glück, aber auch das Leid von Millionen von Menschen wider. Die Liebe ist das Ja zur Verbundenheit mit den anderen, das hat überhaupt nichts mit quälendem Märtyrertum zu tun. Der Ursprung aller individuellen Verletzungen ist die Abtrennung von diesem Ganzen. So lautet auch die Botschaft, die alle Religionen und Weisheitslehren miteinander verbindet.

---

1 Georg Seeßlen: Martin Scorsese, Berlin, Bertz 2006, S. 12–16
2 Wolf Schneider: Die Sieger – Wodurch Genies, Phantasten und Verbrecher berühmt geworden sind, München, Piper 1996, S. 11 ff.
3 John C. Maxwell: Talent Is Never Enough, Nashville, Thomas Nelson 2007, S. 195–208

Die Fakten der Wissenschaft
Langzeitstudien zeigen, welche Schutzfaktoren Menschen dabei helfen, auch die schmerzhaftesten Prüfungen des Lebens zu bewältigen

Dan Brown ist der finanziell erfolgreichste Kryptologe der Welt. Mit seinem Buch „The Da Vinci Code", von dem weltweit bisher mehr als 60 Millionen Exemplare verkauft wurden, führt er seine Leser durch eine Welt der verschlüsselten Geheimnisse.

Warum die Psychologen einige der wichtigsten Erkenntnisse für die Zukunft der Menschheit hinter Wörtern wie Salutogenese oder Resilienzforschung verbergen, ist mir dagegen ein Rätsel. Hinter diesen kryptologischen Unwörtern verbergen sich keine Geheimlehren, sondern die Ergebnisse von Langzeitstudien, die zeigen, welche Schutzfaktoren Menschen dabei helfen, selbst die schmerzhaftesten Prüfungen des Lebens zu bewältigen. Besonders wertvoll sind diese Forschungsergebnisse vor allem deshalb, weil sie beweisen, dass ein erfülltes Leben auch dann möglich ist, wenn man unter sehr schwierigen sozialen und familiären Bedingungen aufwächst.

Mit Freud und der Psychoanalyse begann das Zeitalter der Traumata. Davor wurden das seelische Leid und die Verletzbarkeit des Menschen besonders in der Literatur abgehandelt. Die Psychologie des 20. Jahrhunderts war vor allem eine Psychologie der Opfer. Die Auswirkungen der frühkindlichen Verletzungen auf den Menschen gewannen immer mehr Bedeutung in der wissenschaftlichen Betrachtung. Wichtige Bereiche der Psychologie – etwa die Klinische Psychologie – sehen ihre Hauptaufgabe darin, den Defiziten und negativen Seiten der menschlichen Psyche den Kampf anzusagen. So findet sich etwa unter 100 Untersuchungen zum Thema Trauer eine einzige zum Thema Glück.

Der nächste wichtige Schritt muss eine positive Psychologie sein, die aus den Erkenntnissen der alten Weisheitslehren genauso schöpft wie aus den jüngsten Ergebnissen der Gehirnforschung. Die noch sehr junge Disziplin Positive Psychologie betont die guten Aspekte des menschlichen Lebens und Miteinanders. Damit bietet sie eine neue und wichtige Sichtweise. Glück, Lebenssinn, Geborgenheit, Verzeihen, Gelassenheit – wer möchte das nicht in seinem Leben erfahren?

Was braucht der Mensch, um auch trotz widrigster Umstände seine Chance auf ein erfülltes und glückliches Leben zu wahren? Angesichts der Tatsache, dass wir auf einen Planeten mit zehn Milliarden Einwohnern zusteuern, auf dem die Mehrheit der zukünftigen Erdbewohner weder finanziell noch was die unmittelbare familiäre Situation betrifft, keineswegs optimale Bedingungen zu erwarten hat, ist die Vermittlung einer Positiven Psychologie eine der zentralen humanitären Aufgaben der Menschheit. Die Lösung kann schon aufgrund der begrenzten finanziellen und fachlichen Ressourcen nicht darin liegen, dass jeder Mensch seinen eigenen Psychotherapeuten bekommt – das ist weder machbar noch wünschenswert.

Seine Eltern kann man sich nicht aussuchen. Die Mitgliedschaft im „Golden Sperm Club", also das Glück, in eine liebevolle und wohlhabende Familie hineingeboren zu werden, wird nach bisher nicht bekannten Regeln vergeben. Die gute Nachricht ist aber, dass wir auch dann eine Chance auf ein glückliches Leben haben, wenn wir bei unseren Eltern nicht das große Los gezogen haben oder wenn wir besonders schweren Schicksalsschlägen ausgesetzt werden. Leiden, Schmerzen und Verletzungen sind unausweichliche Elemente des menschlichen Lebensweges, entscheidend ist aber der Umgang damit.

Wie Kinder lernen, schlechte Karten in ihrem Leben gut auszuspielen

Als Pionier der Langzeitforschung über die Lebenschancen von Menschen mit besonders schwierigen Startbedingungen gilt die amerikanische Forscherin Emmy Werner. Mit ihren Studien über Risikokinder auf der Hawaii-Insel Kauai begründete sie eine Forschungsrichtung, die in der Fachsprache Resilienzforschung heißt. Die Resilienzforschung und viele verwandte Konzepte räumen mit dem Dogma auf, dass Menschen mit schwierigen familiären Startbedingungen oder mit frühen Traumata quasi zwangsläufig dazu verurteilt sind, im Leben zu scheitern. Und das ist nicht romantisches Wunschdenken. Allein in den USA gibt es heute zehn Langzeitstudien von Hochrisikokindern, die beweisen, dass Kinder trotz signifikanter Belastungen wie Armut, psychische Störungen der Eltern, Missbrauch und Scheidung ihr Leben bewältigen konnten. Ähnliche Untersuchungen in Großbritannien, Neuseeland, Australien, Dänemark, Schweden und Deutschland kommen trotz unterschiedlicher geografischer und ethnischer Rahmenbedingungen zu den gleichen Ergebnissen. Menschen sind nicht nur ein Produkt des Umfelds, in das sie geboren wurden.[1]

Was waren die Faktoren, die die später im Leben erfolgreichen Kinder von jenen unterschieden, die das nicht schafften? Meist war es eine Kombination mehrerer Faktoren, die halfen, aus dem vorgegebenen Teufelskreis belastender Umstände auszubrechen:

- Freunde: Wenn Kinder schon keine Eltern haben, die sie unterstützen, ihnen Mut machen und sie fördern, dann brauchen sie zumindest einen Freund und Mentor, der diese Aufgabe erfüllt. Das konnte ein Verwandter, ein Lehrer oder ein Schulfreund sein.
- Verantwortung: Wenn etwa ältere Geschwister die Erziehungsverantwortung für ihre jüngeren Brüder oder Schwes-

tern übernahmen, weil diese von den Eltern nicht ausreichend wahrgenommen wurde, dann war das ein ganz wichtiger positiver Schutzfaktor für ihre eigene Persönlichkeitsentwicklung.
- Charakter und Temperament: Ein ausgeglichener Charakter war eindeutig hilfreicher als ein cholerisches Temperament.
- Spiritualität: Die Eingebundenheit in eine religiöse oder andere idealistische Gemeinschaft stellte ebenfalls einen entscheidenden Faktor dar.

Die Resilienzforschung zeigt, dass es um mehr als die Anpassung an die schwierigen Umstände geht, also nicht nur um das Durchstehen und Aushalten. Menschen, die sich von ihren Handicaps befreien können, entwickeln ihre Stärken nicht trotz der widrigen Umstände, sondern wegen dieser. Sie können tatsächlich über sich hinauswachsen.[2]

„Wer kämpft, kann verlieren. Wer nicht kämpft, hat schon verloren."

Bertolt Brecht

Das „Taliban-Phänomen"

Die Zugehörigkeit zu einer religiösen Gemeinschaft oder spirituelle Praktiken wie zum Beispiel Meditation wurden lange in der Psychotherapie tabuisiert. Dabei zeigen die Kauai-Studien und viele andere, wie wichtig gerade die spirituelle Dimension für den Menschen ist. Die Psychotherapeutin Caroline Kunz: „Man darf die spirituelle Entwicklung der Menschheit nicht von der emotionalen trennen. Das eine bedingt das andere. Hoher Intellekt gekoppelt mit abgehobener Spiritualität ohne emotionale Reife ist gefährlich für den Einzelnen und ganze Gesellschaften. Das ‚Taliban-Phänomen' ist nicht nur auf die islamische Gesellschaft beschränkt. Die Erkenntnis, dass wir Teil eines höheren Ganzen sind, gibt uns Hoffnung, Zuversicht und Sinn. Das kann der Glaube an einen Gott oder eine höhere Ordnung sein. Das kann aber genauso gut das tiefe Fühlen der Verbundenheit mit der Natur und mit allen Lebewesen sein."

Immun gegen das Schicksal

In der klassischen Schulmedizin hat man erkannt, dass die wirksamste Waffe gegen den Herztod nicht die Entwicklung immer besserer Herztransplantationsmethoden ist, sondern das Bestreben, Menschen davon zu überzeugen, nicht zu rauchen, sich mehr zu bewegen und sich gesund zu ernähren: Vorbeugen statt heilen. Diese wesentliche Erkenntnis, die schon Millionen von Menschen das Leben gerettet hat, steht, was die Gesundheit unserer Seele betrifft, noch aus. Wäre es nicht sinnvoll, den Kindern genau so wie die Zahnbürste für das tägliche Zähneputzen auch ein Werkzeug in die Hand zu geben, mit dem sie sich gegen die Verletzungen des Lebens wappnen können? Nicht um sie davor zu bewahren, aber um sie darauf vorzubereiten, damit umzugehen. „Zähneputzen für die Seele" nennt das der Psychiater Manfred Stelzig.[3] Das Schicksal kann man weder abschaffen noch durch administrative Maßnahmen ersetzen, wie das manche Sozialbürokraten in der Hochblüte des sogenannten Wohlfahrtsstaates geglaubt haben. Wir können Verletzungen nicht vermeiden, aber verhindern, dass aus verletzten Menschen gebrochene Menschen werden.

Auch der amerikanische Psychologe Norman Garmezy wollte wissen, welche Lebenschancen Kinder, die in großer Armut sowie mit kranken und alkoholabhängigen Eltern in den Slums von Minneapolis aufwuchsen, hatten. Dabei stieß er immer wieder auf Kinder, die trotz mehrerer Risikofaktoren scheinbar unverwundbar durchs Leben gingen. Garmezy entdeckte in seiner

Untersuchung, dass diese „unverwundbaren" Kinder durch die Schwierigkeiten sogar angespornt wurden. Weiters verfügten viele von ihnen über die Fähigkeit, das Negative ihrer Umgebung auszublenden und dafür die Unterstützung von bewunderten Menschen außerhalb ihrer Familie zu finden.

Er und viele andere Forscherkollegen fanden heraus, dass Menschen, die sich auch einer Vielzahl von Handicaps und Risikofaktoren widersetzen konnten, keineswegs mit einer unsichtbaren Schutzschicht umhüllt waren. Auch sie konnten verletzt werden – aber sie ließen sich nie besiegen. Menschen verfügen durchaus über die Fähigkeit, schreckliche Ereignisse wegzustecken. Die Kraft der Verdrängung hat auch tatsächlich viel Positives und ist nicht automatisch etwas Krankmachendes, wie das viele Psychoanalytiker vertreten. Oft ist es nicht hilfreich, Opfer ihre Traumata nochmals durchleiden zu lassen, wichtiger ist, ihnen dabei zu helfen, den Alltag möglichst schnell wieder bewältigen zu können. Wir sind eben nicht nur Gefangene unserer Vergangenheit.

Richard Tedeschi, Professor für Psychologie an der University of North Carolina: „Niemand, der Schreckliches durchgemacht hat, behauptet, dass es toll gewesen sei. Und während der Krise hat auch niemand einen Gedanken daran verschwendet, dass man durch die Erfahrung wachsen könnte. Jeder hat einfach nur versucht, zu überleben. Aber im Rückblick haben diese Menschen mehr gewonnen, als sie jemals erwartet hatten."[4]

Emotionale Widerstandsfähigkeit hat aber unbestritten auch einen hohen angeborenen Faktor. Um beim Schilfbeispiel zu bleiben: Es gibt einfach Halme, die von Natur aus stärker sind als andere und daher heftigeren Stürmen eher standhalten.

Die Veranlagung zum Glück – optimistische Nonnen leben länger

Klosterschwestern eignen sich bestens für langfristige Lebenszufriedenheitsstudien. Der Amerikaner Martin Seligman, Professor für Psychologie an der University of Pennsylvania, hat die geistlichen Schwestern deswegen ausgesucht, weil deren äußeren Lebensumstände bis hin zur gesunden Lebensführung weitgehend unabhängig von persönlichen Schicksalen waren. Das machte sie gut vergleichbar. Das überraschende Ergebnis: Jene Schwestern, die beim Eintritt ins Kloster die positivste Lebenseinstellung hatten und sich subjektiv als glücklich einschätzten, waren im Alter von 85 Jahren noch zu 90 Prozent am Leben; von jenen, die mit einer pessimistischen Lebenshaltung eintraten, hingegen lediglich noch 34 Prozent. Dem Glücklichsten schlägt zumindest weitaus später die Stunde. Es ist also sowohl wegen der messbaren äußeren Faktoren wie Gesundheit und Lebenserwartung extrem wichtig, das Potenzial an positiven Emotionen abrufen zu können, als auch aus den subjektiven Gründen einer glücklichen Lebensgestaltung. Auf diese Glücksfähigkeit können Menschen auf vielfältige Weise Einfluss nehmen, wie die moderne Glücksforschung zeigt, sie ist aber auch zu einem bestimmten Ausmaß genetisch vorgegeben. Es gibt noch zu wenige Forschungen, die diesen Zusammenhang zwischen psychischer Widerstandsfähigkeit, Glücksfähigkeit und genetischer Veranlagung untersuchen. Umso wichtiger ist daher der neue Forschungszweig Positive Psychologie, der erst seit wenigen Jahren immer mehr an Bedeutung gewinnt.

Die Abschaffung der Erbsünde – eine Einführung in die Positive Psychologie

DSM 4 ist wieder so ein Wort, das sich bestens für eine von Dan Browns kryptologischen Verschwörungen eignen würde. DSM 4 steht für Diagnostic and Statistical Manual of Mental Disorders und ist die Bibel der Klinischen Psychologie in den USA. Auch in Deutschland wird dieses Klassifikationssystem unter dem Begriff „Diagnostisches und Statistisches Handbuch Psychischer Störungen" eingesetzt. Wenn Sie also zu einem Psychiater gehen und ihm über Ihre Probleme erzählen, wird er Sie mit hoher Wahrscheinlichkeit in dieses System einordnen. Alle möglichen menschlichen psychischen Fehlentwicklungen von Schizophrenie über paranoide Persönlichkeitsstörungen bis zum Borderline-Syndrom sind in diesem Buch aufgelistet. Die Psychologie hat sich seit Freud über ein Jahrhundert lang fast ausschließlich auf die dunkle Seite der menschlichen Seele konzentriert, daher herrschte dringender Aufholbedarf, meinten die Pioniere der Positiven Psychologie.

Die Mitbegründer der Positiven Psychologie, Martin Seligman und Mihaly Csikszentmihalyi, arbeiten an einer neuen, aufregenden These: Der Mensch ist nicht mit der Erbsünde belastet, die ihn von vornherein mit dem Defekt des Unglücks beschwert, sondern im Laufe seiner Evolution mindestens ebenso stark mit einer Art Glücksprogrammierung ausgestattet worden.

Die ein, zwei, drei ... vierundzwanzig Stärken des Menschen

Die erste Aufgabe, die sich die Positive Psychologie gestellt hatte, war, gleichsam ein Anti-DSM 4 zu entwickeln, das alle positiven Faktoren und Potenziale des Menschen aufschlüsselt. Dieses Handbuch listet 24 „Stärken" auf, die von allen Kulturen anerkannt werden. Sie reichen von der Neugier bis zur Originalität und dienen der Orientierung, welche Lebensbereiche in einem selbst zu entwickeln sind.

Martin Seligman, der Direktor des Zentrums für Positive Psychologie an der Universität von Pennsylvania, hat dazu einen Online-Test entwickelt. Dieser Test war so attraktiv, dass innerhalb weniger Monate fast 700.000 Menschen daran teilnahmen. Wenn Sie selbst Ihre 24 Stärken herausfinden wollen, dann können Sie das kostenlos tun. Ich kann Ihnen eine sehr bereichernde Erfahrung versprechen, wenn Sie das bisschen Zeit investieren: www.authentichappiness.sas.upenn.edu/

Die Vielzahl dieser Daten ermöglichte Seligman, genauere Rückschlüsse über zuvor kaum erforschte Begriffe wie Mut oder Großzügigkeit zu ziehen und so wichtige Grundlagen der Positiven Psychologie zu erarbeiten. Dieses Wissen über die positiven Kerntugenden des Menschen und unter welchen Bedingungen diese wirken, kann sehr hilfreich für Eltern und Schulen sein. Wie schon mehrmals betont, ist die Frage, in welchem Ausmaß unsere Stärken und Tugenden angeboren sind, noch nicht ausreichend beantwortet. Trotzdem ist es sehr hilfreich, zu wissen, welche Stärken ein Mensch hat. Wenn wir zum Beispiel wissen, dass jemand sehr kooperativ ist, dann hat es wenig Sinn, ihn in ein sehr wettbewerbsorientiertes Umfeld zu setzen. Wir können also Veranlagungen nicht wesentlich verändern, wir können aber für jeden Bedingungen schaffen, die erlauben, seine Stärken zu nutzen. Je mehr wir über Tugenden wie Dankbarkeit oder Kreativität wissen, umso leichter werden wir in der Zukunft Institutionen mit entsprechenden Rahmenbedingungen schaffen.

Was das Gallup-Institut in 25 Jahren über berufliche Stärken herausgefunden hat

Marcus Buckingham und Donald O. Clifton haben auf der Grundlage einer breit angelegten Befragung 34 Leitmotive des menschlichen Talents ermittelt, mit denen die berufliche Begabung eines jeden Menschen beschrieben werden kann. Das Gallup-Institut hat 198.000 Mitarbeitern aus 36 Unternehmen die Frage gestellt: „Haben Sie bei Ihrer Arbeit die Gelegenheit, jeden Tag das zu tun, was Sie am besten können?" Nur 20 Prozent bejahen diese Frage. Das ist ein weiterer Beweis dafür, dass Unternehmen bei der Entdeckung und Förderung der natürlichen Talente von Menschen nicht besser abschneiden als die Schule, obwohl sie aus ökonomischer Sicht alle Gründe dafür hätten.

Buckingham und Clifton deklarieren sich eindeutig als Vertreter der Positiven Psychologie und leisten einen wertvollen Beitrag, menschliche Talente präziser zu beschreiben, Instrumente für ihre Identifizierung anzubieten und konkrete Empfehlungen für ihren Einsatz in Organisationen zu geben.

Talent ist laut ihrer Definition jedes nachhaltige Denk-, Gefühls- und Verhaltensmuster, das produktiv eingesetzt werden kann. Talente sind beständig, einzigartig und dauerhaft. Um die Stärken von Menschen zu nutzen, sind drei Werkzeuge erforderlich:

- das Verständnis, wie man die eigenen Talente von den Dingen unterscheiden kann, die sich lernen lassen,
- ein System zum Erkennen der eigenen dominierenden Talente,
- eine gemeinsame Sprache zur Beschreibung der eigenen Talente.

Mit dem von ihnen entwickelten Strength-Finder-Profil kann jeder Mensch herausfinden, wo er das größte Potenzial für eine Stärke hat. Das Profil misst 34 Talent-Leitmotive:

Analytik, Anpassungsfähigkeit, Arrangement, Autorität, Bedeutsamkeit, Behutsamkeit, Bindungsfähigkeit, Disziplin, Einfühlungsvermögen, Einzelwahrnehmung, Enthusiasmus, Entwicklung, Fokus, Gerechtigkeitssinn, Harmoniestreben, Höchstleistung, Ideensammeln, Integrationsbestreben, Intellekt, Kommunikationsfähigkeit, Kontaktfreudigkeit, Kontext, Leistungsorientierung, Selbstbewusstsein, Strategie, Tatkraft, Überzeugung, Verantwortungsgefühl, Verbundenheit, Vorstellungskraft, Wettbewerbsorientierung, Wiederherstellung, Wissbegierde und Zukunftsorientierung.[5]

Wer mehr über sein Talentprofil wissen will, kann einen Online-Test durchführen. Dieser ist eindeutig mehr an organisatorisch nutzbaren Stärken orientiert als die 24 Stärken von Martin Seligman und im Gegensatz zu diesem auch kostenpflichtig. Sie können den Test auch in deutscher Sprache machen: www.strengthsfinder.com

Emotionale Intelligenz kann man lernen wie das ABC

Das halbe Ohr, das Mike Tyson Evander Holyfield abbiss, wird länger in Erinnerung bleiben als die Tatsache, dass Tyson der jüngste Schwergewichtsboxweltmeister aller Zeiten war. Kontrollverlust im falschen Augenblick kann Menschen und Karrieren zerstören. Senator Edmund Muskie, der aus Ärger über einen bösen Zeitungsartikel vor laufender Kamera zu weinen begann, musste seine Träume von der US-Präsidentschaft schnell begraben. Selbstbeherrschung, also die Fähigkeit, starken gefühlsbedingten Impulsen wie Zorn oder Trauer nicht nachzugeben, ist ein zentrales Element in dem von Daniel Goleman entwickelten Konzept der Emotionalen Intelligenz.[6] Die Studien in diesem Kapitel über die Lebenschancen von Menschen zeigen, dass die Elemente der Emotionalen Intelligenz wie Selbstwahrnehmung, der gezielte Einsatz von Emotionen und Empathie ein Schlüsselelement sind, die Sieger von Verlierern unterscheiden. Bei Risikokindern geht es primär nicht darum, wie hoch sie auf der Karriereleiter klettern können, sondern ob sie dem Muster von Kriminalität, Arbeitslosigkeit und Alkoholismus entkommen können oder nicht.

Die gute Nachricht ist, dass die Forschungen von Daniel Goleman und anderer zeigen, dass man Emotionale Intelligenz sehr wohl entscheidend steigern kann. Am besten beginnt man damit schon im Kindergarten und in der Schule. Die Willy-Hellbach-Schule in Heidelberg versucht dies mit einem eigenen

Unterrichtsfach „Glück". In der Nueva School in San Francisco ist „Self Science" seit 30 Jahren ein fixer Bestandteil des Lehrplans. „KoSo" wird das Fach „Kommunikation und Soziale Kompetenz" liebevoll von den Schülern der Sir-Karl-Popper-Schule in Wien genannt, in dem sie sogar ihre Matura ablegen können. Renate Wustinger hat dieses Konzept, das Schüler Selbstreflexion, Konfliktfähigkeit und soziale Verantwortung lehrt, entwickelt und bildet auch Lehrer anderer Schulen darin aus.

Immer weniger Kinder bekommen von ihren Familien jene Werte vermittelt, die für eine positive Lebensorientierung notwendig sind. Schule ist die einzige Chance für diese Kinder, Emotionale Intelligenz zu lernen. Die Konzepte sind seit Jahren verfügbar, die praktischen Erfahrungen sind erfolgreich. Umso tragischer ist, dass die primären Bildungsziele im schulischen Alltag nach wie vor das möglichst genaue Wiedergeben von Lehrstoff, das Bravsein, das Ruhigsitzen und das Unterbinden von Kommunikation sind, statt Kindern dabei zu helfen, glücklichere Menschen zu werden und ihre Lebenschancen zu nutzen.

Auch Widerstandsfähigkeit gegen die Verletzungen des Lebens lässt sich erlernen – und das sollte möglichst früh passieren. Die Amerikanische Psychologenvereinigung (APA), die für Schulen Programme entwickelt, konzentriert sich auf wenige zentrale Kernpunkte:

- Suche dir einen Freund.
- Fühle dich für dein Verhalten verantwortlich.
- Glaube an dich selbst.

Mehr Information zum Programm „The Road To Resilience" der Amerikanischen Psychologenvereinigung (APA) finden Sie unter: www.apahelpcenter.org/ oder www.bildungsserver.de/innovationsportal/bildungplus.html?artid=459

Sieger kennen ihre Stärken

Je mehr wir über die grundlegenden Stärken des Menschen wissen, umso eher können wir schon sehr früh anderen dabei helfen, ihre Anstrengungen auf Bereiche zu richten, in denen sie tatsächlich gute oder sogar außergewöhnliche Leistungen erbringen können. Das wichtigste Kriterium, das Sieger von Verlierern unterscheidet, ist, auf welche Bereiche sie die Antriebskräfte, die aus ihren Verletzungen resultieren, richten.

Auch für Eltern ist es wichtig, schon sehr früh zu wissen, in welchem Umfeld Kinder am besten gedeihen, statt ihren Kindern ihre eigenen Erfahrungen einfach überzustülpen. So blicken viele Erwachsene sehr zufrieden auf ihre Zeit in Internaten zurück, während es für andere die Hölle auf Erden war. Und auch heute sind manche Kinder sehr glücklich in Internaten, während andere darunter leiden. Dasselbe trifft auf die Entscheidung zu, sein Kind in eine sehr traditionelle Schule mit klarer Leistungsorientierung zu geben oder eher in eine Schule mit alternativer Pädagogik. Ganz gefährlich wird es, wenn Eltern glauben, die eigenen Talente auch in den Kindern zu entdecken. Bei der Diagnose der tatsächlichen Begabungen ihrer Kinder lässt man Eltern heute noch immer allein, obwohl alle Instrumente dazu längst bekannt sind.

Eine der großen Herausforderungen, um eine Welt zu schaffen, in der mehr Menschen glücklich sind, wird darin liegen, unsere Institutionen wie Kindergärten, Schulen, Kirchen, Vereine und Unternehmen so zu gestalten, dass möglichst viele Menschen die Gelegenheit erhalten, ihre Tugenden und Stärken auch anwenden zu können.

Zusammenfassung: Das sagt die Wissenschaft

1. Schlechte soziale Startbedingungen und tiefe psychische Verletzungen führen nicht zwangsläufig zum Scheitern im Leben.

Die Resilienzforschung und viele verwandte Konzepte räumen mit dem Dogma auf, dass Menschen mit schwierigen familiären Startbedingungen oder mit frühen Traumata fast zwangsläufig dazu verurteilt sind, im Leben zu scheitern. Und das hat nichts mit Sozialromantik zu tun, sondern wurde in der Zwischenzeit durch eine Vielzahl von Langzeitstudien bewiesen.

2. Es gibt Schutzfaktoren, die uns helfen, unsere Verletzungen zu bewältigen.

Eine zentrale Erkenntnis der zahlreichen Studien zum Thema Resilienz ist die Tatsache, dass die Faktoren, die für Risikokinder entscheidend waren, sich auch als äußerst hilfreich für die Entwicklung von Kindern, die in stabilen und sicheren Elternhäusern aufwuchsen, erwiesen. Kinder brauchen zumindest einen Mentor, sie sollen schon früh lernen, Verantwortung zu übernehmen, und es ist gut, wenn sie in einer religiösen oder anderen idealistischen Gemeinschaft Halt finden.

3. Psychische Widerstandsfähigkeit und eine positive Lebenseinstellung sind zu einem bestimmten Teil genetisch bedingt – Emotionale Intelligenz kann man steigern.

Jeder Mensch verfügt über eine angeborene Glücksfähigkeit und über psychische Widerstandskraft, sie sind aber sehr unterschiedlich ausgeprägt. Es handelt sich um keine unveränderbaren Fixgrößen, sondern sie können positiv und negativ beeinflusst werden. Auch wichtige Persönlichkeitsmerkmale sind zu einem bestimmten Ausmaß genetisch bedingt, aber Temperament ist kein Schicksal, wie Daniel Golemans Forschungen zur Emotionalen Intelligenz zeigen. Selbstwahrnehmung, der gezielte Einsatz von Emotionen und Empathie lassen sich durch Training entscheidend steigern.

4. **Widerstandsfähigkeit gegen die Verletzungen des Lebens kann man lernen – und das sollte möglichst früh passieren.**

Eltern, Schulen, Kirchen, Musikgruppen, soziale Organisationen könnten eine viel wichtigere Rolle dabei spielen, um Kinder auf den Umgang mit Verletzungen besser vorzubereiten. Manche Menschen sind in der Lage, diese Kompetenzen aus sich selbst zu entwickeln, andere benötigen Anleitung und Unterstützung von außen. Je mehr Eltern über die natürlichen Talente ihrer Kinder wissen, umso eher können sie Letztere dabei anleiten, ihre Anstrengungen auf Bereiche zu richten, in denen sie tatsächlich gute oder sogar außergewöhnliche Leistungen erbringen können. Die positiven Gefühle, die Kinder bei diesen Erfolgen erleben, stärken wieder ihr Selbstwertgefühl und machen sie so widerstandsfähiger gegenüber Verletzungen.

5. **Die Erkenntnisse der Positiven Psychologie helfen Menschen, ihre eigenen Stärken zu erkennen und ihre Anstrengungen darauf zu konzentrieren.**

Die Positive Psychologie steht für einen Paradigmenwechsel von der Konzentration auf die Defizite der Psyche hin zu einer genauen Forschung über die Stärken des Menschen. Sowohl die von Martin Seligman erforschten 24 menschlichen Stärken als auch die 34 Felder beruflicher Talente des Gallup-Instituts sind taugliche Instrumente, um Stärken besser zu beschreiben und zu identifizieren. Diese können Menschen dabei helfen, ihre Anstrengungen auf Gebiete zu lenken, in denen sie dann auch erfolgreich sein können. Die Kenntnis der eigenen „Signatur", also der Talente,

Bedürfnisse, Werte und Wirkungen, ist eine wichtige Voraussetzung, um bei den Weichenstellungen im Leben, die über Erfolg oder Scheitern entscheiden, den richtigen Weg einzuschlagen.

„Der Unterschied zwischen dem, was wir tun, und dem, was wir tun könnten, würde ausreichen, die meisten Probleme in der Welt zu lösen."

Mahatma Gandhi

Gibt es tatsächlich nur Sieger und Verlierer …

im Leben und wer beurteilt das? Die Antwort ist ganz klar: Ja, und jeder Mensch beurteilt das am Ende seines Lebens nach seinen eigenen Maßstäben. Die Erziehung von Kindern, die Pflege eines nahen Angehörigen, eine glückliche Ehe mit dem geliebten Menschen, die Vorbereitung von Generationen von Schülern auf das Leben durch einen hervorragenden Lehrer oder die Ausübung seines Berufs mit großer Freude zählen dann gleich viel wie der Nobelpreis oder der Oscar. Das einzige Jurymitglied, das darüber entscheidet, ob Sie aus Ihren Talenten das Bestmögliche gemacht haben, ob Sie die Kluft zwischen dem Menschen, zu dem Sie am Ende Ihres Lebens geworden sind, und jenem, der Sie hätten werden können, sehr klein halten konnten, sind Sie selbst. Und diese Entscheidung kann Ihnen auch niemand abnehmen.

Eine „Universal Theory of Everything" …

kann Ihnen dieser Teil über Sieger und Verlierer nicht bieten. Es gibt keine – schon gar nicht in den Sozialwissenschaften. Manche Forschungsergebnisse widersprechen einander, viele Fragen, wie der Einfluss der genetischen Veranlagung auf die psychische Widerstandsfähigkeit, sind noch nicht ausreichend erforscht.

Einige Beispiele werden Ihnen schlüssiger erscheinen als andere. Neue Fragen stellen sich.

Jedenfalls spricht vieles für die These, dass Verletzungen eine tiefere Bedeutung für unser Leben haben und vor allem dafür, dass Menschen, denen es gelingt, ihren Verletzungen Sinn zu geben, bessere Chancen haben als jene, die sich als Opfer des Schicksals empfinden.

Im dritten Teil des Buches, der „Schule des Herzens", möchte ich Ihnen drei bemerkenswerte Menschen vorstellen, die zeigen, wie eine Welt aussehen könnte, in der wir uns mit uns selbst und der Welt versöhnen können: einen weisen Mönch, einen der bedeutendsten Denker und Wissenschaftler sowie einen visionären Unternehmer. Alle drei vereinen Verstand, Weisheit und Tatkraft.

---

1 Emmy Werner: Resilienz: ein Überblick über internationale Längsschnittstudien, in: Was Kinder stärkt, München, Ernst Reihardt Verlag 2007, S. 311 ff.
2 Ursula Nuber: Resilienz: Immun gegen das Schicksal, in: Psychologie Heute 9, 2005, S. 20–24
3 Manfred Stelzig: Keine Angst vor dem Glück, Salzburg, Ecowin Verlag 2008
4 Psychologie Heute 10, 2007, S. 20
5 Marcus Buckingham/Donald O. Clifton/Volkhard Matyssek: Entdecken Sie Ihre Stärken jetzt! Das Gallup-Prinzip für individuelle Entwicklung und erfolgreiche Führung, Frankfurt am Main, New York, Campus 2007
6 Daniel Goleman: Emotionale Intelligenz, München, Deutscher Taschenbuch Verlag 1999

Die „Schule des Herzens"

Einführung in die „Schule des Herzens"

Die „Schule des Herzens" beginnt mit Wachsamkeit. Wenn wir wie Detektive den Weg zurückverfolgen, der zum Scheitern einer Beziehung oder zum Bruch mit einem Menschen geführt hat, werden wir schnell die vielen Kleinigkeiten entdecken, die irgendwann zur Eskalation geführt haben. Und wir werden auch unser eigenes Muster entschlüsseln, mit dem wir andere verletzen. Angst, Gier, Maßlosigkeit, Scham, Geiz, Arroganz, Geltungsdrang, Feigheit sind typische Antriebe für unser negatives Verhalten. Das Gute ist: Wir sind diesen Trieben nicht wehrlos ausgeliefert.

Geld, Macht und Ruhm sind drei negative Hauptantriebe des Menschen. Der Reiche sammelt Haufen und Herden, um möglichst reich zu werden. Der Machthaber sammelt möglichst viele Menschen, die von ihm abhängig sind, um mächtig zu werden. Der Berühmte sammelt Chöre, damit sie ständig seinen Namen preisen.[1] Lässt sich ein Mensch von der Gier überwältigen, dann wird er nur mehr getrieben, immer größere Haufen zu bilden. Wenn kollektive Gier sich auflädt, bauen sich ungeheure negative Energien auf, die sich schließlich machtvoll in Zusammenbrüchen entladen. Alle, die die skrupellosen Manager zu Recht verurteilen, die die globale Finanzwirtschaft in den Abgrund und damit Millionen einfacher Menschen um ihren Besitz gebracht haben, mögen sich aber kurz an einen Augenblick erinnern: als sie selbst bei einem Schlussverkauf, bei dem klar war, dass nicht genug für alle da war, zu raffen und zu drängen begannen. Lässt man dieses Gefühl, das in uns allen drinsteckt, los, wird es zur Bestie, die alles verschlingt.

Mihaly Csikszentmihalyi hat eine große Studie über die Frage der Lebenszufriedenheit von Kindern durchgeführt. Er hat dabei zehnjährige Kinder nach ihren Träumen und Wünschen gefragt und die Antworten auf einer Skala zwischen materiellen Werten wie ein schnelles Auto, viel Geld oder ein großes Haus und immateriellen Werten wie Freundschaft, Gesundheit oder Frieden aufgetragen. Das Ergebnis seiner Untersuchung zeigte, dass jene Kinder, die sich nach immateriellen Werten sehnten, langfristig in ihrem Leben glücklicher und zufriedener waren also solche, die nach kaufbaren Dingen strebten. Csikszentmihalyi ist der festen Überzeugung, dass Materialismus und übersteigertes Konsumdenken für Kinder absolut schädlich sind. Die hohe Anziehungskraft, die Marken auf Kinder ausüben, kommt von ihrer Sehnsucht, Teil von etwas zu sein, wo dazugehören zu wollen. Ein Bedürfnis, das in vielen Familien leider keine Erfüllung mehr findet. Wenn Kinder das Gefühl haben, nicht geliebt zu werden, versuchen sie schon sehr früh, sich Ersatz für diese Liebe zu kaufen.

Denn glücklicherweise haben wir eine noch stärkere Antriebskraft in uns – die Sehnsucht, geliebt zu werden. Und wir wissen auch, dass wir uns alles kaufen können, nur nicht die Liebe. Erst wenn Menschen den Glauben an die Liebe verloren haben, beginnen sie, entweder ihr ganzes Leben der Anhäufung von Geld, Macht und Ruhm zu widmen oder sie umgeben sich mit hohen Schutzwällen und leben in stiller Resignation – doch die brennende Sehnsucht nach Liebe können sie damit nie löschen.

„Ich werde nie wieder irgendwelchen Männern vertrauen. Sie haben mein Leben dominiert und meinen Glauben an die Liebe ausgerottet. Wenn man zu viele negative Erfahrungen mit dem anderen Geschlecht gemacht hat, sei es in der Beziehung oder in der Freundschaft, fängt man irgendwann mal an, andere nicht mehr so nah an sich heranzulassen, man baut möglichst viel Distanz auf. Diese Distanz soll uns vor neuen Enttäuschungen schützen, obwohl man nicht weiß, wie das neue Gegenüber wirklich tickt, was natürlich sehr schade ist. Man macht die Möglichkeit einer neuen Liebe selber kaputt. Ändern kann man es nicht so leicht. Wenn der Stachel der Verletzung erst mal sitzt, sitzt er tief. Ich fürchte mich davor, dass ich meine Einstellung nie ändern werde, denn zu groß ist der Schmerz. Es tut jetzt noch weh. Es wird wahrscheinlich für immer wehtun."

Eine schonungslose Innenschau einer Frau. Diese Zeilen sind herausgefischt aus den unendlichen Tiefen des Webs. Wie hängen unsere Angst vor der Verletzung und unsere Sehnsucht nach Liebe zusammen? Wir verstecken alle unsere geheimen Verletzungen, weil wir glauben, nur wir hätten dieses Geheimnis. Würden wir uns öffnen, würden wir erkennen, dass alle das gleiche Geheimnis teilen – die Angst, sich dem anderen zu öffnen und wieder verletzt zu werden.

„Du fragst nach einer Rose –
lauf vor den Dornen nicht davon.
Du fragst nach dem Geliebten –
lauf vor dir selbst nicht davon."
   Rumi, „Das Lied der Liebe"

Nur ein verletzbares Herz kann ein liebendes Herz sein. Wenn wir uns unseren Verletzungen nicht stellen, verbauen wir uns den Zugang zur Liebe. Für den Psychotherapeuten Werner Pitzal kann der tiefere Sinn einer Paarbeziehung sogar darin liegen, einander dabei zu helfen, die eigenen Verletzungen zu heilen.[2] Wenn wir das Vergangene dagegen immer wieder durchleben, werden wir zu Sklaven unserer selbst. Angst und Liebe, Schuldgefühle und Liebe, Hass und Liebe können nicht nebeneinander existieren. Wir können niemanden ändern, wir haben nur die Möglichkeit, unsere eigenen Gedanken zu ändern. In unserem Kopf gibt es Gedanken, die uns verletzen oder die uns helfen können. Nur wir können entscheiden, welchen wir Macht geben. Diese Wahl kann uns keiner abnehmen. Wir haben Angst, uns zu verlieren, obwohl wir nur gewinnen können.

Die positiven Kräfte, die die Liebe freisetzen kann, sind weit größere als die verheerende Macht der Gier – sonst gäbe es die Menschheit nicht mehr. Die „Schule des Herzens" ist eine Schulung darin, nicht der Gier oder der Angst zu verfallen, sondern der Sehnsucht der Liebe nachzugeben. Das ist keine Alles-oder-nichts-Entscheidung. Es geht nicht darum, alle seine materiellen Bedürfnisse zu unterdrücken, das wäre auch völlig unrealistisch. Auch ein wohlhabender und erfolgreicher Mensch kann ein liebender sein. Die erste Lektion in der „Schule des Herzens" ist, die tiefe Sehnsucht, ein etwas besserer Mensch zu sein, in sich selbst zu wecken.

Hätte ich die Aufgabe, eine „Schule des Herzens" an einem festen Ort zu errichten, wäre David Steindl-Rast der bestmögliche Direktor. Und ich würde ihn ersuchen, zu lehren, wie man sein Herz öffnen kann. Denn nur ein offenes Herz kann glücklich sein. Ein offenes Herz wird aber auch immer ein verletzbares sein. Mihaly Csikszentmihalyi würde ich bitten, den unglaublichen Schatz an Wissen über „Glück", den er erforscht hat, mit uns allen zu teilen. Von Bill Strickland wünsche ich mir, dass er die Menschen mit seiner Tatkraft ansteckte. „Menschenliebe", „Glücksfähigkeit" und „Tatkraft" wären die Hauptgegenstände in der „Schule des Herzens". Und Bruder David, Bill und Mihaly könnten natürlich jeweils für einen der anderen einspringen und auch dessen Fach lehren, denn sie schöpfen alle drei aus der gleichen Quelle des Urwissens.

„Achte auf deine Gefühle,
Denn sie werden deine Gedanken.

Achte auf deine Gedanken,
Denn sie werden zu deinen Worten.

Achte auf deine Worte,
Denn sie werden zu deinen Taten.

Achte auf deine Taten,
Denn sie werden zu deinen Gewohnheiten.

Achte auf deine Gewohnheiten,
Denn sie bilden deinen Charakter.

Achte auf deinen Charakter,
Denn er bestimmt dein Leben."
                               Talmud

David Steindl-Rast selbst wäre der Gedanke, ein offizielles Amt ausüben zu müssen und noch dazu an einen Ort gebunden zu sein, wohl eher sehr unangenehm. Umso dankbarer bin ich ihm dafür, dass er sofort bereit war, mir bei meinem Buchprojekt zu helfen. Dankbarkeit ist auch der wichtigste Wert für David Steindl-Rast, und um diese zu üben, braucht man weder eine Kirche als Ort noch einen Lottogewinn als Anlass. Doch wer ist David Steindl-Rast, der sich Bruder David nennt?

---

1   Elias Canetti: Masse und Macht, Frankfurt am Main, Fischer 1987, S. 441. Canettis Monumentalwerk bietet insgesamt einen faszinierenden Einblick in die menschliche Psyche und zeigt zum Beispiel auch, wie Naturvölker Verletzungen ganz bewusst gegen ihre späteren Herrscher als Initiationsriten eingesetzt haben.

2   Das von Werner Pitzal entwickelte Integral Human Design® geht davon aus, dass jeder Mensch von Geburt an eine einzigartige Codierung in sich trägt, eine Grundstruktur des Selbst. Das Leben ist auf die Entfaltung dieser angeborenen Potenziale ausgerichtet (www.pitzal.at).

Die Weisheit des Mönchs
Warum für den Benediktiner David Steindl-Rast der Weg zum Herzen über die Dankbarkeit, die Zeit für das Wichtige und das Mitgefühl führt

David Steindl-Rast ist ein einfacher Benediktinermönch. Er lebt das halbe Jahr in einer Einsiedelei in Elmira nördlich von New York und verwirklicht dort das alte Mönchsideal. Das heißt für ihn aber nicht, sich darum zu bemühen, frommer oder gar heiliger als andere zu sein, sondern an einem Ort zu leben, der ihm erleichtert, im Jetzt zu leben. Die andere Hälfte jedes Jahres reist er um die Welt und hält Vorträge auf allen Kontinenten. Seine Zuhörer reichen von den Ärmsten der Armen in Zaire bis zu den Fakultäten der US-Top-Universitäten Harvard und Columbia, von buddhistischen Mönchen bis zu islamischen Sufis, von Papago-Indianern bis zu den Kadetten der Marine-Akademie in Annapolis, von Missionaren auf den polynesischen Inseln bis zu den Green Berets der US-Armee. Bevor er Benediktiner wurde, studierte er Kunst, Anthropologie und Psychologie in Wien. 1965 beauftragte ihn der Vatikan, sich auf dem Gebiet des Interreligiösen Dialogs zwischen dem Christentum und Buddhismus zu engagieren. Um diese Mission erfüllen zu können, lebte und studierte Bruder David viele Jahre im ersten amerikanischen Zen-Kloster in Tassajara, das vom berühmten Zen-Meister Shunryu Suzuki Roshi gegründet wurde.

Was macht Bruder David so besonders? Man spürt, dass er lebt, was er sagt. Seine Spiritualität ist nicht abgehoben, sie ist konkret. Sie ist sichtbar, wenn man ihm in die Augen blickt, sie ist hörbar, wenn er die Stimme erhebt, und sie berührt, weil man sich sofort mit seinem Herzen verbunden fühlt. Ich konnte mit der Kirche eigentlich immer sehr wenig anfangen und sehe mich eher als Suchenden denn als praktizierenden Gläubigen. David Steindl-Rast war der Erste, der mich einen Hauch davon spüren ließ, was das Prinzip von Jesus gewesen sein muss, was echte Menschenliebe bedeutet. Ich weiß nicht, wie Bruder David es macht, aber nach meinen persönlichen Begegnungen empfinde ich einfach immer den Wunsch, ein etwas besserer Mensch zu werden.

Das ist ihm nicht nur bei mir gelungen. Wo immer er ist, sammeln sich Menschen um ihn, füllen sich Räume und alle hören gebannt zu. Er hat die unwahrscheinliche Gabe, die Herzen der Menschen zu öffnen. Hätte die katholische Kirche elf mehr, die aus dem Holz von Bruder David geschnitzt sind, dann würden sich ihre Probleme wie leere Kirchen, fehlender Priesternachwuchs und die Abwendung der kritischen Intelligenz langsam in Luft auflösen.

Sie sind neugierig, Sie haben Zweifel? Kein Problem, gerade weil ich selbst ein großer Skeptiker gegenüber allen vermeintlichen Gurus bin, habe ich jedes Verständnis dafür. Denn von der Übersinnlichkeit ist es nur ein kleiner Schritt zur Widersinnlichkeit, würde Bruder David selbst sagen. Machen Sie daher kurz die Probe auf das Exempel. Setzen Sie sich an den nächsten Computer und hören und sehen Sie Bruder David knapp sechs Minuten zu, wenn er über „A good day" spricht (www.gratefulness.org/brotherdavid/a-good-day.htm oder unter „Google" brother david a good day eingeben).

Es wird Ihnen einfach besser gehen. Wenn Sie sich das Video angesehen haben, werden Sie dankbar sein und mit noch mehr Freude weiterlesen. Ohne David Steindl-Rast einmal kurz gesehen zu haben, wird dieser letzte Teil des Buches für Sie vielleicht nicht jene Wirkung entfalten können, die er sonst auf Sie hätte. Der eine Tag, durch den uns Bruder David führt, zeigt, wie viele Gelegenheiten es gäbe, ein guter und glücklicher Mensch zu sein.

Dieses Video ist, wenn Sie so wollen, die Einführungsvorlesung in die „Schule des Herzens". Sie öffnet unser Herz.

Wenn Sie selbst keinen Computer haben, dann ersuchen Sie jemanden, der Zugang hat, das Video gemeinsam anzusehen. Wenn Sie meinen, Ihr Englisch sei nicht gut genug, werden Sie trotzdem alles verstehen, denn die Sprache des Herzens bedarf keiner Übersetzung. Die Spiritualität von Bruder David ist eine sehr sinnliche und er findet sie oft an völlig ungewohnten Orten.

Dankbarkeit oder wie man Spiritualität in einer Mandarine findet

„In unserer täglichen Geschäftigkeit stumpfen unsere Sinne ab. Unser Trommelfell wird oft dermaßen bombardiert, unsere Geschmacksnerven werden überfahren und unsere Nahrung ist so fett, dass wir gar nichts mehr richtig hören und überhaupt nicht mehr schmecken, was wir essen. Ohne Sinne finden wir aber keinen Sinn. Ohne Sinne gibt es keine Erkenntnis und Erfahrung. Schauen und Hören, Schmecken und Riechen sind wesentliche Orte unserer Spiritualität. Das Schlüsselwort für meinen Zugang zu Spiritualität heißt Horchen, damit ist eine besondere Art des Horchens gemeint, das Hinhorchen des Herzens."

„Das erfordert natürlich tägliches Training, zum Beispiel wie ich eine Mandarine esse. Schon beim Abschälen spricht der leichte Widerstand der Schale zu mir, wenn ich wach genug zum Horchen bin. Ihre Beschaffenheit, ihr Duft spricht eine unübersetzbare Sprache, die ich erlernen muss. So kann ich erkennen, dass jede kleine Spalte ihre eigene, besondere Süße hat. Auf der Seite, die von der Sonne beschienen wurde, sind sie am süßesten. All dies ist reines Geschenk und bietet uns Gelegenheit zur Dankbarkeit. Echte Dankbarkeit schaut jedoch nicht vornehmlich auf das Geschenk, um es gebührend zu würdigen, sondern sie schaut auf den Geber und bringt Vertrauen zum Ausdruck.

Danken zu lernen, selbst wenn uns die Güte des Gebers nicht offenbar ist, heißt, den Weg zum Herzensfrieden finden. Denn nicht Glücklichsein macht dankbar, sondern Dankbarsein macht uns glücklich."[1]

Das Geschenk in jedem Geschenk ist immer die Gelegenheit, die es enthält. Meistens ist es die Gelegenheit, sich zu freuen und den Augenblick zu genießen. Wir achten viel zu wenig auf die vielen Gelegenheiten, die wir täglich erhalten, einfach um uns zu freuen: an der Sonne, die über den Bäumen scheint, über den Tau, der auf einer eben aufgegangenen Blume glitzert, am Lächeln eines Babys oder über eine lang erwartete Umarmung durch einen geliebten Menschen. Oft gehen wir wie im Schlaf durchs Leben, bis etwas kommt, an dem wir keine Freude haben: erst dann werden wir wachgerüttelt. Wenn wir lernen, die zahllosen Gelegenheiten wahrzunehmen, die uns Grund zur Freude geben am Geschenk des Lebendigseins, sind wir auch besser vorbereitet, wenn uns das Leben vor schwierige Prüfungen stellt. Dann werden wir auch in diesen Herausforderungen Gelegenheiten zu lernen erkennen und dankbar dafür sein. Das was uns Bruder David lehren will, ist, dass wir für alles dankbar sind, was uns gegeben wird, gleichgültig, wie unwillkommen uns das erscheinen mag. Dann kann Dankbarkeit eine Quelle des Glücks sein.

Mir ist natürlich bewusst, wie ungewohnt, vielleicht unrealistisch das klingt, wenn man es das erste Mal hört. „Wie können wir für den Terrorismus, die Umweltzerstörung oder das Elend vor unserer eigenen Haustür dankbar sein?", fragen viele Menschen Bruder David. „Über diese Dinge an sich können wir uns natürlich keineswegs freuen, doch dafür, dass sie uns Gelegenheit geben, etwas dagegen zu unternehmen. Wenn genügend Menschen fragen: ‚Was können wir tun?', dann werden wir schließlich Lösungen auch für unsere dringendsten Probleme finden."

Das Gegenteil von Dankbarkeit ist, alles selbstverständlich zu sehen. Erst indem wir Überraschungen in unser Leben hereinlassen, eröffnen wir uns viele Möglichkeiten, uns zu freuen. Überraschung ist noch nicht Dankbarkeit, aber mit ein bisschen gutem Willen wächst sie von ganz allein zu Dankbarkeit heran. Die kleine Tochter sieht ihre Mutter an und fragt: „Mutti, ist es nicht erstaunlich, dass es mich gibt?" Kinder wissen instinktiv, wie unvergleichlich es ist, dass es überhaupt irgendetwas gibt. Dieses kleine Kind existiert noch in jedem von uns, wir müssen es nur befreien und dazu ermutigen, selbst wieder solche Fragen zu stellen.

Zeit für das Wichtige – was wir in den Klöstern über die Zeit lernen können

„Im Kloster ist Zeit etwas völlig anderes als das, was Uhren messen können. Die Zeit gehört uns nicht. Wir behaupten, Zeit zu haben, Zeit zu gewinnen, Zeit zu sparen; in Wirklichkeit gehört uns die Zeit nicht. Sie wird nicht von der Uhr abgelesen, sondern daran, *wann es Zeit ist*. So werden im Kloster Dinge nicht getan, wenn einem gerade danach zumute ist, sondern wenn es dafür Zeit ist. Nach der Regel des Heiligen Benedikt wird von einem Mönch erwartet, dass er die Feder aus der Hand legt im Augenblick, wo die Glocke läutet, und nicht einmal mehr ein Pünktchen aufs i setzt. Das ist die Askese der Zeit."

Für den modernen Menschen, der alle paar Minuten seine E-Mails checkt, dessen persönlichen Gespräche ständig durch Telefonate unterbrochen werden, hört sich dieser kurze Ausflug in die klösterliche Welt wie eine Reise zu einem weit entfernten Planeten an. Mit Informationen übersättigt, oft jedoch aller Sinne beraubt, haben wir das Gefühl, in einem endlosen Strudel von Pflichten und Aufgaben gefangen zu sein. In vielen Organisationen herrscht ohnehin schon das Motto von Mark Twain: „Nachdem wir endgültig das Ziel aus den Augen verloren hatten, verdoppelten wir die Anstrengungen." Unsere westliche Leistungsgesellschaft verstärkt dann noch die Auffassung von Zeit als einem beschränkten Gut: Ständig müssen wir Termine einhalten, ständig fehlt uns Zeit. Wir leben in der Zeit des rasenden Stillstands.

Dabei wäre alles ganz einfach. In dem Augenblick, wo wir unsere Zeit loslassen, haben wir alle Zeit der Welt. Wir sind dann jenseits der Zeit, weil wir in der Gegenwart sind, im Jetzt, das die Zeit überwindet. Einer der wesentlichen Gründe für das Unbehagen in unserem gestressten Alltag liegt darin, dass wir entweder ständig in der Vergangenheit grübeln oder uns Sorgen über die Zukunft machen und dabei vergessen, dass unser Leben ausschließlich im Jetzt stattfindet. Die Mönche werden daran durch die Glocken, durch die regelmäßigen Gebete, durch die Gesänge erinnert. Das „Tue, was du tust" fordert sie auf, was sie tun, wirklich zu tun. Das heißt, auch scheinbar Unproduktives wie Singen oder Spazieren, Routinetätigkeiten wie Gemüse schneiden oder Bücher abstauben und Lustvolles wie Essen, Trinken und Feiern wirklich zu tun und nicht ständig von einem schlechten Gewissen getrieben zu werden, dass es jetzt eigentlich Wichtigeres, Dringenderes und vor allem Produktiveres zu tun gäbe.

Aus meiner eigenen Erfahrung aus Wirtschaft und Politik weiß ich, je mehr Macht man über andere gewinnt, umso weniger Macht hat man über seine Zeit. Hat man es ganz an die Spitze einer riesigen Organisation wie eines Unternehmens oder eines Ministeriums geschafft, erhält man jeden Morgen ein Blatt Papier, auf dem der gesamte Tag bis in das kleinste Detail durchgeplant ist. Man wird zum völligen Sklaven seiner Zeit.

Ich frage Bruder David, wie er damit umgeht, dass sich ja weit mehr Menschen an ihn wenden und ihn treffen wollen, als er das tun kann? „Ich prüfe immer, wer mich dringender braucht. Und ich halte Zusagen, die ich einmal gegeben habe, ein." Er nimmt sich auch Zeit für sich selbst, dann erhalten alle Freunde von ihm eine E-Mail, in der er sie in liebevollen Worten um Verständnis dafür ersucht, dass er jetzt in eine Klausur oder auf eine Reise geht und daher die nächsten drei Monate nicht erreichbar sein wird.

Die neuen Reichen werden die Zeitreichen sein. Zeitreichtum heißt, die Macht zu haben, seine Zeit für jene Dinge zu nutzen, die einem wirklich wichtig sind. Das ist übrigens ganz leicht herauszufinden. Schreiben Sie einfach alles, was Ihnen in Ihrem Leben wichtig ist, auf ein Post-it-Zettelchen. Wenn Sie sich dann fragen, wie viel Zeit Sie jeden Tag dafür aufwenden, was da auf dem kleinen gelben Stück Papier geschrieben steht, wird Ihnen schnell bewusst, dass das eine gute Gelegenheit ist, einiges zu ändern.

Das Schöne ist, dass ausreichend Zeit für alle da ist. Die Zeit ist immer im Jetzt. Wir brauchen leider meist Krankheiten oder schwere Schicksalsschläge, um plötzlich in das Jetzt geworfen zu werden. Das Geheimnis der Zeit liegt in diesem Gedicht von Jorge Louis Borges verborgen:

„Die Zeit ist ein Strom, der dich mitreißt, aber du bist der Strom. Sie ist ein Tiger, der dich zerfleischt, aber du bist der Tiger. Sie ist ein Feuer, das dich verzehrt, aber du bist das Feuer."

Es gibt viele einfache Möglichkeiten, dieses Leben im Jetzt zu üben. So empfiehlt uns Bruder David, jeden Tag eine Viertelstunde früher aufzustehen, um etwas Zeit für uns selbst zu gewinnen. Zeit, in der wir nichts Praktisches zu tun brauchen. An dieser zusätzlichen Zeit können wir uns einfach erfreuen, nur das zu tun, was wir genießen wollen. Manche hören Musik, andere meditieren und wieder andere trinken ganz bewusst und völlig ungestört ihren Kaffee oder Tee. Diese kurze Einstimmung und Begrüßung des neuen Tages erdet uns in uns selbst, bevor wir uns dem Notwendigen des Tagesablaufs ausliefern.

Wenn wir am Beginn des Tages nicht fragen: „Wie hole ich heute am meisten aus diesem Tag heraus?", sondern: „Wie kann ich jemanden ein wenig glücklicher machen?", sind wir am Ende selber glücklicher. Jemand, der die frühe Morgensonne als Geschenk erlebt hat, wird viel eher wie eine kleine Sonne durch den

Tag gehen und anderen Menschen strahlend entgegenkommen. Wir können lächeln. Wir können andere wärmen. Wir können den Tag für andere aufhellen.

Die „Schule des Herzens" heißt, die Anforderungen und Aufgaben des Tages aus ganzem Herzen anzugehen. Arbeit wird von vielen als notwendiges Übel gesehen, um die Miete zahlen zu können. Die Maxime „Zeit ist Geld" treibt die Wirtschaft in immer neue Effizienzsteigerungsprogramme hinein, durchleuchtet jede Lücke in der Organisation nach Einsparungspotenzialen, um dann an der Börse zu sehen, dass auf einmal die ganze Organisation nur mehr die Hälfte wert ist und die zuvor mühsam eingesparten Milliarden sich über Nacht in nichts aufgelöst haben. Doch auch wir wollen manchmal unsere Zeit am Arbeitsplatz möglichst schnell „hinter uns bringen". Wenn wir aber die Stunden zusammenzählen, die wir in unserem Leben damit verbracht haben, „etwas hinter uns zu bringen", macht das wohl leicht die Hälfte unserer bisherigen Lebenszeit aus. Denken Sie an Ihr kleines gelbes Post-it.

Wer am Morgen in den Bus, die Bahn oder das Auto steigt, wenn es noch dunkel ist, braucht gar nicht beginnen, sich Sorgen über den kommenden Tag zu machen. Wir müssen nur auf den Augenblick, wenn das Licht aus der Dunkelheit kommt, achten und uns darüber freuen, dass wir einen neuen Tag erleben werden. Dann können wir uns fragen: „Welche Haltung sollte ich diesem Tag entgegenbringen? Wofür ist es Zeit? Was ist mir heute wichtig?"

Mitgefühl beginnt mit Großzügigkeit und Achtsamkeit

Großzügigkeit kann auf gesunde Art ansteckend wirken. Derjenige, der etwas bekommt, spürt auch, dass es sich dabei eben nicht um ein Tauschgeschäft handelt, bei dem man eine genau bemessene Leistung gegen eine entsprechende Gegenleistung tauscht. Wie oft waren wir schon freudig überrascht, dass wir von jemandem etwas empfangen haben, das wir offensichtlich so gar nicht verdienten. Und welches schöne Gefühl ist es, jemanden mit seiner Großzügigkeit zu erfreuen. Wir können auch mit unserem Mitgefühl großzügig sein. Unsere Welt ist so entfremdet, dass wir buchstäblich nicht mehr in Berührung miteinander stehen. Es hilft schon, wenn wir jemanden konkret wissen lassen, dass er uns wirklich etwas bedeutet. „Ich habe herausgefunden, dass durch eine ganz leichte Berührung ein kraftvoller Impuls von Güte und Wohlwollen vermittelt werden kann", empfiehlt Bruder David eine ganz einfache Geste, die große Wirkung haben kann.

Für die Mönche bietet das gemeinsame Mittagessen eine gute Möglichkeit für die tägliche Schulung in Aufmerksamkeit. So steht in der Regel des Heiligen Benedikt, dass man nie selber um etwas bittet, sondern immer darauf zu achten hat, was ein Nachbar braucht. Dass diese Regel nicht nur das Mitgefühl schult, sondern manchmal auch den Verstand, zeigt folgende Geschichte. Ein Mönch isst seine Suppe und sieht, dass eine Maus in seinen Napf gefallen ist. Was soll er tun? Er soll ja auf die Bedürfnisse seines Nachbarn und nicht auf seine eigenen achten. So behilft er sich damit, den bedienenden Mönch zu rufen und ihn darauf hinzuweisen: „Mein Nachbar hat keine Maus bekommen."

Interessant ist, dass bei der Auswahl von Astronauten genau diese Persönlichkeitseigenschaft – der völligen Orientierung an den Bedürfnissen der anderen – ein ganz entscheidendes Auswahlkriterium darstellt. Diese wird dann auf härteste Prüfungen gestellt, wenn man oft monatelang auf engstem Raum zusammenarbeiten muss. Ich bin überzeugt, dass es noch viel mehr Gemeinsamkeiten beim Training von Astronauten, einer der modernsten Berufungen, und der täglichen Praxis von Mönchen, einer der ältesten Berufungen des Menschen, gibt.

Für Bruder David ist selbst das Abstauben seiner wenigen Möbel in der Einsiedelei ein liebkosendes Berühren. Die jungen Mönche im Zen-Kloster Tassajara, erzählt er, die mit dem Saubermachen beauftragt wurden, wollten das praktisch, schnell und gründlich hinter sich bringen. „So geht das nicht. Wenn ihr den Besen in der Hand habt, soll die Hand zum Staub sagen: ‚Verzeih, aber du bist zurzeit am falschen Platz. Erlaube, dass wir dir weiterhelfen, wo du hingehörst', rügte sie der Zen-Meister." Wer lernt, so mit dem Staub umzugehen, der ist auch achtsam mit sich selbst und seinen Mitmenschen gegenüber.

Mitgefühl – wie können wir anderen bei der Bewältigung ihrer Verletzung helfen?

„Natürlich kann man einem Menschen im Augenblick des größten Leidens überhaupt nichts sagen, man kann nur bei ihm sein. Hiob, dem sprichwörtlich Leidenden in der Bibel, gehen alle seine Freunde, die ihm gute Ratschläge geben, irgendwann nur mehr ganz fürchterlich auf die Nerven. Aber man muss seinen Freunden zugute halten, dass sie ganz am Anfang eine Woche lang im Schweigen bei ihm sitzen. Und das ist das Entscheidende. Gegenwärtig sein, die Hand halten, Mitgefühl zeigen, das hilft", sagt Bruder David. Das ist viel besser als alle Ratschläge, denn Ratschläge sind oft vor allem Schläge.

Denn wenn man etwas sagen könnte, müsste es lauten: „Was du jetzt im Augenblick an großen Schmerzen erlebst, ist offensichtlich auszuhalten. Und daher denke nicht daran, dass das Leiden in der Zukunft immer noch ärger werden wird, dass du das nicht wirst aushalten können. Lass die Zukunft in Frieden und bleibe im Augenblick." Wir leiden meistens an der Zukunft und nicht in der Gegenwart. Jetzt gerade ist es zwar schmerzhaft, aber erträglich. Wir können lernen, zwischen unserem Leiden und unserer Person zu unterscheiden. Es ist ein großer Unterschied, ob wir ein Leiden haben oder ob wir das Leiden sind. Um es in den Worten von Bruder David zu sagen: Der Schmerz ist unvermeidlich. Unser Leiden können wir beeinflussen.

Zum ganzen Menschen gehören Leib und Geist, Sinnlichkeit und Sinnfindung. Ein Herzensmensch ist, wenn man über ihn wirklich sagen kann: Das ist ein *Mensch*. Als Bischof Desmond Tutu Nelson Mandela bei seiner Inauguration als Präsident von Südafrika vorstellte, beschrieb er ihn als jemanden, der *Obuntubotho* besäße. *Obuntubotho* ist die Essenz des Menschen.[2] Es geht dabei um Menschlichkeit, Verletzbarkeit und die Verbundenheit mit allen anderen. Es vereinigt Mitgefühl und Zielstrebigkeit. Man spürt sofort, wenn es da ist und wenn es fehlt. Das jiddische Wort für *Obuntubotho* ist *Mensch*. Die „Schule des Herzens" ist daher immer eine Schule des Menschseins. Wie schön wäre es, ein etwas besserer Mensch zu sein.

---

1 Alle Zitate und Inhalte in diesem Kapitel stammen aus zwei langen persönlichen Interviews mit Bruder David in Wien im Juni 2008 und in Krems im September 2008 sowie aus folgenden beiden Büchern: David Steindl-Rast: Die Achtsamkeit des Herzens, Freiburg im Breisgau, Herder 2005 und David Steindl-Rast: Musik der Stille – Die gregorianischen Gesänge und der Rhythmus des Lebens, Freiburg im Breisgau, Herder 2008.
Alle, die sich ausführlicher mit dem Lebenswerk dieses großen spirituellen Lehrers auseinandersetzen wollen, sei die Website www.gratefulness.org empfohlen. Dort finden Sie auch weitere Werke von ihm.
2 Elizabeth Lesser: The Seeker's Guide, New York, Willard Books 1999, S. 397

Die Lehren des Glücksforschers Mihaly Csikszentmihalyi

Was wir gemeinsam mit unseren Kindern über Freude, *flow* und Sinn lernen können

„Die wirkliche Quelle unseres Glücks liegt darin, mit Freude das zu tun, was langfristig gut für uns und die Gesellschaft ist."
Aristoteles

Die Klugheit des Hausmeistersohns und die tödliche Dummheit der Reichen

Knapp vor Ende des Zweiten Weltkriegs entschied der Vater von Csikszentmihalyi, dass er und seine Mutter von Budapest nach Venedig kommen sollten, wo er als ungarischer Generalkonsul arbeitete. Mehr als die Hälfte seiner Familienmitglieder, die ihn am Bahnhof von Budapest verabschiedeten, waren wenige Monate später tot, als Folge der russischen Belagerung. „Was mich für den Rest meines Lebens geprägt hat, war die Einsicht, dass alle meine Familienmitglieder, die hochgebildet und wohlhabend waren, sich in ihrer Einschätzung der Situation so völlig geirrt hatten. Sie wussten alles über das schlechte Theaterprogramm und die Moskitos in Venedig, aber die Gefahr vor ihrer Haustüre übersahen sie völlig. Sie waren so davon überzeugt, dass die ‚ungebildeten russischen Barbaren' keine Chance haben würden, die Deutsche Wehrmacht vor Budapest zu besiegen. Der Einzige in meinem ganzen Umfeld, der klar gesehen hatte, was passieren würde, war der neunjährige Sohn des Hausmeisters meines

Onkels: ‚Heute seid ihr alle wohlhabend und fühlt euch sicher, in fünf Monaten wird alles ganz anders sein.' Ich lachte ihn wie alle anderen aus. Es zeigte sich, dass der kleine Hausmeistersohn die Informationen und Signale rund um ihn viel klarer interpretierte als alle gebildeten und reichen Leute. Dieses Erlebnis hat mir die Augen geöffnet. Ich habe für mich beschlossen, mir selbst und anderen dabei zu helfen, immer die Realität klar zu sehen und diese nicht zu verdrängen."

Diese bitteren Erfahrungen weckten in Csikszentmihalyi das Interesse für Philosophie, Literatur und Religion. Durch einen Zufall hörte er als 15-Jähriger einen Vortrag von C. G. Jung in der Schweiz. „Das, was er sagte, unterschied sich fundamental von allem, was ich bis dahin gehört hatte. Von diesem Augenblick an war ich von Psychologie fasziniert und ging dann auch später in die USA, weil man dort besser studieren konnte." Csikszentmihalyi arbeitet übrigens seit seinem 14. Lebensjahr und schloss daher nie eine Schule ab. In den USA gab es damals eine Studienzulassungsprüfung, zu der man auch antreten konnte, wenn man überhaupt keine Schulzeugnisse hatte, die er bestand.

Die Erforschung der Freude als Lebensziel

Csikszentmihalyi prägte auch die Erkenntnis, dass seine überlebenden Familienmitglieder, die sich bis dahin nur über Status und Besitz definiert hatten, ihre Lebensperspektive völlig verloren, als sie materiell nichts mehr besaßen. Sie verfügten über keinerlei innere Antriebskräfte, sondern waren völlig von ihrem materiellen Besitz abhängig. Und daher beschloss er, etwas in seinem Leben zu tun, das langfristig für ihn und die Menschen Sinn stiften würde. Er wollte auch in keiner Welt leben, die von Ignoranz, Selbstsucht und der Jagd nach materiellen Gütern beherrscht würde. Die Erforschung der Freude war das, was ihn begeisterte. Er wollte herausfinden, was Menschen in ihrem Tun antrieb und wie sie dabei Freude und Sinn empfinden konnten.

Eine „Schule des Herzens" ist auch immer eine Schule der Freude. Wir werden verblüfft feststellen, dass Csikszentmihalyi mit den Methoden der empirischen Sozialforschung zu fast den gleichen Handlungsempfehlungen über die Befähigung zum täglichen Glück kommt wie Bruder David.

Warum der Mensch zum Guten veranlagt ist

Die Psychologie hat sich immer nur mit der negativen Seite des Menschen auseinandergesetzt. Du kletterst bloß deshalb auf hohe Berge, um deine Männlichkeit zu beweisen. Du hilfst anderen nur deshalb, weil du dich selbst hilflos fühlst. Jedes positive Verhalten des menschlichen Lebens wurde immer nur als Kompensation von Defiziten erklärt. Bis zu einem bestimmten Ausmaß war diese Analyse menschlichen Verhaltens durchaus zutreffend, lediglich der Versuch, alles nur mehr mit den Defiziten und Komplexen des Menschen zu begründen, ist für Mihaly Csikszentmihalyi lächerlich. Dieses Denken führte zu einer Vielzahl von falschen Schlüssen ähnlich wie in der Astronomie vor Kopernikus. Es macht einen großen Unterschied, ob wir die Erde oder die Sonne als Mittelpunkt unserer Welt definieren. Das Selbstbildnis des Menschen als Mittelpunkt der Schöpfung wurde massiv von den Lehren Darwins, Marx' und Freuds in Frage gestellt. Sie zeigten, wie fragil die Natur des Menschen ist, unterworfen den Gesetzen der Genetik, den sozialen Klassen und den Trieben. Aber auch die Schrecken zweier Weltkriege, die Millionen von Menschen scheinbar ohne vernünftigen Grund vernichteten, stellten die Menschheit als zivilisierte Rasse fundamental in Frage. Diese alte Sicht der Dinge lautet, dass wir nach wie vor Teil des Tierreiches sind und primär von niedrigen Instinkten getrieben werden.

Warum bei den Pavianen die Klügsten über die Stärksten herrschen

Dass die Stärkeren die Schwächeren fressen, stimmt zweifellos für Insekten. Aber neuere Untersuchungen über Paviane zeigen, dass unsere Vorstellung, dass die Alpha-Männchen alle anderen beherrschen und die meisten Kinder haben, so nicht stimmt. Eine Studentin Csikszentmihalyis hat Paviane 16 Jahre lang in Kenia beobachtet und so viele von ihnen von ihrer Babyzeit bis ins Alter studieren können. Es zeigte sich in ihren Studien, dass eben nicht die aggressivsten Paviane zu den Herrschern im Pavianstamm aufstiegen, sondern jene mit dem intelligentesten Sozialverhalten – und dieses hatten sie von ihren Müttern gelernt. Die Herrscher konnten Koalitionen schmieden und hatten viele Freunde, die sie im Ernstfall gegen aggressive andere Paviane verteidigten. Diese und andere Tierstudien zeigen, dass nicht das Vorbildverhalten dominanter Väter, sondern das kluge Sozialverhalten der Mütter für den sozialen Status in der Gruppe verantwortlich ist.

Wenig Glück bei Verlegern hatte Csikszentmihalyi, wie so viele spätere Erfolgsautoren, bei dem ersten Versuch, seine neuen Ideen zu veröffentlichen. Er schrieb ein Buch über die Evolutionstheorie, das bei einem Verlag zuerst durchaus Anklang fand. Der Verlag ließ es dann von einigen „Fachkollegen" prüfen, die es durch die Bank zerrissen. Einer schrieb: „Herr Csikszentmihalyi hat so ziemlich alles über die Evolutionstheorie gelesen und so gut wie nichts verstanden." Nach dem großen Erfolg mit *flow* kam dieses Buch dann in stark veränderter Form doch als „Dem Sinn des Lebens eine Zukunft geben"[1] heraus – mein persönliches Lieblingsbuch von ihm.

Mihaly Csikszentmihalyi sieht in der Evolution nicht nur das Gesetz des Stärkeren, sondern vor allem auch das Prinzip der Kooperation als einer der wirkungsvollsten Grundsätze für das langfristige Überleben. Das Streben nach Veränderung und Verbesserung liegt für ihn tief im kollektiven Bewusstsein der Menschen verankert:

„Die Zeit der Unschuld ist vorbei. Unsere Spezies ist zu mächtig geworden, um sich allein von Instinkten leiten zu lassen. Wir müssen erkennen, welche Motive unser Handeln steuern und welche Rolle wir in der Evolution spielen. Wenn wir auch weiterhin eine Geschichte haben wollen, müssen wir bereit sein, sie zu gestalten."

Der Schlüssel zum Glück – die drei Elemente der Positiven Psychologie

flow entdeckte Csikszentmihalyi zufällig beim Beobachten von spielenden Kindern. *flow* ist das Gefühl, wenn wir gänzlich in einer Tätigkeit aufgehen und die Zeit darüber vergessen.[2] Wir erleben dabei den Prozess als Fließen von einem Augenblick zum nächsten und spüren irgendwann keine Trennung mehr zwischen uns und der Umwelt. Wir alle haben diese Erfahrung selbst als Kinder am Spielplatz gemacht, wenn uns unsere Mutter mit sanfter Gewalt nach Hause schleppen musste, weil wir völlig das Zeitgefühl verloren hatten. Csikszentmihalyi erkannte auch sofort die Gemeinsamkeiten mit den großen spirituellen Traditionen. Der indische Yogi perfektioniert seine Kontrolle über seinen Körper mit dem Ziel, alle Grenzen zwischen dem Selbst und dem Anderen aufzulösen. Einer der wichtigsten Züge des *flow* ist, dass wir uns diesem Erlebnis um des Zustandes willen hingeben und nicht wegen der verbundenen äußeren Belohnungen. Das hat natürlich radikale Konsequenzen für unsere so strikte Trennung in Freizeit und Arbeit. Es heißt nämlich, dass wir *flow* und somit Freude in jeder Tätigkeit empfinden könnten. Bruder David würde sagen, jede scheinbar sinnlose oder jede mühevolle Tätigkeit bietet uns Gelegenheit, *flow* zu erleben und dafür dankbar zu sein.

Was sind die drei Elemente, die uns in eine positive Glücksspirale bringen können?

1. *flow*
2. Sinn – das ist die individuelle Bedeutung, die eine Tätigkeit für uns hat.
3. Freude – damit ist die Genussfähigkeit gemeint.

Wie hängen nun *flow*, Sinn und Freude zusammen?

Durch das Engagement für eine Sache entsteht *flow*. Das was wir dabei schaffen, hat Sinn für uns. Daraus gewinnen wir Freude.

Oder anders formuliert: Wenn wir vollständig in etwas aufgehen, das wir selbst als sinnvoll empfinden, werden uns *flow*-Erlebnisse zuteil. Die Freude, die daraus resultiert, ist der Schlüssel zu einem glücklichen Leben.

Was wir als sinnvoll empfinden, ist natürlich individuell sehr verschieden. Aber wahrscheinlich werden die meisten Menschen zustimmen, dass es sinnvoller ist, sich für benachteiligte Kinder einzusetzen als Kreuzworträtsel zu lösen. Und vermutlich werden auch viele beipflichten, dass das Engagement von Mutter Teresa sinnvoller war als Formel-1-Rennen zu gewinnen. Ungeachtet dessen können aber all diese Aktivitäten *flow*-Erlebnisse auslösen, denn es gibt keine Hierarchie der Wertigkeiten der Erlebnisse. Ein Kriterium, wie sinnvoll ein Engagement ist, könnte zum Beispiel sein, wie weit es über den engen Rahmen einer Disziplin hinausgeht. Ein Schachweltmeister und der beste Golfspieler der Welt gelten letztlich vor allem in ihrem Bereich als einzigartig. Die Lebensleistung von Nelson Mandela berührt wahrscheinlich weit mehr Menschen als die eines Weltklasseläufers. Gerade das Beispiel von Nelson Mandela zeigt auch, wie viele Verletzungen ein Mensch überstehen kann, wenn er Sinn in seinem Leben sieht.

Was wir von unseren Kindern über *flow* lernen können

Wer Kindern beim Spielen zuschaut, kann den *flow*-Effekt sofort erkennen, ohne ein Forscher zu sein. Nur bei oberflächlicher Betrachtung aus der Erwachsenenperspektive ist das, was wir sehen, „Spiel", wir könnten es genauso gut Arbeit nennen. Aber beide Bezeichnungen sind irreführend, weil sie eben künstlich zwischen Ernst und Spaß trennen anstatt zwischen dem, was uns Freude macht, und dem, was uns ängstigt oder langweilt. Diese Zusammenhänge hat Maria Montessori schon vor 100 Jahren erkannt. Überlässt man Kinder sich selbst, suchen sie mit der Unvermeidlichkeit eines Naturgesetzes *flow*-Situationen auf. Sie tun Dinge, die sie genau so weit herausfordern, dass sie diese gerade noch schaffen können. Genau so weit gehen sie, dann hören sie auf, weil sie entweder die Möglichkeiten dieses Spiels ausgeschöpft haben oder mit ihrem Können am Ende sind. Auf diese Weise lernen Kinder, Sandburgen zu bauen, Fahrrad zu fahren, zu singen, zu tanzen, weit zu springen und vieles mehr. Das ist auch der Grund, warum es Kindern leichtfällt, durchaus komplexe Fähigkeiten, wie den Gebrauch eines Mobiltelefons oder Computerspiels, zu erlernen. Dieses selbstbestimmte, spielerische Erforschen scheinbar ohne Zweck führt zu weit besseren Ergebnissen als das genau vorstrukturierte Lernen abstrakter Dinge in der Schule.

Das was wir bei den Kindern sehen, ist das gleiche Geheimnis, warum uns als Erwachsene Tätigkeiten, für die wir weder bezahlt noch belohnt werden, so viel Freude machen. Wir tun sie, nicht weil wir müssen, sondern um der Sache willen. Der völlig unmotivierte Arbeiter, der im Betrieb ständig auf die Uhr blickt, wann er endlich nach Hause darf, entpuppt sich in seiner Freizeit als begeisterter Hobbytischler, fleißiger Gärtner, disziplinierter Marathonläufer, Schachmeister oder Trainer einer Jugendmannschaft.

Was wir tun können, um Kinder glücklich zu machen

In dem Augenblick, wo wir Kinder danach bewerten, ob das, was sie tun, konkrete Ergebnisse bringt oder nur „Zeitverschwendung" ist, legen wir den Grundstein für die Entpersönlichung, unter der wir alle so leiden. Die Trennung in das, was nützlich ist, und das, was Freude machen darf, ist das Grundübel unserer entmenschlichten Gesellschaft. Viel zu früh lernen Kinder innere Freude an dem, was sie tun, mit organisierter Freizeit und kurzfristiger Konsumbefriedigung zu verwechseln. Das erste Alarmzeichen ist, wenn Kinder – und Erwachsene – beklagen, dass nichts los sei, obwohl ständig Events und Angebote auf sie niederprasseln.

Dabei wäre alles vorhanden, was für eine gesunde Erziehung notwendig ist, meint Csikszentmihalyi. Das beginnt damit, dass man Kindern zeigt, was sie mit ihrem Körper alles machen können, von Purzelbaumschlagen, Kampfspielen oder Jonglieren bis zum Tanzen. Danach könnten Kinder lernen, was sich zum Beispiel mit dem Atem alles anfangen lässt: Singen, Schreien, Gedichte aufsagen. Mit den Fingern kann man Lehm formen, Farbe verschmieren, Werkzeuge benützen. Es ist eine Ironie, dass die Städteplaner der Großstädte beim Versuch, kindergerechte Umwelten zu schaffen, oft Dschungel oder Slumlandschaften gestalten, auf denen Bauholz, kaputte Reifen, ein ausrangierter Autobus und alte Mauern die wichtigsten Gestaltungselemente sind.

Csikszentmihalyi plädiert dafür, dass die erste Erziehung eine künstlerische sein sollte. Es ist wichtig, dass Kinder aus den sie umgebenden Tönen und Klängen Muster heraushören lernen. Sie sollen mit Wörtern spielen, wilde Sätze und fürchterliche Wortspiele zusammenstellen, um ein Gefühl der Beherrschung der sprachlichen Werkzeuge zu erlangen. Ein Kind, das dazu geführt wird, alle Fähigkeiten seines Körpers und Geistes zu entwickeln, wird nie gelangweilt sein. Wenn es wie beim Spielen seine Fertigkeiten ständig weiterentwickelt, kann es *flow* erleben und sein Selbstwertgefühl aufbauen. Diese positiven Gefühle werden sich unabhängig davon einstellen, ob man mit seinem Kind einfach nur spielt oder eine schwierige mathematische Aufgabe löst.

Es ist also ganz wichtig, zu verstehen, dass „angestrengtes konzentriertes Arbeiten" eben nicht automatisch zu Unlustgefühlen führen muss. Eltern sollten daher nicht in die „Bestechungsfalle" tappen, ihr Kind erst mit Druck zwingen, zwei Stunden zu üben, um es dann mit einem Stück Schokolade oder gar fünf Euro dafür zu belohnen, weil es so brav war. Damit verstärkt man genau jenes verheerende Muster, dass wir uns in der Freizeit für das Leid der Arbeit mit Konsum entschädigen. Eine Umarmung durch den Vater oder die Mutter und ein aus dem Herzen kommendes „Ich bin sehr stolz auf dich" zeigen dem Kind, was die echte Währung für Wertschätzung ist.

Der schmale Pfad, der zum *flow*-Erlebnis führt

Sinnvolle Talentförderung erfordert von den Eltern viel Genauigkeit, Aufmerksamkeit und Kreativität. Eine der wichtigsten Voraussetzungen, damit Ihr Kind Freude an der Ausübung seines Talents hat, liegt darin, das richtige Maß zwischen Unterforderung, die zur Langeweile führt, und Überforderung, die in Frustration endet, zu finden – das ist der Schlüssel zum *flow*-Erlebnis für Kinder und uns Erwachsene. Dieser schmale Pfad lässt sich aber nicht leicht finden.

Wenn sich Lehrer genauso wie Eltern als Erstes die Frage stellen würden, wie man Lernen möglichst erfreulich gestalten kann, würden die Leistungen der Schüler automatisch steigen. Theoretisch kann jede Lernaufgabe spannend gestaltet werden, wenn man sich an den individuellen Fähigkeiten des Kindes orientiert und die beiden Hauptfeinde des *flow*-Erlebnisses, Angst und Langeweile, vermeidet. Dass das durchaus auch in der schulischen Praxis funktioniert, beweist die Key School in Indianapolis, die als erste Schule der Welt auf den Prinzipien des *flow* und dem von Harvard-Professor Howard Gardner entwickelten Konzept der multiplen Intelligenz aufbaut.[3]

Eltern verfügen über eine Vielzahl von sehr wirksamen Möglichkeiten, um ihren Kindern zu helfen, ihre positiven Anlagen mit Freude selbst zu entwickeln. Ein Talent, das seine Bestimmung erfüllt, kann zu einer Quelle des Glücks und auch des beruflichen Erfolgs werden, die ein Leben lang kräftig fließt.

Was Ihr Wohnzimmer über den Studienerfolg Ihres Kindes aussagt

Ein Forschungsteam von Csikszentmihalyi untersuchte 600 amerikanische Schüler vier Jahre lang, um herauszufinden, welche von diesen danach von den besten Universitäten aufgenommen werden. Das Ergebnis war mehr als überraschend:

Die Forscher entdeckten, dass zwei Faktoren mit über 90-prozentiger Wahrscheinlichkeit voraussagen konnten, ob ein 14-jähriger Schüler später nach dem Schulabschluss an eine der besten Universitäten kam.

1. Im Haushalt seiner Eltern gab es mehr als 50 Bücher.
2. Im Zimmer der Schüler stand kein Fernseher.

„Es war einmal ..." – die wichtigsten drei Worte in der Erziehung Ihrer Kinder

Alle Kinder lieben Märchen. Das Vorlesen oder das Erzählen von Märchen durch die Mutter oder den Vater verstärkt durch die menschliche Wärme die positive Wirkung noch. Dafür plädierte der bekannte Kinderpsychologe Bruno Bettelheim bereits Mitte der siebziger Jahre des vorigen Jahrhunderts mit großer Überzeugungskraft. Sein viel zitiertes Buch „Kinder brauchen Märchen" erschien 1977 das erste Mal in deutscher Sprache. Bettelheim fand heraus, dass Kinder aller Entwicklungsstufen mehr Gefallen an Volksmärchen als an jeder anderen Art von Kindergeschichten finden.

Märchen sind für Kinder eine Möglichkeit, zu erkennen, dass es immer, wenn ihnen sehr negative Dinge zustoßen, Vorbilder dafür gibt, wie man schwierige Situationen meistert. Sie lernen, dass aus dem kleinen Jungen ein Ritter werden kann, der den Drachen tötet, oder aus dem Waisenkind, das von seiner Stiefmutter gequält wird, eine Prinzessin werden kann. Wie wichtig die richtige Lektüre in der Kinderzeit ist, betonte bereits Friedrich Schiller: „Tiefere Bedeutung liegt in dem Märchen meiner Kinderjahre als in der Wahrheit, die das Leben lehrt."

Eine Studie von Erich Brunmayr untersuchte die Unterschiede in der Verarbeitung von negativen Kindheitserfahrungen zwischen jener Gruppe, der von den Eltern Märchen vorgelesen wurden, und jener, bei der das nicht der Fall war. 15 Prozent der Kinder in der Studie wurde nie ein Märchen vorgelesen (!). Diese Kinder konnten Alkohol und lautstarke Auseinandersetzungen in ihrer eigenen Familie sowie Mobbing und Gewalt gegen Mitschüler deutlich schlechter verarbeiten als Kinder, denen von ihren Eltern Märchen vorgelesen wurden.[4]

Csikszentmihalyi ist ebenfalls der Meinung, dass die Aufmerksamkeit und Liebe, die Eltern ihren Kindern geben, indem sie sich Zeit für das Vorlesen oder Erzählen nehmen, ungemein wichtig für die positive Entwicklung der Kinder sind. Märchen sind also Modelle für das Kind, mit deren Hilfe es lernt, zu erkennen, dass man immer etwas tun kann, um zu überleben.

Der Wissenschaftler und der Mönch – zwei Sprachen und eine Botschaft

Die Sprache des Wissenschaftlers Mihaly Csikszentmihalyi und des Benediktinermönchs Bruder David könnte nicht unterschiedlicher sein – ihre Botschaft an uns ist die gleiche:

1. Freude existiert unabhängig von allen materiellen Maßstäben, das beste Beispiel dafür ist die Liebe.
2. Glück kommt immer aus der Tätigkeit selbst und nicht von dem, was wir dafür bekommen. Wann immer man etwas nur deshalb tut, um in der Zukunft dafür belohnt zu werden, dann ist man schon im Zweckdenken und dieses zerstört das *flow*-Erlebnis.
3. Es gibt keine von Gott gewollte Trennung in nützliche, aber mühevolle und wertlose, aber lustvolle Tätigkeiten. Auch wenn wir angenehme Tätigkeiten wie Essen oder Freizeitaktivitäten maximieren, kann das zur Abstumpfung unserer Sinne führen. Auf der anderen Seite bietet jede Tätigkeit, auch wenn sie scheinbar unproduktiv ist wie Spielen oder Routine wie Staubwischen, Gelegenheit für Gefühle der Freude.
4. Glück kann man nur im Augenblick erleben.
5. Tue das, was du tust, mit ganzem Herzen.

Diese fünf einfachen Grundsätze bei Kindern wiederzuentdecken, sie darin zu bestärken und diese Glücksfähigkeit jeden Tag zu üben, wäre schon eine wertvolle Aufgabe.

---

1 Mihaly Csikszentmihalyi: Dem Sinn des Lebens eine Zukunft geben – Eine Psychologie für das 3. Jahrtausend, Stuttgart, Clett-Cotta 1995
2 Mihaly Csikszentmihalyi: Das *flow*-Erlebnis, Stuttgart, Clett-Cotta 1999
3 Die Key School war die erste Schule der Welt, die mit dem Ziel gegründet wurde, die Prinzipien von Howard Gardner und das *flow*-Modell von Mihaly Csikszentmihalyi in der schulischen Realität umzusetzen. Dementsprechend groß war von Anfang an das öffentliche Interesse an diesem Projekt. Als die Key School im Herbst 1987 eröffnet wurde, gab es Beiträge in führenden US-Fernsehsendern wie ABC News oder CBS und in den meinungsbildenden Zeitungen wie der „New York Times" oder dem „Life Magazin". Die Schule fühlt sich den Werten der Zusammenarbeit und der Gemeinschaft verpflichtet. Die Schüler lernen, einen Standpunkt mit Eloquenz, Deutlichkeit und Selbstvertrauen darzulegen (www.keyschool.org).
4 Erich Brunmayr: Niederösterreich-Jugendstudie 2006

Der Mut des Visionärs
Wie Bill Strickland mit Orchideen, Jazz und einer Handvoll Lehm aus Drogendealern Menschen mit Hochschulabschluss macht

Wenn Sie ein Afroamerikaner in Pittsburgh wären, der beschließt, eine Schule und ein Lernzentrum für gefährdete Jugendliche zu gründen, würden Sie wahrscheinlich zu den Stadtvätern gehen, sie um ein aufgelassenes Fabrikgebäude, einige arbeitslose Junglehrer und eine Subvention bitten. Bill Strickland ist anders.[1]

Er überzeugte einen ehemaligen Schüler des berühmten Architekten Frank Lloyd Wright[2] davon, ein Modell für das weltweit einzigartige Schulungszentrum für benachteiligte Jugendliche zu bauen. Allein das Modell kostete 10.000 Dollar, was mehr Geld war, als er damals besaß. Als er begann, bewaffnet mit dem Modell, seine Vision potenziellen Sponsoren zu präsentieren, fragten diese: „Ist das nicht ein bisschen zu aufwendig für ein Zentrum für Arme?" – „Das ist kein Zentrum für Arme, das ist ein Zentrum für Erfolg", antwortete Bill Strickland. „Wie viel soll der Bau kosten?" – „Fünf Millionen Dollar." – „Hör auf, Bill, wir brauchen kein Tadsch Mahal in Manchester." Manchester heißt die Gegend im Zentrum von Pittsburgh, die für ihre Gefährlichkeit berüchtigt ist. Bill ist selbst in Manchester aufgewachsen, vier Straßen entfernt von dem Platz, wo heute das Manchester-Bidwell-Zentrum steht.

Ein Labor für eine bessere Welt – warum Ghettos mehr Springbrunnen brauchen

Heute besteht Manchester Bidwell aus drei separaten Gebäuden und hat 150 hauptamtliche Mitarbeiter. 1200 Kinder und Jugendliche aus Risikofamilien, aber auch allein erziehende Mütter nehmen jährlich an den Programmen teil. 90 Prozent der Kinder, die durch das Manchester-Bidwell-Schulungszentrum gehen, schließen die Highschool ab, 85 Prozent besuchen anschließend ein College. Diese Zahlen liegen bei Ghetto-Kids üblicherweise um die zehn Prozent. Vor dem Zentrum steht ein riesiger Springbrunnen wie vor einem Luxushotel. Drinnen gibt es überall frische Orchideen und das ganze Gebäude ist mit Licht durchflutet. Es haftet ihm weder der Mief an, der sich in vielen unserer Schulen festgesetzt hat, noch die kalte Distanziertheit Plastik bestuhlter öffentlicher Sozialeinrichtungen. „Gott hat Wasser, Blumen, Licht und Schönheit für alle Menschen geschaffen, nicht nur für die Reichen. Natürlich wäre der Springbrunnen nicht notwendig, aber ich will allen, die herkommen, schon beim Eingang zeigen, wie sehr sie ihren Erfolg verdienen", sagt Strickland über seine Philosophie.

Dafür vermisst der Besucher andere Dinge, die an den meisten Schulen in Ghettos in den USA mittlerweile Standard sind. Es gibt keine bewaffnete Security und keine Eintrittsschleuse mit Metalldetektoren. Dafür gibt es Gourmetessen in der Cafeteria und Kunstwerke an der Wand, die genauso gut in Museen hängen könnten. Die Teilnehmer am Fotografiekurs erhalten am ersten Tag eine teuere Kamera und können es meist nicht glauben, dass man ihnen etwas so Wertvolles anvertraut. Die besten Jazzkünstler der Welt treten in der Konzerthalle des Zentrums kostenlos auf. Miles Davis war irgendwann in der Stadt, kam vorbei und machte anschließend einige Telefonate mit Kollegen von ihm ... Die Jazz-Produktionen mit dem Label „Manchester Craftsmen's Guild" haben inzwischen vier Grammys[3] gewonnen. Dass das alles nicht die Marotte eines versponnenen Sozialutopisten, sondern entscheidender Teil einer Erfolgsstrategie ist, zeigen die Ergebnisse. Obwohl die Umgebung zu den Gebieten mit der höchsten Kriminalitätsrate der Stadt zählt, musste in Manchester Bidwell seit der Gründung nie die Polizei gerufen werden. Es gab keine Gewaltdelikte oder Autoeinbrüche am Parkplatz, nicht einmal Graffitis wurden an die Wände gesprayt. Passiert eine wundersame Veränderung ihrer DNA, wenn die Kids die Schwelle des Zentrums überschreiten?

„Wir zeigen unseren Schülern, dass wir ihnen vertrauen, und sie lernen, dass man ihnen vertrauen kann. Wir behandeln sie mit großer Wertschätzung und ernten respektvolles Benehmen dafür. Man kann Menschen nicht beibringen, wie sie mehr aus ihrem Leben machen könnten, wenn sie überhaupt nichts Schönes und Freudvolles in ihrem Leben kennen. Lateinamerikanische und schwarze Kids, die glauben, die ganze Welt ist so grau und fahl wie ihr Ghetto, können hier das erste Mal an einer Orchidee riechen oder erstklassige Jazzmusik hören."

Das Schlimmste, was dir das Ghetto antut, ist das, was es mit deinem Denken macht

„Die meisten Afroamerikaner, die so aufwachsen wie ich, bauen keine Schulen, sondern nehmen Drogen und kommen ins Gefängnis. Ein Junge aus meiner Nachbarschaft, der bis dahin nie besonders aufgefallen war, ging eines Tages in einen Laden und schoss einem jungen Mitarbeiter in den Kopf. ‚Ich habe gehört, dass er meiner Freundin nachgestellt hat, und so etwas mag ich nicht', sagte er teilnahmslos der Polizei, die ihn verhörte. Viele meiner Freunde aus der Schulzeit sind heute so vom Leben gezeichnet, dass sie aussehen, als seien sie 100 Jahre alt. Ich war mir in meiner Kindheit der Verletzungen, die ich hatte, gar nicht bewusst, aber sie waren tief und ernst. Ich wusste nur, dass ich das Leben, das ich um mich herum sah, nicht wollte. Ich habe es meiner Mutter zu verdanken, die mir immer gezeigt hat, dass es auch eine andere, eine bessere Welt gibt."

„Natürlich kann ich die Dunkelheit und das Leiden in vielen der Kinder in meinem Zentrum besonders gut mitfühlen, weil ich genau dieselben Gefühle hatte. Du bist völlig isoliert und hast keinerlei Kontakt mit der Welt draußen, sondern siehst ständig nur Menschen, die Drogen nehmen, sich gegenseitig Gewalt antun. Ich verstand auch die Frustration, dass man zwar die Fähigkeit zu sprechen hatte, aber einem niemand zuhörte. Diese Kinder haben keine Erwartungen, keine Hoffnungen und schon gar keine Träume. Selbst in ihren Fantasien sehen sie sich nicht als Helden, sondern als Überlebende." – „Sie leben also von Tag zu Tag", sage ich. „Nein", unterbricht mit Bill, „sie leben von Stunde zu Stunde."

„Wir sind die kleine Pille, die den Krebs der Seele heilen kann"

Diese Kinder bringen einander für einen 80-Dollar-Sportschuh um. Sie haben überhaupt kein Gefühl für den Wert eines Menschenlebens. Sie wissen aber, welchen Statuswert die neuesten Sportschuhe in ihrer Welt haben. In ihrem Verständnis sind Sportschuhe und das Leben dasselbe. Es fehlt ihnen sogar die Sprache, um Begriffe wie Wertschätzung überhaupt ausdrücken zu können. „Unsere wichtigste Aufgabe hier im Zentrum ist, den Jugendlichen dabei zu helfen, eine neue Wahrnehmung der Realität zu entwickeln. Wir zeigen ihnen, dass sie wertvolle Menschen sind, die in sich die Fähigkeit haben, gute Dinge tun zu können." Und irgendwann erleben sie dann, dass sie auch Wertschätzung von anderen dafür erhalten. „Es ist für diese Jugendlichen der erste und entscheidende Schritt, wenn sie das erste Mal hören:

‚Ich finde deine Ideen gut' oder ‚Großartig, dass du das für mich getan hast'."

Die meisten Kinder kommen nach der Schule in das Ausbildungszentrum von Bill Strickland und werden dort jeden Tag drei bis vier Stunden lang betreut. Den Großteil ihrer Zeit verbringen sie aber weiter mit ihren Freunden im Ghetto und in ihren meist kaputten Familien. Wie kann das funktionieren? „Wir pflanzen ihnen die eine gesunde Zelle ein, die den Krebs bekämpft. Wir geben ihnen kraftvolle Medizin, weil die Ausweglosigkeit und die Frustration mächtige Krankheiten sind. Wenn du Malaria hast, geben sie dir auch nur eine kleine Pille, die die ganze Malaria besiegt. Wir sind diese kleine Pille. Je mehr Kinder wir hier heilen können, umso größer ist auch die Wirkung auf die ganze Umgebung. Irgendwann sprechen sie eine neue Sprache, und das hat auch einen Einfluss auf ihre Familie. Sie gehen auf ein College und kommen zusätzlich bestärkt zurück hierher nach Pittsburgh. Jeder Therapeut weiß, dass die Veränderung von Menschen eine bestimmte Zeit dauert. So funktioniert das. Alles was wir hier tun, das gute Essen, die großartige Architektur des Gebäudes, die Orchideen, sind Wirkstoffe für die Medizin, mit der wir hier den Krebs der menschlichen Seele heilen wollen. Wir verkaufen hier keine Wunder, sondern harte Arbeit."

Alles begann mit einer Handvoll Lehm

„Mein Lehrer und Mentor Frank Ross lehrte mich, in einem Klumpen Lehm eine Metapher für das Leben zu sehen. Ich verstand, dass ich meine Zukunft genau so erschaffen konnte, wie ich aus dem Lehm eine Vase formte – mit Vorstellungskraft, Fertigkeiten und Sorgfalt.

Das was ich heute tue, war nicht der Anfang, sondern stand am Ende eines langen Prozesses des Reflektierens und Suchens. Die Kunst des Töpferns war für mich einfach meine Ausdrucksform, mit der ich die Kinder in meiner Umgebung von der Richtung wegbringen wollte, auf die sie zusteuerten. Ich konnte etwas mit Lehm tun, ich konnte etwas Positives für Kinder tun und ich konnte einen Beitrag zur Verbesserung meiner Nachbarschaft leisten." Das schöpferische Arbeiten mit dem Lehm ist eine Einstiegsdroge, die auch bei vielen anderen wirkt – dabei kann Erstaunliches passieren.

Sharif Bay war ein ganz schüchterner Junge aus der härtesten Gegend von Pittsburgh, als er als 14-Jähriger das erste Mal in das Zentrum kam. Er sprach mit kaum hörbarer Stimme und konnte sich nur ganz schlecht ausdrücken. Er meldete sich zu einem Töpferkurs an, kam auch, reagierte aber nicht auf die Instruktionen des Lehrers, sondern saß nur in einer Ecke und starrte in die Luft. Trotzdem gab ihm der Lehrer jeden Tag seinen Klumpen Lehm. Irgendwann setzte Sharif sich dann vor die Töpferscheibe und begann zu arbeiten. Er lernte schnell die Technik und zeigte ein herausragendes Gefühl für Formen und Farben. Kleine Kunstwerke entstanden aus seinen Händen. Doch etwas noch viel Wichtigeres passierte. Er verspürte das erste Mal, wie unglaublich schön es ist, Erfolg mit etwas zu haben, das einen Sinn hatte. Sharif wollte mehr von diesem Gefühl, er begann die Werke von großen Keramikkünstlern zu studieren, er zeigte anderen Kids die Techniken, er fing an zu lachen und mit der Welt um ihn herum zu kommunizieren – er war ein neuer Mensch. Sharif schaffte es, ein Stipendium für ein College zu bekommen, erhielt ein Fulbright-Stipendium, machte sein Doktorat in Kunst und ist heute selbst ein Professor an der renommierten Winston-Salem State University.

Was war der entscheidende Wendepunkt im Leben dieses Jungen? „Als er begann, an sich selbst zu glauben. Das ist das Wichtigste, was wir hier lehren. Bei ihm war ich sehr skeptisch am Anfang, es dauerte zwei Jahre, bis er langsam begann, auch selbst an das zu glauben, was wir ihm über sich selbst erzählten."

Warum man Ketchup manchmal nicht ablehnen sollte, auch wenn man es nicht mag

Wie treibt Bill Strickland das viele Geld auf, werden Sie sich sicher schon gefragt haben. Der wichtigste Sponsor von Manchester Bidwell war der US-Senator John Heinz, Mitglied der berühmten Lebensmitteldynastie, die auch bei uns für Saucen und Ketchup bekannt ist. Er lud Strickland in sein Büro und bot ihm Unterstützung an, wenn er sein bestehendes Programm um ein Nahrungsmittel-Trainingsprogramm erweitern würde. Strickland äußerte Einwände, weil sie keinerlei Erfahrung mit Nahrungsmitteln hatten und bis dahin vor allem für Berufe im Baugewerbe ausbildeten. „Und was wäre, wenn wir Ihnen eine Million Dollar geben würden?" – „Okay, Mr. Heinz, wir haben gerade beschlossen, dass wir ab sofort in der Lebensmittelindustrie tätig sind." Diese schöne Geschichte soll natürlich nicht davon ablenken, dass Bill Strickland lange hartnäckig, aber erfolglos Klinken bei Bürokraten, Unternehmern und Politikern geputzt hat – auch wenn die Fakten eindeutig für ihn sprechen.

Die Professionalisierung des Guten – so viel würde eine bessere Welt kosten

Was kostet ein Schüler pro Jahr im Manchester-Bidwell-Zentrum, inklusive guten Essens, hervorragender Lehrer, der Betriebskosten des Gebäudes, der Orchideen und all der tollen Programme?

Die Antwort: 10.000 Dollar.

Was kostet es pro Jahr, einen straffälligen Jugendlichen, der bereits mehrmals verurteilt wurde, in ein Gefängnis zu sperren?

Die Antwort: 50.000 Dollar.

Man braucht wohl nicht lange nachzurechnen, um zu glauben, dass es fünf Mal mehr Geld kostet, einen Sicherheitstrakt mit aller Technik zu bauen und ihn mit hochgerüstetem Wachpersonal zu betreiben, als eine großartige Schule mit den besten Lehrern zu führen. Eingesperrt bleiben straffällige Jugendliche meistens sehr lange und es gibt überhaupt keinen nachhaltigen Nutzen für die Gesellschaft – ganz im Gegenteil zu guten Schulen.

Warum ist es dann so schwierig, die Konsequenzen aus diesen Fakten zu ziehen? „Weil wir Menschen komplizierte Wesen sind", lacht Bill. „Unser politisches System wird von Menschen regiert, die nach anderen Kriterien entscheiden. Innovationen werden oft lange unterdrückt, weil man mit ihnen keine Wahlen gewinnen kann. Innovation steht für Unabhängigkeit und unternehmerisches Denken, vom dem fühlen sich viele Gewerkschaften oder Sozialbürokratien bedroht, die um ihre Existenz fürchten, wenn sich die Dinge wirklich ändern würden. Daher gehen die Kandidaten, die gewählt werden wollen, zu diesen Gruppen und nicht zu mir. Ich kann mich aber nicht beklagen, sonst gäbe es dieses Zentrum nicht. Viele konnte ich schon überzeugen, dass die Gegenleistung für die Gesellschaft bei dem, was hier passiert, gewaltig ist. Aber auch wenn es 100 Mal Sinn hat, man muss ständig kämpfen."

Bill Strickland geht es wie jedem innovativen Unternehmer in der Geschichte, man glaubt einfach nicht daran, dass die Dinge so funktionieren könnten, wie er es vorzeigt, weil es eben 100 Jahre anders gemacht wurde. Aber die Argumente von Bill sind mehr als einleuchtend. Wenn 50 Prozent der Kinder aus afro- oder lateinamerikanischen Familien in den USA keinen Schulabschluss schaffen, dann vergrößern sie damit nur die soziale Zeitbombe, die ohnehin schon immer lauter tickt. „Ich bin kein Theoretiker, sondern ein Praktiker, der jeden Montag hierher kommt, um in dieser sehr harten Realität diesen Jugendlichen ihre Chance zu geben. Behandle Menschen gut. Lehre sie, die Schönheit zu genießen. Gib ihnen gutes und gesundes Essen. Das ist mein Job."

Du bist, was du fühlst. Du bist, was du denkst.
Du bist, was du tust.

Muhammad Yunus ist der Begründer der Grameen Bank, die Mikrokredite für Kleinstunternehmer in den ärmsten Ländern der Welt vergibt. 2006 wurde dieser engagierte Sozialunternehmer aus Bangladesch mit dem Friedensnobelpreis ausgezeichnet. Bis dahin war er der Welt genauso unbekannt, wie es heute noch Bill Strickland ist. Stricklands großer Traum ist, seine Idee zu exportieren und 100 Zentren auf der ganzen Welt zu errichten. So gibt es bereits sehr fortgeschrittene Projekte für Israel, Johannesburg und São Paulo. Muhammad Yunus und Bill Strickland sind Beispiele für Menschen, die ihr Leben ganz in den Dienst ihrer Vision stellen. Was haben ein Friedensnobelpreisträger und ein erfolgreiches Schulungszentrum im Ghetto von Pittsburgh mit unserem Leben zu tun?

Mir sind bei den Gesprächen für dieses Buch viele andere Menschen begegnet, die in der Öffentlichkeit niemand kennt, die aber alle einen Nobelpreis für Mitmenschlichkeit und Mut verdienen würden: die Volksschullehrerin, die alle Mühen auf sich genommen und ein schwer behindertes Kind in ihre ganz reguläre Klasse aufgenommen hat, obwohl man ihr keine Unterstützung gab; der junge Betreuer, der im Hospiz Multiple-Sklerose-Patienten betreut, statt einen Managementjob anzunehmen; die Studentin, die neben ihrem Studium Deutschkurse für Migrantinnen organisiert. Sie alle gaben mir die gleiche Antwort auf die Fragen nach dem Warum: „Wir bekommen so ungemein viel zurück."

Bruder David lehrt uns, wie wir unsere Herzen öffnen und jeden Tag Dankbarkeit für die vielen kleinen Dinge empfinden können. Mihaly Csikszentmihalyi zeigt uns, wie wir in allen unseren Tätigkeiten *flow* und somit Freude finden können. Bill Strickland beweist uns im Mikrokosmos von Manchester, wie eine bessere Welt im Großen aussehen könnte – und das unter den schwierigsten Bedingungen.

Es gäbe genug zu tun für uns alle – denn die „Schule des Herzens" liegt vor allem im Tun. Wir könnten zum Beispiel⁴

- einem Kind eine Geschichte vorlesen,
- jemandem einen handgeschriebenen Brief schicken und ihm danken für etwas, das für uns noch heute wichtig ist,
- einen Tag aufs Fernsehen verzichten und uns überraschen lassen, was wir alles mit der gewonnenen Zeit tun könnten.

Das sind alles die sogenannten kleinen Dinge. Und dann gibt es im Leben von uns allen die Augenblicke, wo wir den Wunsch verspüren, etwas Außergewöhnliches zu tun. Aber meistens beschränken wir uns selbst durch unsere Ängste – Angst, zu scheitern, Angst vor Veränderung oder einfach davor, nur kritisiert zu werden und uns zum Narren zu machen. Für mich ist in diesem Zusammenhang sehr interessant, was die beiden Jesuiten Carlo Martini und Georg Sporschill auf die Frage eines Jugendlichen, was denn Jesus als das größte Problem unserer Zeit sehen würde, antworten: „Ich glaube, er würde gerade die wohlsituierten Jugendlichen aufwecken und auf seine Seite bringen, damit sie mit ihm die Welt verändern. Die Welt verändern heißt: Den Menschen ihre Ängste nehmen, Aggressionen eindämmen, die Ungerechtigkeiten zwischen Arm und Reich abschaffen." Martini ist Kardinal und war ernsthafter Papstkandidat und Sporschill gilt als Retter vieler Straßenkinder in Rumänien und Moldawien.⁵

Wir haben wahrscheinlich mehr gemeinsam mit den Ghetto-Kids in Pittsburgh, als wir glauben. So wie sie brauchen wir ungemein viel Mut, um unsere Angst zu besiegen. Der wichtigste Grund, warum wir oft genau die Dinge nicht tun, von denen wir wissen, dass sie richtig wären, ist, dass wir uns davor fürchten, dass sie zu lange dauern oder zu viel kosten werden. Das gilt für unsere ganz persönlichen Entscheidungen, wie eine bestimmte Ausbildung ernsthaft durchzuziehen, neben der Arbeit ein Studium aufzunehmen oder endlich die große Reise zu machen, von der wir immer geträumt haben. Und es betrifft natürlich auch die großen gesellschaftlichen Entscheidungen, wie unser Schulsystem so zu erneuern, dass alle Kinder wirklich nach den modernsten Erkenntnissen der Wissenschaft lernen, oder unsere Altenbetreuung so zu verändern, dass die Alten jene Wertschätzung bekommen, die sie verdienen würden. Der Todfeind der „Schule des Herzens" ist nicht der Hass, sondern die Effizienz. Das heimtückische Gift, das alle großartigen Ideen sofort abtöten will, beginnt immer mit einer Wie-Frage:[6]

Wie sollen wir das tun?
Wie lange wird es dauern?
Wie viel wird es kosten?

Zu den wirklichen Fragen von Bedeutung kommen wir dann gar nicht mehr. Die „Schule des Herzens" lehrt uns, die richtigen Fragen zu stellen:

Ist es wert, das zu tun?
Würde es wirklich etwas verändern?
Würde es das Leben von Menschen verbessern?

---

1 Dieses Kapitel basiert auf meinem ersten Treffen mit Bill Strickland in Stift Melk im Jahr 2007, dem Besuch von Manchester Bidwell und einem langen Gespräch im November 2008 in Pittsburgh sowie auf seinem Buch: Make the Impossible Possible – One Man's Crusade to Inspire Others to Dream Bigger and Achieve the Extraordinary, New York, Double Day 2007

2 Eines der berühmtesten Gebäude von Frank L. Wright ist „Falling Waters", das er als Residenz für einen wohlhabenden Mann gebaut hat. „Falling Waters" liegt in den Wäldern südöstlich von Pittsburgh. Bill Strickland war von diesem Meisterwerk völlig fasziniert, als er es einmal mit seinem großen Mentor Frank Ross besucht hatte.

3 Der Grammy Award gilt als die höchste internationale Auszeichnung für Sänger, Musiker, Tontechniker und Komponisten. Er hat für die Musikindustrie eine ähnliche Bedeutung wie der Oscar für den Film. Am 10. Februar 2008 wurde die 50. Grammy-Verleihung gefeiert.

4 Weitere Beispiele finden Sie in dem Buch: Einfach die Welt verändern – 50 kleine Ideen mit großer Wirkung, München und Zürich, Pendo 2007. Dieses

sehr anschauliche Buch hat bereits Hunderttausende inspiriert und ist Ausgangspunkt einer Bewegung, die in Großbritannien gestartet wurde (www.wearewhatwedo.de).
5 Carlo M. Martini und Georg Sporschill: Jerusalemer Nachtgespräche – Über das Risiko des Glaubens, Freiburg im Breisgau, Herder 2008, S. 31
6 Die negativen Konsequenzen dieses rein instrumentellen Denkens beschreibt der vor allem in den USA sehr populäre kritische Management-Denker Peter Block in seinem Buch: The Answer to How Is Yes: Acting on What Matters, San Francisco, Berrett-Koehler 2001

Die Macht der Vergebung
Wie wir uns mit uns selbst und der Welt versöhnen können

Vergebung passiert nicht durch Zufall. Sie ist eine Entscheidung, die wir treffen können. Wir können entscheiden, dem, der uns Unrecht, Leid oder noch Schlimmeres angetan hat, nie zu vergeben. Das ist ausschließlich unsere Entscheidung, die wir vor niemandem zu rechtfertigen haben. Wenn wir von jemandem tief verletzt wurden, haben wir das Recht, wilde Wut zu empfinden und zornig zu bleiben. Wenn wir jemand anderem oder uns selbst etwas angetan haben, können wir uns endlos mit Selbstvorwürfen peinigen. Vielleicht wird der Schmerz im Laufe der Zeit geringer werden und fast völlig verschwinden, oder er wird sich in unser Herz einnisten und ständig unsere Gedanken und somit unser Leben beherrschen, selbst wenn die Tat schon Jahre zurückliegt.

Wir alle kennen Menschen, die uns immer wieder die Geschichte ihrer Verletzung erzählen. Am Anfang hören wir ihnen aufmerksam zu, zeigen Mitgefühl und trösten sie. Nach einiger Zeit versuchen wir, ihre Gedanken auf neue Ziele zu lenken und sie auf positivere Gedanken zu bringen. Doch sie wollen nicht, sie können nicht. Wie eine beschädigte alte Platte bleiben sie immer an der gleichen Stelle hängen und wiederholen ihre Leidensgeschichte, und klingen dabei immer verzerrter und schriller. Irgendwann können wir diese nicht mehr hören und auch andere Menschen wenden sich ab.

Sind wir dagegen selbst betroffen, dann erleben wir, wie schwer es ist, aus dieser Endlosschleife herauszukommen. Der Gedanke an das, was man uns angetan hat, beherrscht unser Denken, unser Handeln und unsere Gefühle. Unser Gehirn kann leider nicht unterscheiden, ob bestimmte Gefühle gut oder schlecht für uns sind, es schüttet einfach zusätzliche Botenstoffe aus, wann immer wir uns in den negativen Fantasien verlieren, und das macht uns mit der Zeit davon abhängig. Wir werden süchtig nach unserem Leiden, ohne es zu merken – ein ganz normaler chemischer Vorgang. Wut und Schmerz sind durchaus notwendige Reaktionen auf Verletzungen, die uns helfen sollen, uns abzugrenzen und für die Zukunft zu lernen. Im Gegensatz zur Lagerung von Wein tragen diese Gefühle aber im Laufe der Jahre nichts zu unserer Reifung bei, im Gegenteil, sie verbittern uns. Der Grund, warum wir unser Leid so gerne anderen mitteilen wollen, ist unser Drang, den Täter zu diffamieren. Wir wollen erreichen, dass er isoliert wird, dass alle Welt weiß, was er für ein Schwein ist.

Die spontane Reaktion vieler tief verletzter Menschen, wenn sie das Wort Vergebung auch nur hören, ist, dass sich ihr Herz zusammenzieht und sie von einer Fülle unterschiedlicher Gefühle überschwemmt werden. Zorn und Ärger mischen sich mit Traurigkeit über den Verlust und Angst, je wieder vertrauen oder gar lieben zu können. Mit jeder Faser ihres Körpers wehren sie sich allein gegen den Gedanken, dem Täter je verzeihen zu können. Und damit sind sie dann auch schon in die entscheidende Denkfalle gegangen, warum ihnen Vergebung unmöglich erscheint. Vergebung bedeutet eben nicht unbedingt, dem anderen mit dem Ziel der Versöhnung zu verzeihen. Vergebung bedeutet auch nicht, das schmerzhafte Ereignis zu vergessen, ein gemeines Verhalten aus Großmut zu entschuldigen oder das Leid im Nachhinein zu verleugnen. Sie können jemandem vergeben und trotzdem nie wieder mit ihm sprechen. Versöhnung hindert uns auch nicht, unsere rechtlichen Ansprüche gegen den Täter weiterzuverfolgen, es ist aber die Erkenntnis, dass uns eine mögliche rechtliche Verurteilung des Täters zwar kurzfristig Genugtuung verschafft, aber unser emotionales Leiden nicht beendet. Das größte Hindernis für Vergebung sind daher nicht mangelnde Einsicht und menschliche Schwäche, sondern ist ein falsches Verständnis davon, was Vergebung überhaupt meint.

Der Sinn von Vergebung ist, dass es uns selbst besser geht – nicht dem Täter

- Vergebung ist für Sie, nicht für den Täter.
- Vergebung gibt Ihnen die Macht über Ihre Gedanken und Ihren Schlaf wieder.
- Vergebung soll Ihre Verletzungen heilen, nicht die des Täters.
- Vergebung ist eine Fähigkeit, die man lernen kann.
- Vergebung ist eine Entscheidung, die Sie treffen.
- Jeder kann lernen, zu vergeben.

Jeder kann lernen, zu vergeben? „Ich kann diesem Menschen sicher nie in meinem Leben vergeben für das, was er mir angetan hat. Ich bin noch nie so belogen, betrogen und hintergangen worden" – das mag vielleicht Ihr spontaner Reflex sein. Entscheidend ist, zu verstehen, dass uns Versöhnung zwei unterschiedliche Möglichkeiten eröffnet. Versöhnung kann das Ziel haben, mit einem Menschen, der uns belogen, betrogen oder noch Schlimmeres angetan hat, wieder eine tragfähige menschliche Beziehung zu erreichen, ja vielleicht sogar wieder mit ihm zusammenzukommen. Vergebung heißt aber in jedem Fall, dass wir uns mit einem schmerzlichen Teil unserer Vergangenheit selbst versöhnen und den Täter dafür nicht länger verantwortlich machen, wenn wir in der Gegenwart noch immer leiden – das geht aber auch, ohne je wieder Kontakt mit ihm zu haben.

Das „Stanford University Forgiveness Project" hat in zwei ausgedehnten Studien bewiesen, dass selbst Mütter aus Nordirland, deren Männer, Söhne und Töchter von der jeweils anderen Seite getötet, gefoltert und missbraucht wurden, ihr Leid und die damit verbundenen Probleme durch Vergebung deutlich reduzieren konnten. Und es gibt wohl nichts Schlimmeres als den Verlust eines eigenen Kindes.

Warum ich?

„Ich gehöre zu denen, die aus dieser Erfahrung viel Kraft für einen neuen Anfang schöpfen konnten. Ich habe dabei aber auch Frauen, Männer, Geschwister und Beziehungen kennenlernen dürfen und beobachten müssen, die über viele Jahre, manche sogar für den Rest ihres Lebens, unter einer solchen Zäsur leiden oder sogar daran zerbrechen. Es ist eine Zäsur, denn es wird nur mehr ein Leben ‚davor' und eines ‚danach' geben. Es ist sozusagen der Beginn einer neuen Zeitrechnung. Ihr Leben wird danach in jedem Fall anders sein als vorher. Wie es sein wird, hängt entscheidend von Ihnen selbst ab."

Das ist das Statement am Ende eines der schmerzvollsten Leidenswege, den ein Mensch durchmachen musste. Am Anfang steht immer die Konfrontation mit einer tragischen Nachricht. Die Diagnose einer Krankheit, die das eigene Leben oder das eines geliebten Menschen bedroht. Die Verweigerung und die Auflehnung gegen das Urteil manifestieren sich dann in der Frage: „Warum gerade ich, wie habe ich das verdient?" Bei Karin Exner-Wöhrer war es die Frühgeburt ihrer Tochter Anabel, die mit 540 Gramm auf die Welt gekommen war, was dem Gewicht von zwei Dosen Coca-Cola entspricht. Für Anabel beginnt vom ersten Herzschlag an ein Kampf ums Überleben, mit kurzen Phasen der Hoffnung, die dann wieder durch umso schlimmere Rückschläge zerstört werden.

Nach fast zehn Wochen büßt Anabel ihr noch so junges Leben ein, und ein Vater und eine Mutter verlieren ihr erstes gemeinsames Kind. „Du hast in den fast zehn Wochen mehr ertragen als die meisten von uns in ihrem ganzen Leben. Du hast es tapfer und mit unglaublichem Kampfgeist durchgestanden. Meinen größten Respekt. Du hast uns viel gelehrt, Dinge, die kein Weiser uns je hätte lehren können. Dafür bin ich dir unendlich dankbar." Mit diesen Worten verabschiedet Karin Exner-Wöhrer ihre Tochter. Sie hat ihre Erfahrungen in dem ungemein berührenden Buch „So zart und doch so stark"[1] verarbeitet, in dem sie weder sich selbst noch andere schont. Die Ehrlichkeit, mit der sie über ihre Gefühle schreibt, macht manchmal Angst und doch berührt sie. Nur eines fehlt in diesem Buch völlig: Selbstmitleid. Obwohl der Verlust des eigenen Kindes das Schlimmste ist, was einer Mutter passieren kann – die meisten würden wahrscheinlich gerne das eigene Leben für das ihres Kindes geben –, zeigt uns Karin Exner-Wöhrer, dass es immer einen Neuanfang geben kann. Und wir lernen aus ihrer Geschichte, wie relativ unser eigenes Leiden ist, egal was wir durchgemacht haben. Das macht es nicht besser, aber wir sollten trotzdem manchmal daran denken, dass wir weder die Ersten noch die Einzigen sind, die etwas Unvorstellbares erleben müssen. Nicht einmal große Weltstars bleiben verschont.

„Hör mir zu, Paula, ich werde dir eine Geschichte erzählen, damit du, wenn du erwachst, nicht gar so verloren bist."[2] So beginnt Isabel Allende die Geschichte über ihre Tochter Paula, die im Dezember 1991 plötzlich von einer heimtückischen Stoffwechselerkrankung niedergeworfen wurde, ins Koma fiel und später auch verstarb. „Die Erfahrung mit Paula hat mich ein Jahr lang völlig blockiert. Das Einzige, was man tun kann, ist, die Hand zu halten und mitzufühlen. Schreiben ist meine Art, meine Wunden zu heilen." Isabel Allende erzählt mir von einer kambodschanischen Frau, deren ganze Familie ausgerottet wurde. „Sie bewältigte die unfassbaren Grausamkeiten, die sie erlebt hatte, dadurch, dass sie beim Schreiben ihre tatsächliche Geschichte ins Positive veränderte. Ihre Schwester, die in Wahrheit verhungert ist, wird dann zum dicken Mädchen. Die Mutter, die in totaler Armut lebte, trägt dann einen Rubin. Die getrennten Eltern finden wieder zusammen. Schreiben und Erzählen haben einfach eine heilende Wirkung auf uns selbst."[3]

Versöhnung ist immer möglich – sagt die Forschung

Fred Luskin ist Direktor des „Stanford University Forgiveness Project"[4] und hat die Wirksamkeit seines Konzepts der Vergebung in eigenen empirischen Studien, die mit den Mitteln einer der besten Universitäten der Welt durchgeführt wurden, bestätigen können. Ich möchte Ihnen die Ergebnisse dieses Projekts in kompakter Form anbieten, weil es bisher das größte auf der Welt zum Thema Vergebung ist. Das Konzept macht klar, dass Vergebung keine spirituelle oder gar esoterische Geisteshaltung für eine kleine Minderheit besonders gutherziger und weiser Menschen ist, sondern ein sehr pragmatischer Prozess, der nachweisbar zu größerer psychischer, aber auch physischer Gesundheit führt. Rund 50 ähnliche Untersuchungen in den USA im Rahmen der „Vergebensforschung", zu deren Schirmherren Persönlichkeiten wie die Friedensnobelpreisträger Jimmy Carter und Desmond Tutu gehören, belegen ebenfalls diese positiven Wirkungen.

Vergeben ist weiblich – oder?

Als Fred Luskin begann, freiwillige Teilnehmer für sein „Stanford University Forgiveness Project" zu suchen, stellte sich heraus, dass 80 Prozent der Interessenten an diesem Thema Frauen waren. Zwei Antworten für dieses Phänomen drängen sich auf: Erstens, Vergebung ist einfach ein emotionales Thema, das primär Frauen anspricht. Zweitens, die Täter sind einfach viel öfter Männer und daher gibt es mehr Frauen, die als Opfer leiden. Beide Antworten dürften falsch sein.

Nicht das Thema dürfte ein primär weibliches Bedürfnis sein, sondern das Wort Vergebung dürfte einfach abschreckend für viele Männer sein, sich damit auseinanderzusetzen. Als Luskin, der unbedingt eine gleiche Verteilung von Männern und Frauen in seinen Studien haben wollte, die Aufrufe für Freiwillige auf

„Menschen, die einen tiefen Groll gegen jemanden haben", änderte, meldeten sich sofort mehr Männer. Die Fähigkeit, sich mit sich selbst versöhnen zu können, betrifft Frauen und Männer gleichermaßen und ist eine der entscheidenden Voraussetzungen für ein glückliches Leben.

Vor dem Radarschirm unserer Gedanken

Fluglotsen sind enormem Stress ausgesetzt. Sie müssen die vielen unbedeutenden Signale auf ihrem Schirm von den ganz wenigen kritischen unterscheiden. Stellen wir uns vor, dass einige dieser Flugzeuge auf unserem Schirm genau die unbewältigten negativen Gefühle aus unserer Vergangenheit verkörpern. Viele andere Flugzeuge sind schon gelandet oder gerade im Landeanflug. Nur einige Objekte, die unsere Wut, unseren Schmerz und unsere Trauer tragen, konnten bisher nicht landen – sie kreisen seit Wochen, Monaten und Jahren auf dem Schirm. Sie nehmen kostbaren Luftraum für die anderen Flugzeuge weg und sie binden Teile unserer Aufmerksamkeit, die wir dringend für wichtigere Dinge brauchten. Je mehr sich gerade am Himmel unserer Gedanken tut, umso mehr Stress haben wir. Wir machen diese Flugzeuge, die nicht landen können, für diesen Stress, für unsere Überforderung verantwortlich. Vergebung ist die Entscheidung, sie landen zu lassen und unsere Aufmerksamkeit auf die Aufgaben der Gegenwart konzentrieren zu können, statt ständig die Vergangenheit kontrollieren zu müssen.

Vergeben macht gesund – Groll macht krank

Fred Luskin leitete selbst vier umfassende Studien, die klar die positiven Effekte der Fähigkeit, zu vergeben, zeigten. Ähnliche Forschungen auf diesem Gebiet bewiesen den positiven Einfluss von Trainingsprogrammen zur Vergebung bei Gruppen, wie von ihren Eltern weggelegte Kinder, alte Menschen, die sich vernachlässigt fühlten, in ihrer Kindheit missbrauchte Frauen und Menschen mit betrügenden Partnern. Medizinische Studien dokumentierten die langfristige Schädigung des Herz-Kreislauf-Systems durch jahrelang nicht bewältigte Gefühle von Ärger und Feindseligkeit.[5] Wut und Zorn waren eindeutig die Emotionen, die die negativste Auswirkung auf die Gesundheit hatten. Eine besonders faszinierende Studie zeigte, dass es schon reichte, wenn man fünf Minuten an etwas dachte, das einen besonders ärgerte, um den Herzrhythmus negativ zu beeinflussen. Eine Erfahrung, die jeder sicher selbst schon gemacht hat. Man kann sich daher leicht vorstellen, welchen Einfluss Wut, Zorn und Hass, die jahrelang aufgestaut werden, auf unser ganzes Leben haben.

Der Prozess der Versöhnung beginnt mit einer Zwei-Millionen-Euro-Frage

Den stärksten Widerstand haben wir dann zu überwinden, wenn wir überzeugt sind, dass die Verletzung, die uns jemand zugefügt hat, so schwerwiegend ist, dass sie prinzipiell nicht vergeben werden kann – schon aus Gründen der höheren Gerechtigkeit nicht. Stellen Sie sich jetzt einmal vor, wenn Ihnen jemand zwei Millionen Euro anbieten würde, wenn Sie sich in zwei Minuten entscheiden würden, trotzdem zu vergeben. Wenn Sie kurz nachdenken, werden Sie schnell zu dem Schluss kommen, dass Sie ein ziemlicher Dummkopf wären, wenn sie ein Leben in finanzieller Sicherheit und Unabhängigkeit nicht gegen das Privileg, weiter leiden zu dürfen, eintauschen würden. Und dazu hätten Sie die Möglichkeit, viel Gutes für andere Menschen zu tun, denen Ähnliches passiert ist. Ein wesentlich unfreundlicheres Angebot wäre, wenn Ihnen jemand eine Pistole an den Kopf setzen und Ihnen die Alternativen: sofort Vergeben oder sofort Sterben stellen würde.

Auch in diesem Fall würde wohl nur ein Fanatiker sein Leben geben. Sie können dieses Spiel beliebig weiterspielen, etwa, dass Sie den Traumpartner für Ihr Leben nur dann finden, wenn Sie davor den Betrug eines anderen verzeihen. Das heißt aber, unabhängig von diesen Angeboten, dass es offensichtlich eine Frage der Gegenleistung ist, ob wir bereit sind, das Beharren auf unserer Leidensgeschichte gegen etwas anderes zu tauschen. Es ist also nicht eine Frage des Prinzips, sondern eine Frage der Motivation.

Vergebung ist die Entscheidung, unsere Leidensgeschichte, die wir hartnäckig verteidigt haben, gegen etwas anderes zu tauschen. Vergebung ist die Erkenntnis, dass wir nicht die Macht haben, die Vergangenheit zu ändern, wohl aber unsere Gegenwart. Egal wie tief, egal wie oft wir verletzt wurden, wir können lernen, uns nicht als ohnmächtige Opfer zu fühlen, sondern die Verantwortung für unsere Gefühle zu übernehmen. Das stellt kein Wunschdenken dar, sondern altes Wissen, das Bestandteil aller Weltreligionen ist und das in einer Vielzahl von Studien bestätigt wurde. Auch die Gehirnforschung belegt eindeutig, dass wir lernen können, unsere Gefühle zu beeinflussen. Für manche Menschen erscheint es sogar noch härter, sich selbst zu vergeben, als einem anderen zu verzeihen. Im Prinzip gelten die gleichen Grundsätze, mit dem Vorteil, dass sie bei der Selbstvergebung auch einen ganz wesentlichen Einfluss auf das Verhalten des Täters, nämlich ihr eigenes, haben. Ich möchte Ihnen den für mich entscheidenden Punkt der Lehren zum Thema Versöhnung darstellen. Es ist die einfache Frage, wer die Hauptrolle in Ihrer Leidensgeschichte spielt.

Vom Nebendarsteller zum Hauptdarsteller

Wenn wir jemandem zuhören, der seine Leidensgeschichte erzählt, ist ganz klar, wer die Hauptrolle hat. Es ist immer der Betrüger, die Schlange, der Schurke, die Schlampe, der Lügner, der

Gewalttäter, der Mistkerl ... In allen Details wird der Charakter des Täters beschrieben. Derjenige, der die Geschichte erzählt, ist immer das Opfer und damit der Verlierer in der Geschichte. Hören wir dagegen die Geschichte eines Menschen, der sich mit sich und seinem Leiden versöhnt hat, dann ist er selbst die Hauptfigur, die Verletzung selbst wird zum Teil der Geschichte, zum Anlass, sich zu verändern und zu lernen. Der Täter wird zu einer bösen Randfigur oder sogar zu jemandem, der den Veränderungsprozess ausgelöst hat, zwar mit nicht zu rechtfertigenden Mitteln, aber eben doch. In allen guten Geschichten spielen die Helden die Hauptrolle und die Täter die Nebenrolle. In Leidensgeschichten verhält sich das umgekehrt.

Das wichtigste Ziel des Vergebensprozesses ist, langsam zu lernen, anderen unsere Leidensgeschichte neu zu erzählen, und zwar mit uns als Hauptdarsteller und nicht als Opfer. Die schlimmste körperliche Verletzung, die mir jemand in meinem Leben bisher zugefügt hat, stammte von einem Piloten, der die Verantwortung für den Absturz eines Privatflugzeuges trug, dessen Passagier ich zusammen mit einigen Freunden war. Der Pilot war eindeutig schuld und wurde auch verurteilt, vor allem weil meine damalige Partnerin bei dem Absturz schwer verwundet wurde. Obwohl ich selbst nur knapp dem Tode entgangen bin und bis heute an Rückenbeschwerden leide, habe ich keine Probleme, die Geschichte zu erzählen und hege keine negativen Gefühle gegen den Piloten. Die Antwort ist ganz einfach. Es gelang mir, einige Mitreisende nach dem Absturz zu retten und daher war ich in der Öffentlichkeit, bevor ich selbst überhaupt noch darüber nachdenken konnte, der Held und nicht das Opfer. Meine Heldengeschichte war schon geschrieben, bevor ich in eine Leidensgeschichte versinken konnte. Es gibt im Gegensatz zu dieser objektiv sicher schwersten Verletzung meines Lebens andere, mit denen ich viel länger kämpfen musste, obwohl sie unbedeutender waren. Immer wenn ich mich als hilfloses Opfer sah und in Selbstmitleid versank, beherrschten mich

Wut, Enttäuschung und Rachegefühle, die meine Aufmerksamkeit von viel wichtigeren Dingen abzogen. Das hängt auch damit zusammen, dass es umso schwieriger ist, aus der Negativschleife herauszukommen, je näher uns die Menschen, die uns verletzt haben, standen. Es wird also im Regelfall einfacher sein, einem unbekannten Autofahrer zu vergeben, der uns schwer verletzt hat, als unserem Partner, der uns betrogen hat. Wir haben dafür einen wichtigen Verbündeten, der uns das Vergeben erleichtert – die Zeit.

Die Zeit heilt alle Wunden

Die zitierten Studien bestätigten die Weisheit, dass alte Wunden im Laufe der Zeit weniger schmerzen. Der große Unterschied bei der Gruppe, die gelernt hatte, zu vergeben, war, dass diese sowohl seelisch als auch körperlich gesünder war und auch Strategien entwickelt hatte, um mit zukünftigen Verletzungen besser umgehen zu können. Es zeigte sich auch, dass Menschen mit einem spirituellen oder religiösen Zugang gesünder und länger lebten. Die Fähigkeit, vergeben zu können, wird offensichtlich durch Spiritualität und Religion positiv unterstützt.[6]

Die hohe Kunst der Vergebung – die drei Stufen zur Vergebung

Warum tun wir uns so schwer, einer Person zu vergeben, die uns sehr verletzt hat, auch wenn wir es rational sogar verstehen, dass es für uns selbst viel besser wäre? Wie kann man vergeben, ohne selbst ein Heiliger zu sein?

Für David Steindl-Rast besteht der Prozess des Vergebens aus drei Stufen, jede Stufe ist schwieriger zu nehmen als die vorangegangene.

Der Schlüssel ist das Geben und Nehmen. Die einfachste, für viele Menschen schon sehr schwierige Stufe ist das *Aufgeben*. Das ist etwas, das wir alle lernen müssen. Mütter sollten ihre Kinder das erste Mal aufgeben, wenn sie geboren sind, erneut wieder, wenn sie in die Schule kommen und später nochmals in der Pubertät. Das ist leicht zu verwechseln mit dem Fallenlassen, ist aber etwas ganz anderes, es ist eine nach oben gerichtete Handlung. Richtiges Aufgeben heißt auch immer, Verantwortung zu übernehmen. Aus diesem Geben kommt auch immer ein Nehmen. „Auch im Kloster haben wir alles aufgegeben, zum Beispiel dein Auto gehört nicht mehr dir, sondern der Gemeinschaft. Ob du es wirklich aufgegeben hast, zeigt sich dann daran, ob du es weiterhin so behandelst, als wäre es dein eigenes". Einem Menschen zu vergeben heißt daher, als Erstes seine eigenen Erwartungen an diesen Menschen aufzugeben.

Die zweite Stufe ist das *Annehmen in Dankbarkeit*. Wir müssen etwas zu Herzen nehmen, bevor wir wirklich dafür dankbar sein können. Selbst wenn wir noch nicht sehen warum, können wir dankbar sein für die Möglichkeit, die sich dadurch ergibt, dass wir etwas aufgegeben haben. Wie oft wird uns ja erst im Nachhinein bewusst, wie wichtig eine bestimmte Niederlage für den weiteren Lauf unseres Lebens war. Uns von einem Menschen zu trennen und ihn wirklich aufzugeben, macht uns frei für die Begegnung mit anderen Menschen. Eine auch noch so wichtige Verantwortung aufzugeben macht uns frei, eine neue anzunehmen. Der Augenblick des größten Leidens ist natürlich nicht der beste Augenblick, um Dankbarkeit zu lernen, das wäre etwa so, als ob man mit Chopin beginnen würde, Klavier zu lernen. Wenn wir in jedem Augenblick die Gelegenheit für Dankbarkeit sehen, eröffnet uns das ungeheure Möglichkeiten der Kreativität. Wenn wir uns dagegen nur als Opfer sehen, dann bleibt uns alles verschlossen. Bruder David erzählte mir von einer eigenen großen Verletzung, die er vor vielen Jahren erlitten hat. Es ging um den Bruch eines Versprechens, das man ihm gegeben hatte. Er sollte eine Aufgabe übertragen bekommen, auf die er sich schon sehr gefreut und eingestellt hatte. Er kann es bis heute nicht verstehen, warum man ihm diese Aufgabe dann doch nicht übertrug. „Natürlich habe ich mich ständig gefragt, warum tun die das? Monatelang habe ich mich damit gequält und mich daran geklammert, dass ich ein Opfer bin. Es hat lange gedauert, bis ich in der Lage war, einfach loszulassen." Beruhigend zu wissen, dass auch so weise Menschen wie er hart kämpfen müssen …

Die dritte und bei Weitem schwierigste Stufe ist das *Vergeben*. Es ist das intensivierte Geben zusammen mit dem allerschwierigsten Nehmen, dem Schuld auf uns nehmen. Vergeben können wir nur mit dem Herzen. Das heißt, von der Stelle vergeben, wo wir alle eins sind. „Wenn du ins Herz gehst, dann gehst du nicht in einen kleinen privaten Raum, sondern es ist wie in dem Märchen, wo du in den Teich steigst und auf einmal bist du in einem großen Reich, wo alle gemeinsam sind."

Das bedeutet für uns, dass es irgendwann den Zeitpunkt gibt, an dem wir in unser Herz gehen können und dort alle Menschen versammelt finden, auch die, die uns verletzt haben. Es geht immer um dieses eine. Im Alten Testament steht: „Liebe deinen Nächsten wie dich selbst." Das ist für Bruder David eine Fehlübersetzung. Richtig sollte es heißen: „Liebe deinen Nächsten als dich selbst." Auf dieser Ebene lieben wir andere nicht deshalb, weil sie uns ebenfalls lieben, sondern weil *wir sie sind*. „Wenn du wirklich dein Selbst erkennst, hast du deinen Schwerpunkt an die Stelle verlegt, wo wir alle eins sind. Das ist zweifellos ein sehr langer Prozess, aber an dessen Ende steht die Vergebung und damit die Heilung. Das hört sich vielleicht sehr abgehoben, sehr theoretisch an, doch wenn wir mit einem Menschen, den wir sehr mögen, den wir sogar lieben, nah zusammen sind, dann spüren wir dieses Ganze. In diesem Augenblick sind wir auch nicht zu Wut und Zorn fähig. Und irgendwann schließt unser Selbst dann alle ein."

Und jedem Anfang wohnt ein Zauber inne …

Poesie ist die Musik des Wortes. In dem Gedicht „Stufen" von Hermann Hesse[7] verbirgt sich das gesamte Abenteuer eines menschlichen Lebens. Ich möchte Sie am Ende dieses Buches einladen, dieses Gedicht ganz bewusst Zeile für Zeile laut zu sprechen, es wird einen Hauch von Schönheit in Ihrer Seele hinterlassen.

„Wie jede Blüte welkt und jede Jugend
Dem Alter weicht, blüht jede Lebensstufe,
Blüht jede Weisheit auch und jede Tugend
Zu ihrer Zeit und darf nicht ewig dauern.
Es muss das Herz bei jedem Lebensrufe
Bereit zum Abschied sein und Neubeginne,
Um sich in Tapferkeit und ohne Trauern
In andre, neue Bindungen zu geben.
Und jedem Anfang wohnt ein Zauber inne,
Der uns beschützt und der uns hilft, zu leben.

Wir sollen heiter Raum um Raum durchschreiten,
An keinem wie an einer Heimat hängen,
Der Weltgeist will nicht fesseln uns und engen,
Er will uns Stuf' um Stufe heben, weiten.
Kaum sind wir heimisch einem Lebenskreise
Und traulich eingewohnt, so droht Erschlaffen,
Nur wer bereit zu Aufbruch ist und Reise,
Mag lähmender Gewöhnung sich entraffen.

Es wird vielleicht auch noch die Todesstunde
Uns neuen Räumen jung entgegensenden,
Des Lebens Ruf an uns wird niemals enden …
Wohlan denn, Herz, nimm Abschied und gesunde!"

1. Karin Exner-Wöhrer: So zart und doch so stark. Mein Kind, das zu früh starb – Ein Buch der Liebe, Freiburg im Breisgau, Herder 2006
2. Isabel Allende: Paula, Frankfurt am Main, Suhrkamp 1998
3. Die Geschichte und das Zitat stammen aus einem persönlichen Gespräch mit Isabel Allende im September 2008 in Sausalito bei San Francisco.
4. Fred Luskin: Forgive for Good – A Proven Prescription for Health and Happiness, New York, Harper 2002
5. Ebd., S. 77–89
6. L. K. George u. a.: Spirituality and Health: What we know, what we need to know, Journal of Social and Clinical Psychology 19, 2000, pp. 102–116
7. Hermann Hesse: Das Glasperlenspiel, Frankfurt am Main, Suhrkamp 1971, S. 483

Persönliches und Dank des Autors

Beginnen möchte ich mit drei außergewöhnlichen Menschen, ohne die es dieses Buch nicht gäbe. **Mihaly Csikszentmihalyi**, der mir den großen Wunsch erfüllt hat, das Vorwort zu schreiben und dessen Gast in seinem Haus ich mehrmals sein durfte: Er ist einer der bedeutendsten Wissenschaftler der Welt und das von ihm entdeckte *flow*-Erlebnis ist eines der wichtigsten Elemente für ein glückliches Leben. Der Benediktinermönch **Bruder David Steindl-Rast** ist einer der weisesten Menschen, denen ich je begegnet bin. Bei einem langen Spaziergang durch Krems im Jahr 2007 lehrte er mich, die Schönheit des Augenblicks zu empfinden und inspirierte mich, das erste Mal ein Buch über die „Schule des Herzens" zu schreiben. **Bill Strickland** hat in der härtesten Gegend von Pittsburgh ein Modell geschaffen, das beweist, dass wir von einer besseren Welt nicht nur träumen, sondern wie wir sie mit Mut und Tatkraft auch verwirklichen können – jeder von uns.

Dankbarkeit und Freunde sind zwei entscheidende Schlüssel für unser Lebensglück, sagt dieses Buch – ich kann sehr dankbar für meine Freunde sein: Mit **Ernst Scholdan** habe ich das große Glück, einen Freund und Mentor zu besitzen, der über einen brillanten Verstand und ein großes Herz verfügt. Sein kritisches Feedback hat mich zwar einige schlaflose Nächte gekostet, aber dafür gesorgt, dass ich nicht zu früh mit großer Geschwindigkeit in die falsche Richtung gestartet bin. **Bernhard Görg** war wie schon bei meinem ersten Buch mein erster – und – strengster Leser. Wer das Vergnügen hat, mit ihm über mögliche Schwachpunkte zu diskutieren, braucht kein Urteil eines Kritikers zu fürchten. Mein Verleger **Hannes Steiner** ist mir zu einem echten Freund geworden, der mich gelehrt hat, dass man auch mit Büchern die Welt zumindest ein bisschen verändern kann. Der unverbesserliche Optimist und begeisterte Europäer **Christoph Leitl** unterstützt seit 20 Jahren meine Visionen und es ist mir eine Ehre, ihn zu meinen Freunden zählen zu dürfen. Ernst Scholdan ist Partner im Braintrust

Gehrer Ploetzeneder DDWS Corporate Advisors, der mich schon zum dritten Mal, pro bono, in einem außergewöhnlichen Projekt begleitet hat. **Thomas Plötzeneder** und **Alexander Doepel** haben mit ihren Ideen alle Voraussetzungen dafür geschaffen, dass die Botschaften dieses Buches nicht in der täglichen Informationsflut untergehen.

Mit meinen Freunden **André d'Aron, Barbara Feldmann, Astrid Kleinhanns, Axel Neuhuber** und **Gerhard Tüchler** kann ich jederzeit alle meine Sorgen und Freuden teilen – und das habe ich auch oft in Anspruch genommen.

Ich hatte in den letzten Jahren das Privileg, persönliche Beziehungen zu einigen herausragenden Menschen aus Kunst, Wissenschaft und Wirtschaft aufbauen zu können. Ihre Überzeugungen, Ideen und ihr Wissen haben mir ganz entscheidend geholfen, dieses Buch zu schreiben: Dazu gehören die Schriftsteller **Isabel Allende** und **Paulo Coelho**, die Wissenschaftler **Warren Bennis, Günter Blobel, Mihaly Csikszentmihalyi** und **Anton Zeilinger**, der langjährige Chefredakteur der „Harvard Business Review" **Alan Webber** und viele mehr.

Ich danke der führenden Enneagramm-Expertin **Helen Palmer** für ihre Unterstützung und kann allen Lesern, die mehr über ihr Persönlichkeitsmuster lernen wollen, ihr Buch „Das Enneagramm – Sich selbst und andere verstehen lernen" sehr empfehlen.

Viele Menschen sind mir für dieses Buch für lange, teilweise sehr persönliche Gespräche zur Verfügung gestanden. An erster Stelle möchte ich dem großen Dramatiker **Peter Turrini** für die Einblicke danken, die er mir in seine Künstlerseele gewährt hat. Weiters danke ich **Marty Ashby, Christine Bauer-Jelinek, Franz Xaver Ebner, Wolfgang Eigner, Karin Exner-Wöhrer, Barbara Feldmann, Josh Green, Angelika Hagen, Tatjana Schröder-Halek, Reinhard Haller, Astrid Kleinhanns, Caroline Kunz, Michael Landau, Alexander Lonyay, Hans-Jörgen Manstein, Siegfried Meryn, Thomas Müller, Werner Pitzal, Christian Popow, Guido Reimitz, Peter Renz, Martin Rotheneder, Sonja Schärf, Michaela**

Seiser, Georg Sporschill, Haldis Steinböck-Löfström, Manfred Stelzig, Renate Wustinger** und **Herwig Zens**. Beim Kapitel „Der Kampf ums Kind" haben mir die Mediatorin und Familienrechtsexpertin **Brigitte Birnbaum** und die Familientherapeutin **Martina Leibovici-Mühlberger** mit ihrer Kompetenz sehr geholfen. Für das Kapitel „Die Ausgrenzung" war mein Besuch im **CS-Hospiz Rennweg** (www.cs.or.at) sehr hilfreich und ich danke insbesondere meinen Gesprächspartnern **Sabina Dirnberger, Annette Henry, Robert Oberndorfer, Andrea Schwarz** und **Human Vahdani**.

Thomas Kratky ist mit dem Cover für dieses Buch ein weiterer Geniestreich gelungen. Bei **Barbara Brunner** weiß ich die Pressearbeit in besten Händen. **Michaela Reichel** danke ich für die umfangreichen Recherchen, die sie für dieses Buch gemacht hat, um meine Thesen durch Daten und Fakten auch wissenschaftlich zu stützen. Ich danke meinem Lektor **Arnold Klaffenböck** für sein unbestechliches Urteil, mit dem er für Klarheit und Leserfreundlichkeit gekämpft hat. Deutsche, Schweizer und Österreicher sind durch eine gemeinsame Sprache getrennt, **Gerlinde Freis** hat dafür gesorgt, dass mein Buch auch jenseits der österreichischen Grenzen verstanden wird.

Besonders bedanken möchte ich mich auch bei **Claudia Stöckl**, die Bruder David Steindl-Rast in ihre wunderbare Sendung „Frühstück bei mir" eingeladen und damit seine Botschaft einem Millionenpublikum eröffnet hat. Sie engagiert sich selbst in einem großartigen Projekt für Kinder in Indien, das ich nur allen ans Herz legen kann (www.zuki-zukunftfuerkinder.at).

Gerade in schwierigen Zeiten gehört mein besonderes Mitgefühl der tibetischen Gemeinschaft und vor allem deren langjähriger Vorsitzenden **Tseten Zöchbauer**.

Die Rohfassung dieses Buches habe ich 13 Menschen vorab anvertraut, die mit ihrem Feedback einen entscheidenden Einfluss auf die Endfassung dieses Buches hatten: **Conny Bischofberger, Claudia Dehne, Gabi Hanauer, Tanja Machacek, Dorothea Neu-**

mayr, Axel Neuhuber, Sophia Puttinger, Günter Rattay, Elisabeth Resmann, Sonja Schärf, Claudia Steiner, Witold Szymanski, Manuela Weissmann.

Ihre Meinung ist mir wichtig.

Für alle, die ihre Meinung zu diesem Buch austauschen wollen, habe ich auf meiner Website www.andreassalcher.com ein Forum eingerichtet.

Bessere Schulen für die Zukunft zu schaffen, ist mir ein Herzensanliegen. Ich arbeite an einer Initiative mit dem Arbeitstitel THE CURRICULUM PROJECT – Creating the Schools of Tomorrow. Das Ziel dieses Projekts ist, zusammen mit den besten Köpfen der Welt die Schule von morgen neu zu erfinden. Ich bedanke mich bei **Christian Thalhammer** und der Akron-Group für ihre Unterstützung. Wir brauchen eine „Verschwörung zum Guten", die zeigt, dass Schulbildung und Herzensbildung eben nicht zwei paar Schuhe sein müssen.

Andreas Salcher   Wien, im März 2009

Herzlich willkommen auf der letzten Seite des Buches! Sie gehören zu jenen 17 Prozent Menschen, die gleich am Anfang wissen wollen, wie eine Geschichte ausgeht. Sie beginnen daher ein Buch von hinten zu lesen. Meine Zusammenfassung dieses Buches für Sie in drei Sätzen:

Die Angst, wieder verletzt zu werden, und unsere Sehnsucht nach Liebe sind unsere stärksten Antriebskräfte.

Es geht darum, gerade unserer tiefsten Verletzung Sinn zu geben und sie in unsere Lebensgeschichte zu integrieren.

Nur ein verletzbares Herz kann ein liebendes Herz sein.

Drei Zitate aus dem Buch:

„Was sollst du tun, wenn du im Loch bist?
Aufhören, zu graben!"

„Mitten im Winter habe ich erfahren, dass es in mir einen unbesiegbaren Sommer gibt."

Albert Camus

„Wer seinen Nächsten verurteilt, kann irren, wer ihm verzeiht, irrt nie."

Karl Heinrich Waggerl

Wie viel Gleichgültigkeit und Fehlurteile hält ein junger Mensch aus?

Salcher, Andreas
„DER TALENTIERTE SCHÜLER UND SEINE FEINDE"
224 Seiten, EUR 19,95
ISBN: 978-3-902404-55-8

» Wenn wir bedenken, das laut UNESCO in den nächsten 30 Jahren mehr Menschen eine Schule absolviert haben werden als in all den Jahren der bisherigen Geschichte der Menschheit, dann ist es geradezu ein Gebot der Stunde, die richtigen Schlüsse aus den Thesen von Andreas Salcher zu ziehen.«

Günter Blobel, Nobelpreisträger für Medizin

Wenige Kinder werden als Genies geboren, aber alle Kinder haben eine Vielzahl von Talenten. Warum werden diese Lebenschancen in unseren Schulen systematisch vernichtet?
Andreas Salcher beleuchtet die aktuelle Schuldiskussion aus der völlig verdrängten Perspektive des talentierten Kindes. Er zeigt auf, dass es darum geht, Verantwortung für das Talent seines Kindes zu übernehmen – ohne Wenn und Aber. Eltern, Lehrer und Bildungssystem dürfen nicht länger die Verantwortung für Entdeckung und Förderung der Talente auf den jeweils anderen abschieben!
Wie viele Fehlurteile sind notwendig, um einem begabten Kind das Leben völlig zu verpfuschen?

Das tägliche Zähneputzen für die Seele.

Stelzig, Manfred
„KEINE ANGST VOR DEM GLÜCK"
176 Seiten, EUR 19,95
ISBN: 978-3-902404-56-5

»*Glücksfahrt ins seelische Gleichgewicht.*«

Der Standard

Noch nie ist es uns objektiv gesehen so gut gegangen wie heute. Trotzdem ist das subjektive Befinden der Mehrheit so schlecht wie noch nie – Angst, Depression, Panikattacken.
Wie kann das sein?
Die heutige Hochgeschwindigkeits-Gesellschaft verlangt von uns Dinge, auf die uns die langsame Evolution einfach nicht vorbereitet hat. Um all die täglichen Anforderungen in Beruf und Alltag auch bewältigen zu können, müssen wir nicht nur körperlich, sondern vor allem auch psychisch im Gleichgewicht sein.
Manfred Stelzig zeigt Ihnen anhand konkreter Beispiele aus seiner Praxis, wie Sie mit ganz einfachen Übungen Ihr inneres Wohlbefinden wieder finden. Lernen Sie das tägliche Zähneputzen für Ihre Seele!

Glücklich sein als Unterrichtsfach.

Stelzig, Manfred
„WAS DIE SEELE GLÜCKLICH MACHT"
192 Seiten, EUR 19,95
ISBN: 978-3-902404-58-9

»*Stelzig präsentiert Strategien, wie man im modernen Alltag seiner Seele Gutes tut.*«

Salzburger Nachrichten

Lernen Sie die verblüffenden Zusammenhänge zwischen Körper und Seele und dabei auch sich selbst besser kennen. Primar Dr. Manfred Stelzig, Leiter der psychosomatischen Abteilung des Landeskrankenhauses Salzburg, gibt in diesem Buch zahlreiche anschauliche wie überraschende Beispiele aus seiner jahrelangen Praxis zu den wichtigsten Krankheiten mit oft seelischen Ursachen, wie z. B. Depressionen, Herz-Kreislauf-Erkrankungen, chronisch-entzündliche Darmerkrankungen, Hauterkrankungen, Ess- und Schlafstörungen sowie verschiedene Schmerzsymptome.

Erfahren Sie, wie Sie mithilfe spezieller vom Autor entwickelter Übungen Ihre Seele wieder ins Gleichgewicht bringen und dadurch einen Heilungsprozess des Körpers ermöglichen können.

„Was die Seele glücklich macht" ist eine Grundanleitung im täglichen Umgang mit sich selbst, die uns helfen soll, unser Seelenhaus mit Vertrauen, Geborgenheit, Wertschätzung und nicht zuletzt einer leistungsunabhängigen Liebe neu zu errichten und zu bewohnen.

Spannend.